박목월 시전집

朴木月詩全集

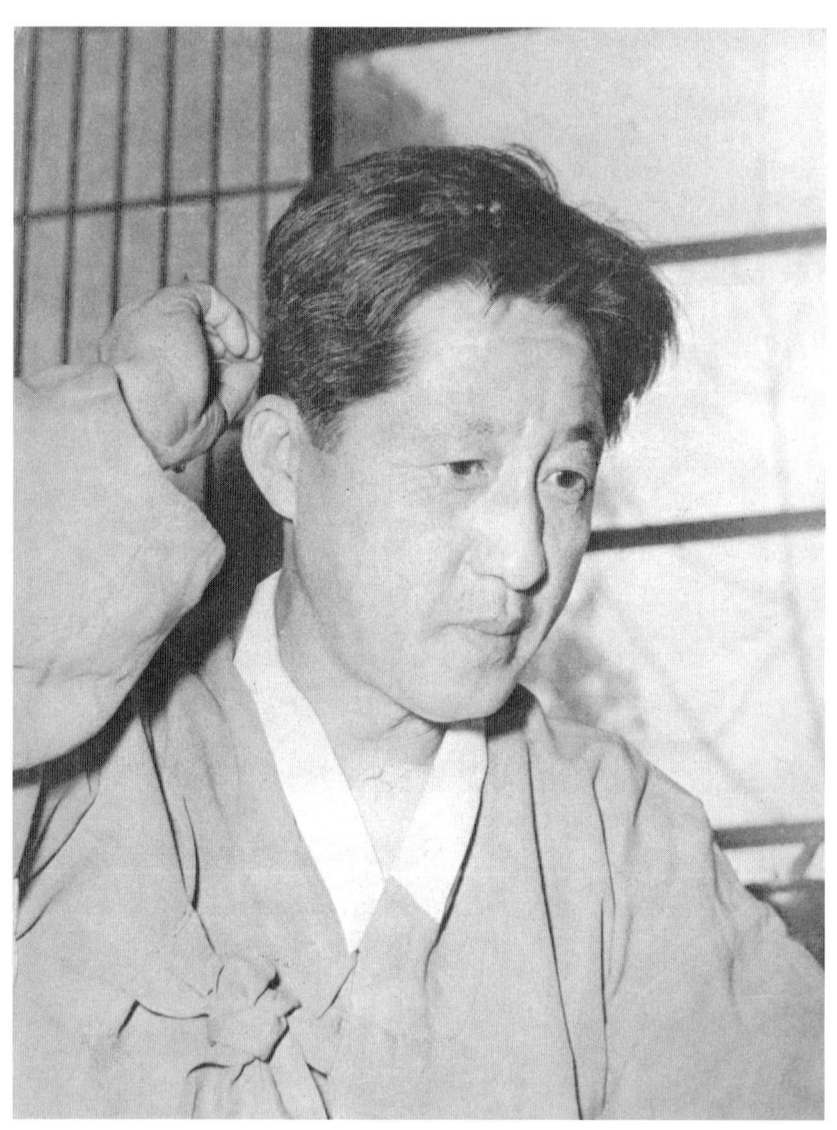

1968년 서재에서

어느 날 거실에서

노래비 옆에서(경주)

1963년 조선일보 신춘문예 심사

▲ 서라벌 예대 강의 시절   ▼ 1962년 가족이 한자리에

박목월 시전집

朴木月詩全集

이남호 엮음·해설

민음사

머리말

목월은 현대 한국 시사에서 가장 중요한 시인 가운데 한 분이다. 그는 1939년에 등단하여 1978년 타계할 때까지 40년 동안 수많은 시와 산문을 남겼다. 그의 문학적 업적은 동시와 산문 분야에서도 돋보이는 것이지만, 역시 목월은 시인으로서 가장 훌륭한 업적을 남겼다. 3인 시집인 『청록집』에서부터 생전의 마지막 시집인 『무순』과 사후에 출간된 『크고 부드러운 손』에 이르기까지, 목월이 이룬 시적 성취는 장대하다.

그러나 1980년대 이후, 시인 박목월과 그의 시는 합당한 대접을 받지 못하였다. 편향된 문학적 이념과 취향의 유행은 목월의 시를 소외시켰으며, 시끄러운 세상 속에서 목월 시의 낮고 조용한 목소리는 잘 들리지 않았다. 세상 사람들은 목월이라는 큰 시인이 있었는지, 목월이 얼마나 큰 시인인지에 대해서 거의 관심이 없었다. 그러다 보니 목월의 시를 다시 찾아 읽어보기도 쉬운 일이 아니게 되었다. 1974년에 삼중당에서 『박목월 자선집』(전10권)이 출간된 적이 있지만, 모든 작품을 다 수록한 것은 아니며, 책을 구하기도 힘들었다. 이후 많은 시인과 작가들의 전집 출간 붐 속에서도 목월 시의 전모를 파악할 수 있는 신뢰할 만한 전집은 없었다. 제대로 목월 시를 정리하고 읽으려는 노력이 희미했던 것이다. 이에 편자와 민음사는, 목월의 시 세계 전모를 잘 정리해서 세상에 알리고, 세상이 그의 시적 성취를 새삼 존경하는 계기를 마련하고자 『박목월 시전집』을 출간하기로 했다. 전집 원고는 곧바로 준비되었으나, 여러 가지 사정이 여의치 못하여 오랜 세월을 또 허비하고 이제야 책이 나오게 되었다. 늦었지만 그래도 다행한 일이라 위안한다.

전집의 원고를 준비하면서 다시 한번 목월의 시를 보니, 내가 생각하고 있던 것보다 목월은 더 훌륭한 시인이라는 확신이 들었다. 아주 간단히 말해서 그는 아주 좋은 시를 아주 많이 쓴 시인임을 새삼스레 확인할 수 있었다. 그래서 전집의 원고를 준비하는 일은 즐거운 작업이었다. 그러나 다른 면에서는 어려운 작업이기도 했다. 목월은 발표된 시들을, 재발표의 기회가 있을 때마다 자주 고쳤다. 심지어는 제목도 바꾸고 내용도 대폭 수정하는 경우도 있었다. 그런 사항들을 세심하게 살펴, 각주를 통해 밝히고자 했다. 그리고 『박목월 자선집』을 기준 판본으로 삼았다.

  이 시전집의 출간이, 목월 시에 대한 사람들의 관심을 높이고 나아가 목월 시에 대한 올바른 평가를 마련할 수 있는 계기가 되기를 바란다. 그 일은 단순히 목월 시를 복권(復權)시키는 일에 그치지 않고, 더 나아가 우리 시문학의 성숙과 발전에 기여할 수 있는 하나의 튼튼한 토대를 되찾는 일이 되기도 할 것이다.

  시전집을 펴내는 데, 많은 분들의 헌신적인 도움이 있었다. 특히 원고 정리와 관련하여 고려대 대학원에 재학 중인 홍기정 군의 도움이 매우 컸으며, 민음사 편집부의 조영남 씨의 수고가 많았다. 이 자리를 빌려 감사드린다.

2003년 2월 엮은이

일러두기

작품들 가운데 상당 부분은 처음 신문이나 잡지 등에 발표되고 나서 시집에 수록된 후에 박목월 자신에 의해 엮어진 『박목월 자선집(自選集)』에 재수록되었다. 어떤 작품들은 두 군데 시집에 중복 수록되어 있기도 한데, 특히 『청록집』에 수록된 작품들은 모두 『산도화』에도 수록되었으며, 그 작품들은 다시 『박목월 자선집』의 〈청록집〉편에 수록되었다. 이 과정에서 많은 작품들이 크고 작은 변화를 겪었다. 전면적으로 개작된 경우도 있었고, 행과 연의 구분이 달라지거나 시어와 시구가 달라진 경우도 있었고, 제목이 바뀐 경우도 있었다. 한글이 한자로, 한자가 한글로 바뀐 경우, 맞춤법과 띄어쓰기가 달라진 경우, 문장 부호가 바뀌거나, 없던 문장 부호가 생기거나, 있던 문장 부호가 없어진 경우 등은 숱하게 많았다. 또 원래 시집에는 없던 시가 『박목월 자선집』의 해당 시집 편에 수록되기도 했다. 이러한 사정이 박목월 시의 기준 판본을 확정하는 일을 어렵게 했다. 기준 판본 확정상의 이 같은 어려움을 해결하기 위해, 편자는 다음과 같은 원칙을 세우고 작업에 임했다.

1. 『청록집』에서 『경상도의 가랑잎』까지는 박목월 자신에 의해서 최종 손질된 것으로 여겨지는 『박목월 자선집』을 기준 판본으로 삼는다. 단 『박목월 자선집』에 수록된 것보다 시집에 수록된 것이 더 시적 완성도가 높다고 판단되는 몇몇 작품들의 경우, 시집에 수록된 것을 기준 판본으로 삼는다.

2. 『무순』 이후의 시집들은 『박목월 자선집』보다 늦게 출간된 것이므로, 시집을 기준 판본으로 삼는다. 단 『박목월 자선집』에 수록된

것이 더 시적 완성도가 높다고 판단되는 몇몇 작품들의 경우, 『박목월 자선집』에 수록된 것을 기준 판본으로 삼는다.

3. 기준 판본과 다른 판본과의 차이점은 각주에서 설명한다. 단 사소하다고 여겨지는 차이점들(한자 표기가 한글 표기로 바뀐 것, 맞춤법과 띄어쓰기가 달라진 것, 문장 부호가 생략되었거나 바뀐 것 등)은 번거로움을 피하기 위해 일일이 설명하지 않는다. 또 기준 판본과 다른 판본과의 차이점이 많을 경우에는 각주에 다른 판본의 전문을 수록한다.

4. 작품 수록 순서는 『박목월 자선집』이 아닌 원래 시집의 수록 순서를 따른다. 그러나 두 권의 시집에 중복 수록되어 있는 작품은, 처음 수록된 시집 편에만 수록하고 두 번째 시집 편에서는 제외한다. 또 원래 시집에는 수록되지 않았던 것이나 『박목월 자선집』의 해당 시집 편에 수록되어 있는 작품의 경우, 해당 시집 편의 가장 끝 순서에 수록한다.

5. 작품 제목은 『박목월 자선집』이 아닌 원래 시집에 수록된 제목을 따른다. 『박목월 자선집』에 재수록되면서 제목이 바뀐 경우는 각주에서 설명한다.

차례

머리말 ······· 11
일러두기 ······· 13
작품 해설 /이남호 ······· 921
작가 연보 ······· 952

1부 청록집

임 ······· 33
윤사월 ······· 34
삼월 ······· 35
청노루 ······· 36
갑사댕기 ······· 37
나그네 ······· 38
달무리 ······· 39
박꽃 ······· 40
길처럼 ······· 41
가을어스름 ······· 42
연륜 ······· 43
귀밑 사마귀 ······· 44
춘일 ······· 45
산이 날 에워싸고 ······· 46
산그늘 ······· 47

2부 산도화

구강산 1 …… 51
구강산 2 …… 52
한석산 …… 53
선도산하 …… 54
달 …… 55
산도화 1 …… 56
산도화 2 …… 57
산도화 3 …… 58
산색 …… 60
불국사 …… 62
모란여정 …… 64
여운 …… 65
월야 …… 66
해으름 …… 67
도리 …… 68
향내음 …… 69
구름 밭에서 …… 72
구황룡 …… 73
고사리 …… 74
봄비 …… 75
밭을 갈아 …… 77
임에게 2 …… 79
임에게 3 …… 81

임에게 4 …… 82
낙랑공주 …… 83
월야 …… 85
청밀밭 …… 86
도화 한 가지 …… 87
운복령 …… 88

3부 난·기타

야반음 ······· 91
심상 ······· 93
사향가 ······· 94
하관 ······· 96
생일음 ······· 98
당인리 근처 ······· 100
한정 ······· 105
적막한 식욕 ······· 107
아가 ······· 109
모일 ······· 112
서가 ······· 113
소찬 ······· 115
한 표의 존재 ······· 116
넥타이를 매면서 ······· 119
춘소 ······· 120
나그네 ······· 121
시 ······· 123
모과수유감 ······· 124
춘일 ······· 126
청운교 ······· 127
토함산 ······· 129
왕릉 ······· 130
보랑 ······· 131

정원 ······· 132
아가 ······· 135
뻐꾹새 ······· 138
효자동 ······· 140
대불 ······· 142
배경 ······· 144
난 ······· 145
눈물의 Fairy ······· 146
묘비명 ······· 148
사투리 ······· 150
구황룡 ······· 152
치모 ······· 154
눌담 ······· 156
종점에서 ······· 159
폐원 ······· 160
은행동 ······· 163
총성 ······· 166
갈매기집 ······· 168
따스한 것을 노래함 ······· 171
먼사람에게 ······· 172
등의자에 앉아서 ······· 174
진주행 ······· 177
목포항 ······· 179
원경 ······· 180
동정 ······· 183

층층계 ······· 185
후일음 ······· 187
산·소묘 1 ······· 190
산·소묘 2 ······· 193
산·소묘 3 ······· 194
산·소묘 4 ······· 195
산·소묘 5 ······· 196
산·소묘 6 ······· 197
산·소묘 7 ······· 198
산 ······· 200
소년 ······· 201

4부 청담

가정 ······· 205
밥상 앞에서 ······· 207
영탄조 ······· 209
겨울장미 ······· 211
방문 ······· 212
전화 ······· 216
겨울장미 ······· 219
과육 ······· 221
소곡 ······· 224
나무 ······· 225
경사 ······· 226
사월 상순 ······· 227
한복 ······· 230
비의 ······· 232
대안 ······· 234
돌 ······· 235
상하 ······· 238
심야의 커피 ······· 240
수요일의 사과 ······· 242
작품오수 ······· 245
꽃나무 ······· 251
우회로 ······· 253
실물 ······· 255
풍경 ······· 256
전신 ······· 259
이 시간을 ······· 262

회귀심 ······· 264
동행 ······· 266
침상 ······· 270
소슬 ······· 272
날개 ······· 274
열매 ······· 278
일박 ······· 280
마감 ······· 283
무제 1 ······· 285
무제 2 ······· 287
무제 3 ······· 289
연속 ······· 291
기후유감 ······· 293
설악행 ······· 294
백국 ······· 295
심방 ······· 296
동물시초 ······· 298
어신 ······· 301

5부 경상도의 가랑잎

벽 ……… 305
난초잎새 ……… 306
운석 ……… 308
낙서 ……… 311
춘분 ……… 313
무제 ……… 314
더덕순 ……… 317
의상 ……… 319
만년의 꿈 ……… 320
왕십리 ……… 322
순지 ……… 323
용설란 ……… 325
백국 ……… 327
모일 ……… 328
무제 ……… 330
하선 ……… 332
바람 소리 ……… 334
모일 ……… 336
삭임질 ……… 338
화예 ……… 339
잔설 ……… 341
동행 ……… 343
부름 ……… 345
무제 ……… 347
「토오쿄오」에서 ……… 349
청파동 ……… 353

산 ······ 354
이·삼일 ······ 356
일상사 ······ 359
나의 배후 ······ 361
노안 ······ 365
비유의 물 ······ 367
권위에 대하여 ······ 369
명함 ······ 371
패착 ······ 373
무제 ······ 375
내년의 뿌리 ······ 376
모일 ······ 379
을지로의 첫눈 ······ 381
외출 ······ 383
시월 상순 ······ 385
문 ······ 387
삽화 ······ 389
일일 ······ 392
목탄화 ······ 394
무제 ······ 398
푸성귀 ······ 402
이별가 ······ 403
대좌상면오백생 ······ 406
만술 아비의 축문 ······ 409
소곡 ······ 411
기계 장날 ······ 412
한탄조 ······ 414
천수답 ······ 419

생토 ······ 421
도포 한 자락 ······ 423
청자 ······ 424
노래 ······ 427
달빛 ······ 428
송가 ······ 430
청하 ······ 431
논두렁길 ······ 432
장 맛 ······ 433
문고리 ······ 435
동정 ······ 436
피지 ······ 438
귓밥 ······ 439
죄 ······ 441
무내마을 과수댁 ······ 443
노래 ······ 444
고향에서 ······ 446
그저 ······ 447

6부 무순

한계 ······ 451
빈컵 ······ 452
양극 ······ 453
틈서리 ······ 455
복도 끝에서 ······ 457
나의 자시 ······ 459
조가 ······ 460
매몰 ······ 462
회전 ······ 463
눈썹·A ······ 465
눈썹·B ······ 467
눈썹·C ······ 468
하나 ······ 469
얼굴 ······ 470
틀 ······ 472
시간 ······ 473
몬스테리아 ······ 474
회색의 새 ······ 475
오늘 ······ 476
균 ······ 478
잠깐 ······ 479
맨발 ······ 480
밤에 ······ 481

한 방울의 물 ······ 483
돌 ······ 484
평일시초 ······ 486
무제 ······ 491
순색영원 ······ 495
가교 ······ 498
수안보까지 ······ 500
자갈돌 ······ 502
발자국 ······ 504
총성 ······ 505
산철쭉 ······ 506
산에서 ······ 507
잉어 ······ 509
왼손 ······ 511
밸런스 ······ 513
자갈돌 ······ 516
겨울 선자 ······ 518
볼일 없이 ······ 519
노상 ······ 520
다른 입구 ······ 521
자갈빛 ······ 522
여행중 ······ 523
소묘 ······ 524
입동 ······ 526
어제의 바람 ······ 527

중심에서 ······ 528
좌향 ······ 530
강 건너 돌 ······ 532
자수정 환상 ······ 534
돌과 그림자 ······ 536
가부좌 ······ 539
용인행 ······ 543
속리산에서 ······ 545
서방에서 ······ 547
산책길 ······ 548
무제 ······ 549
무한낙하 ······ 550
동침 ······ 552
겨우살이 ······ 553
이순 ······ 555
순한 머리 ······ 558
승천 ······ 560
악기 ······ 562
첫날밤 ······ 564
오늘의 눈썹 ······ 566
밤구름 ······ 567
그냥 ······ 568
지팡이 ······ 570
비둘기를 앞세운 ······ 572
크고 부드러운 손 ······ 574

샘 ······ 576
이주일 ······ 577
간밤의 페가사스 ······ 579
회수 ······ 581
운상에서 ······ 583
천사에게 ······ 585
노대에서 ······ 586
잠결에 ······ 587
지금 ······ 589
강변사로 ······ 591
봄 ······ 593
수국색 ······ 594
천상 ······ 595
장면 ······ 597
마른 빵 부스러기 ······ 598

7부 크고 부드러운 손

거리에서 ……… 601

자리를 들고 ……… 603

오른편 ……… 605

순금의 열쇠 ……… 607

감람나무 ……… 611

말씀을 전함으로 기독교인이 되자 ……… 613

믿음의 흠 ……… 615

아침의 수세미 꽃 ……… 617

어머니의 언더라인 ……… 619

세수를 하고 ……… 621

우슬초 ……… 622

우리의 출입 ……… 624

이만한 믿음 ……… 626

평온한 날의 기도 ……… 629

어머니의 성경 ……… 631

부활절 아침의 기도 ……… 634

노래 ……… 636

오늘은 자갈돌이 되려고 합니다 ……… 638

문 ……… 640

처음부터 ……… 643

바위 안에서 ……… 646

일어나라 ……… 648

돌아보지 말자 ……… 650

성탄절을 앞두고 ……… 652
네 믿음이 ……… 654
희고 눈부신 천 한 자락이 … 656
평신도의 장미 ……… 658
신춘음 ……… 660
신춘음 ……… 662
아침마다 눈을 ……… 665
빛을 노래함 ……… 669
월요일 아침에도 ……… 672
수요일의 사과 ……… 675
밭머리에 서서 ……… 677
신이 거니는 잔디 ……… 679
모란 앞에서 ……… 681
양을 몰고 ……… 683
삼월로 건너가는 길목에서 … 685
가을의 기도 ……… 687
내리막길의 기도 ……… 690
얼룩진 보자기의 네 귀를 접는 693
밤에 쓴 시 ……… 695
겨울의 일상 ……… 696
포인세티어 ……… 698
거룩한 밤에 ……… 700
무제 ……… 704
작은 베들레헴에 불이 켜진다 706
오늘 밤 지구를 에워 싸고 …… 709

성탄절의 촛불 ……… 711
개안 ……… 713
이 후끈한 세상에 ……… 715
무제 ……… 717
사람에의 기원 ……… 719
기상음 ……… 720
모성 ……… 722
불이 켜진 창마다 ……… 724
핏줄 ……… 727

8부 미수록작

기차속 ……… 733

숲 ……… 735

소(宵)의 호수바람 ……… 736

구월풍경 ……… 737

달은 마술사 ……… 738

송년송 ……… 739

그것은 연륜이다 ……… 740

보리누름때 ……… 741

꽃밭에깨어있었다 ……… 742

송뢰 ……… 743

산을 바라보며 ……… 744

귀 기우리고 ……… 746

바위의 노래 ……… 747

풀밭에서 ……… 750

산 ……… 751

석산 ……… 754

옥피리 ……… 755

희고 긴 목에 ……… 756

벗이어. 난 요지음 무엇을 깨닫는것같소 ……… 758

옥피리 ……… 760

이슬 ……… 762

산비 ……… 764

저음 ……… 765

석상 ······· 767

환도시초 ······· 768

사월에 ······· 771

보수동 ······· 772

월야저음 ······· 773

난로 ······· 776

세종로에서 ······· 778

도원동 ······· 779

탐라시초 ······· 780

포도·사슴·무지개 ······· 783

남풍에 부치는 시 ······· 785

한일 ······· 787

처소 ······· 789

야반설 ······· 791

정초음 ······· 793

다잔 ······· 794

일용의 양식 ······· 796

백·밀러 ······· 800

동정 ······· 802

일기초 ······· 803

육편의 제주시초〈미정고〉 ······· 805

이웃 ······· 808

모일 ······· 810

용의 눈 ······· 812

나의 소요 삼편 ······· 814

식전길 …… 817

청자 …… 818

빈 손바닥 …… 820

무제 …… 822

죽어서 영원히 사는 분들을 위하여 …… 823

무위 …… 825

자갈 I · II …… 827

발자국 …… 829

무제 …… 830

선반 …… 831

오늘의 햇빛 …… 833

정면 …… 835

목례 …… 837

어느 날 오전 …… 839

뵈옵고 …… 841

안녕 …… 844

무제 …… 845

그림자 …… 847

밤마다 …… 848

계곡에서 …… 850

무제 …… 852

병실에서 …… 854

포도나무 …… 856

단시초 …… 857

대접에 대하여 …… 860

이런 시 ……· 862
복숭아와 동녀 ……· 864
고성에서 ……· 866
느낌표 하나 ……· 868
다시 가정을 노래함 ……· 869
찌 ……· 871
무제 ……· 873
무제 ……· 875
전화벨 ……· 877
탈의 ……· 879
오늘의 얼굴 ……· 881
탈 ……· 883
옆자리 ……· 885
무제 ……· 887
물방울 안쪽에서 ……· 888
무제 ……· 889
계단 ……· 891
무명 ……· 893
정맥 ……· 896
행간 ……· 897
단시오수 ……· 898
구고(舊稿)에서 ……· 900
심추음 ……· 905
부드러운 잠의 노래 ……· 907
아내에게 ……· 908

또 다시 가정 ……· 910
축복 ……· 912
귀로 ……· 913
무제 ……· 915

1부 청록집 青鹿集

—1946

임*

내ㅅ사 애달픈 꿈꾸는 사람
내ㅅ사 어리석은 꿈꾸는 사람

밤마다 홀로
눈물로 가는 바위가 있기로

기인 한밤을
눈물로 가는 바위가 있기로

어느날에사
어둡고 아득한 바위에
절로 임과 하늘이 비치리오

---

* 『산도화』에는 제목이 「임에게 1」로 되어 있다.

윤사월 閏四月

松花가루 날리는
외딴 봉오리

윤사월 해 길다
꾀꼬리 울면

산직이 외딴 집
눈 먼 처녀사

문설주에 귀 대이고
엿듣고 있다.*

---

* 〈문설주에 귀 대이고/ 엿듣고 있다.〉는 『산도화』에 수록되면서 〈문설주에/ 엿듣네.〉로 고쳐졌다가 『박목월 자선집』에 수록되면서 다시 원래 모습대로 되었다.

삼월三月

芳草峰 한나절
고운 암노루

아랫마을 골작에
홀로 와서

흐르는 냇물에
목을 추기고

흐르는 구름에
눈을 씻고

열 두 고개 넘어 가는
타는 아지랑이*

---

* 〈열 두 고개 넘어 가는/ 타는 아지랑이〉는 『산도화』에 수록되면서 〈하얗게 떠가는/ 달을 보네〉로 고쳐졌다가 『박목월 자선집』에 수록되면서 다시 원래 모습대로 되었다.

청靑노루

머언 산 靑雲寺
낡은 기와집

山은 紫霞山
봄눈 녹으면

느름나무
속ㅅ잎 피어가는 열두 구비를*

靑노루
맑은 눈에

도는
구름

---

* 〈느름나무/ 속잎 피어가는 열두 구비를〉은 『산도화』에 수록되면서 〈오리목/ 속잎피는 열두구비를〉로 고쳐졌다가 『박목월 자선집』에 수록되면서 다시 원래 모습대로 되었다.

갑사댕기

안개는 피어서
江으로 흐르고

잠꼬대 구구대는
밤 비둘기

이런밤엔 저절로
머언 처녀들……

갑사댕기 남끝동
삼삼하고나

갑사댕기 남끝동
삼삼하고나

나그네

> 술 익은 강마을의
> 저녁 노을이여 —— 芝薰

江나루 건너서
밀밭 길을

구름에 달 가듯이
가는 나그네

길은 외줄기
南道 三百里

술 익는 마을마다
타는 저녁 놀

구름에 달 가듯이
가는 나그네

달무리

달무리 뜨는
달무리 뜨는
외줄기 길을
홀로 가노라
나 홀로 가노라
  옛날에도 이런 밤엔
  홀로 갔노라

맘에 솟는 빈 달무리
둥둥 띠우며
나 홀로 가노라
울며 가노라
  옛날에도 이런 밤엔
  울며 갔노라

박꽃

흰 옷자락 아슴아슴
사라지는 저녁답
썩은 초가 지붕에
하얗게 일어서
가난한 살림살이
자근자근 속삭이며
박꽃 아가씨야
박꽃 아가씨야
짧은 저녁답을
말 없이 울자

길처럼

머언산 구비구비 돌아갔기로
山 구비마다 구비마다
절로 슬픔은 일어……

뵈일듯 말듯한 산길
산울림 멀리 울려 나가다
산울림 홀로 돌아 나가다
……어쩐지 어쩐지 울음이 돌고
생각처럼 그리움처럼……

길은 실낱 같다

가을어스름

사늘한 그늘 한나절
저물을 무렵에
머언산 오리木 산ㅅ길로
살살살 날리는 늦가을 어스름

숱한 콩밭머리마다
가을 바람은 타고
靑石 돌담 가으로
구구구 저녁 비둘기

김장을 뽑는 날은
저녁 밥이 늦었다
가느른 가느른 들길에
머언 흰 치마자락
사라질듯 질듯 다시 뵈이고
구구구 구구구 저녁 비둘기

연륜年輪

　슬픔의 씨를 뿌려놓고 가버린 가시내는 영영 오지를 않고……한해 한해 해가 저물어 質고은 나무에는 가느른 피빛 年輪이 감기었다.
　(가시내사 가시내사 가시내사)

　목이 가는 少年은 늘 말이 없이 새까아만 눈만 초롱초롱 크고…… 귀에 쟁쟁쟁 울리듯 차마 못잊는 애달픈* 웃녘 사투리 年輪은 더욱 새빨개졌다
　(가시내사 가시내사 가시내사)

　이제 少年은 자랐다 구비구비 흐르는 은하수에 꿈도 슬픔도 세월도 흘렀건만…… 먼 수풀 質고은 나무에는 상기 가느른 가느른 피빛 年輪이 감긴다
　(가시내사 가시내사 가시내사)

---

　* 『청록집』과 『산도화』에는 〈애달픈〉이 〈애달픈 애달픈〉으로 되어 있다.

귀밑 사마귀

잠자듯 고운 눈썹 위에
달빛이 나린다
눈이 쌓인다
옛날의 슬픈
피가 맺힌다
어느 江을 건너서
다시 그를 만나랴
살 눈썹 길슴한
옛 사람을

山수유꽃 노랗게
흐느끼는 봄마다
도사리고 앉인채
도사리고 앉인채
울음 우는 사람
귀밑 사마귀

춘일春日

여기는 慶州
新羅千年……
타는 노을

아지랑이 아른대는
머언 길을
봄 하로 더딘날
꿈을 따라 가며는

石塔 한채 돌아서
鄕校 門하나
丹靑이 낡은대로
닫혀 있었다

산이 날 에워싸고

산이 날 에워싸고
씨나 뿌리며 살아라 한다
밭이나 갈며 살아라 한다

어느 짧은 山자락에 집을 모아
아들 낳고 딸을 낳고
흙담 안팎에 호박 심고
들찔레처럼 살아라 한다
쑥대밭처럼 살아라 한다

산이 날 에워싸고
그믐달처럼 사위어지는 목숨
그믐달처럼 살아라 한다
그믐달처럼 살아라 한다

산그늘

장독 뒤 울밑에
牧丹꽃 오무는 저녁답
木果木 새순밭에
산그늘이 나려왔다
　　워어어임아 워어어임

길 잃은 송아지
구름만 보며
초저녁 별만 보며
밟고 갔나베
무질레밭 藥草길
　　워어어임아 워어어임

휘휘휘 비탈길에
저녁놀 곱게 탄다
黃土 먼 산ㅅ길이사
피먹은 허리띠
　　워어어임아 워어어임

젊음도 안타까움도

흐르는 꿈일다
애달픔처럼 애달픔처럼 아득히
상기 산그늘은 나려간다
   워어어임아 워어어임

(원주) 워어어임──慶尙道 地方에서 멀리 송아지 부르는 소리.

2부 산도화山桃花

—1955

* 『산도화』에 실린 시들 중 「閏四月」, 「靑노루」, 「나그네」, 「三月」, 「산이 날 에워 싸고」, 「임에게 1」, 「길처럼」, 「年輪」, 「산그늘」 등 9편은 『청록집』에 중복 수록 되어 있다. 「임에게 1」은 「임」이란 제목으로 『청록집』에 수록되어 있다. 따라서 여기에서는 위 9편을 수록하지 않았다. 그리고 「桃花 한 가지」와 「雲伏嶺」은 원 래 『산도화』에는 실려 있지 않았던 시들이지만, 『박목월 자선집』에는 『산도화』 편에 함께 묶여 있기 때문에, 이 두 작품을 수록한다.

구강산九江山 1

九江山
노을
놀 위에 하늘을

자락마다
黃金으로 아로색이고
한자락은 넌즈시
山너머 보내고

대숲길을 거닐어
詩를 읊으면
肅然한 대숲에
산새가 깃든다.

구강산九江山 2

九江山에
놀이 서네
九江山 저녁놀은
열두자락 꿈이 어려
 아아 냇사 몰라

내일도
紫朱빛 또 밝은 날을
구름 한점 그늘없이
청푸른 하늘을
 아아 어찌노 어찌노

한석산寒石山

구름가네 구름가네
구름속에 仙女가네
그 仙女야 안고름에
鬱香냄새 절로나네

寒石山
해으름은
하얀 소릿길
눈물 도는
산그늘에
어리는 달빛

「말을타고 꽃밭가니
말발굽에 향내나네.」

선도산하仙桃山下

仙桃山
水晶그늘
어려 보라빛

淸酒냄새
바람을
우는 여울을

酒幕집
뒷뜰에
산그늘이 앉는다.

달

배꽃가지
반쯤 가리고
달이 가네.

경주군 내동면
혹은 외동면
佛國寺 터를 잡은
그 언저리로

배꽃가지
반쯤 가리고
달이 가네.

산도화 山桃花 1

山은
九江山
보랏빛 石山

山桃花
두어송이
송이 버는데

봄눈 녹아 흐르는
옥같은
물에

사슴은
암사슴
발을 씻는다.*

---

* 『산도화』에는 〈사슴은/ 암사슴/ 발을 씻는다.〉가 〈사슴이/ 내려와/ 발을 씻는다.〉로 되어 있다.

산도화山桃花 2*

石山에는
보라빛 은은한 기운이 돌고

조용한
盡終日

그런날에
山桃花

산마을에
물소리

짖어귀는 새소리 묏새소리
山麓을 내려가면 잦아지는데

三月을 건너가는
햇살아씨.

---

* 『박목월 자선집』에는 「山桃花 2」와 「山桃花 3」의 제목이 서로 바뀌어져 있는데, 이는 단순한 인쇄상의 실수라고 여겨지므로 바로잡는다.

산도화 山桃花 3*

靑石에 어리는
찬물소리

반은 눈이 녹은
산마을의 새소리

靑田 山水圖에
삼월 한나절

山桃花
두어송이

늠름한
品을

산이 환하게
티어뵈는데

한머리 아롱진
韻詩 한 句.

(원주) 靑田은 東洋畵家 李象範先生의 號.
* 『박목월 자선집』에는 「山桃花 2」와 「山桃花 3」의 제목이 서로 바뀌어져 있는데, 이는 단순한 인쇄상의 실수라고 여겨지므로 바로잡는다.

산색山色*

산빛은
제대로 풀리고

꾀꼬리 목청은
티어오는데**

달빛에 木船가듯
조는 菩薩

꽃그늘 환한 물
조는 菩薩

---

* 《죽순》(1949년 4월)에 처음 발표되었을 당시에는 제목이 「보살」로 되어 있었다. 처음 발표되었을 당시의 모습은 다음과 같다.

보살

눈물 어린 자리
스르르 풀리면

산빛도 제대로

새로 밝아 오는데

달빛에 木船 가듯
조으는 菩薩

꽃그늘 환한 물
조으는 菩薩

**『산도화』에는 〈티어오는데〉가 〈티는데〉로 되어 있다.

불국사 佛國寺

흰달빛
紫霞門

달안개
물소리

大雄殿
큰보살

바람소리
솔소리

泛影樓
뜬그림자

흐는히
젖는데

흰달빛
紫霞門

바람소리
물소리.

모란여정 牧丹餘情

모란꽃 이우는 하얀 해으름

강을 건너는 청모시 옷고름

仙桃山
水晶그늘
어려 보라빛

모란꽃 해으름 청모시 옷고름

여운餘韻

山은 산이냥 의연하고,
강은 흘러 끝이 없다.
댓잎에 별빛 초가삼칸
이슬 젖은 돌다리 모과수그늘
하늘밖 달빛에 바람은 자고,
댓잎에 그윽한 바람소리

월야月夜

댓잎에 달빛 댓잎그림자
梅花가지에 梅花가지그림자
스스로 마음에 에우는 달무리*
스스로 풀리는 밤을
映窓이 푸른채로
하얗게 새운다

---

* 《문학과 예술》(1955년 11월)에 처음 발표되었을 당시에는 〈달무리〉가 〈그리움의 달무리〉로 되어 있었다.

해으름

山
첩첩
쓸리는 구름

잔솔포기 자라서
嶺넘어 가고

情은 萬里
해으름 千里

객주집 문전에
나귀가 운다.*

---

* 『산도화』에는 〈나귀가 운다〉가 〈초롱이 켜진다〉로 되어 있다.

도리桃李

오얏꽃은 하얗게
桃花는 연분홍

시오리 嶺넘으로
풀리는 풀빛.

여기는 옹당샘에
碧玉하늘

洞口밖 들길에
해종일 아지랭이

향香내음

부처님은
蓮臺 위에서
무릎을 펴시고
나오셨다.

조용한
걸음새……

塔이 나붓이
고개를 조아리는데

부처님은
은은한 말씀을
머금고 계신다.

목련꽃
오붓한 花蕾

날가지 위에서
微笑를 머금듯

조용하다.

*

부처님 앞에
端正히
앉아
香을 사룹니다.

淸雅한 기운
스스로 千年이 어려
풀립니다.

부처님은
귀가 큼직합니다.
人中이 길숨한
자부럼

내 마음을
솔바람 소리에

맡겨 버리고
달빛처럼
앉았읍니다.

구름 밭에서

비둘기 울듯이
살까보아
해종일 구름밭에
우는 비둘기

다래머루 넌출은
바위마다 휘감기고
풀섶 둥지에
산새는 알을 까네

비둘기 울듯이
살까보아
해종일 산넘어서
우는 비둘기.

구황룡 九黃龍

날가지에 오붓한
진달래꽃을

구황룡 산길에
금실아지랑이

―풀섶아래 꿈꾸는 옹달샘
―화류장농 안쪽에 호장저고리
―새색씨 속눈썹에 어리는 이슬

날가지에 오붓한
꿈이 피면

구황룡 산길에
은실아지랑이

고사리

深山고사리 바람에 도르르
말리는 꽃고사리

고사리 순에사 산짐승 내
음새 암숫것 다소곳이 밤
을 새운 꽃고사리

도롯이 숨이 죽은 고사리
밭에 바람에 말리는 구름
길 八十里

봄비*

조용히 젖어드는 草지붕아래서
왼종일 생각나는 사람이 있었다

月谷嶺 三十里 피는 살구꽃
그대 사는 강마을의 봄비 시름을

장독뒤에 더덕순
담밑에 모란움

한나절 젖어드는 흙담안에서
호박순 새넌출이 사르르 펴난다

---

* 《죽순》(1946년 5월)에 처음 발표되었을 당시의 모습은 다음과 같다.

조용히 젖어드는
초가 지붕 아래서
왼종일 생각하는
사람이 있었다.

月谷嶺 三十里
피는살구꽃
그대사는 마을이라
봄비는 와서

젖은 담모퉁이
곱게 돌아서
모란 움 솟으랴
슬픈 꿈 처럼

밭을 갈아

밭을 갈아 콩을 심고
밭을 갈아 콩을 심고
　꾸륵꾸륵* 비둘기야

白楊잘라 집을 지어
초가삼칸 집을 지어
　꾸륵꾸륵 비둘기야

대를 심어 바람 막고
대를 쪄서 퉁소 뚫고
　꾸륵꾸륵 비둘기야

장독 뒤에 더덕 심고
장독 앞에 모란 심고
　꾸륵꾸륵 비둘기야

웃말 색시 모셔두고
반달 색시 모셔두고
　꾸륵꾸륵 비둘기야

햇볕나면 밭을 갈고
달빛나면 퉁소 불고
　꾸륵꾸륵 비둘기야.

* 『산도화』에는 〈꾸륵꾸륵〉이 모두 〈구구구〉로 되어 있다.

임에게 2*

안타까운
마음은

은은히 흔들리는
강나룻배

누구를 사모하는
까닭도 없이

문득 흔들리는
강나룻배

---

* 《죽순》(1949년 2월)에 처음 발표되었을 당시에는 제목이 「강나룻배」였는데, 『산도화』에 실리면서 「임에게 2」로 바뀌었다. 『박목월 자선집』에서는 다시 「임에게 1」로 바뀌었다. 처음 발표되었을 당시의 모습은 다음과 같다.

강나룻배

안타까운
마음은

가만히 흔들리는
강 나룻배

까닭없이
시시로
안타까운
마음은

가만이 흔들리는
강 나룻배

임에게 3*

꿈을 꾸네
꿈을 꾸네
대낮에도 구우는
흰 수레바퀴

스스로 사모하는
나의 자리에
가는 숨결 고운 시간 꿈의 자리에
나 홀로 열매지는 작은 풀열매

---

* 『산도화』에 실릴 당시에는 제목이 「임에게 3」이었으나 『박목월 자선집』에 실리면서 「임에게 2」로 바뀌었다.

임에게 4*

내 색시는 하얀 넋
천만년 달밤

열두 가람 여울목에
스며 우는데

파란 옥 댓마디에
아슬한 鶴을**

구름 위에
잔잔한 옥피리소리.

---

* 『산도화』에 실릴 당시에는 제목이 「임에게 4」이었으나 『박목월 자선집』에 실리면서 「임에게 3」으로 바뀌었다.
** 『산도화』에는 〈파란 옥 댓마디에/ 아슬한 鶴을〉이 〈포란 玉 댓마디에/ 어리는 날개짓을/ 아슬한 鶴을〉로 되어 있다.

낙랑공주樂浪公主

보얀 가리마
아 公主님
당신의 하얀 꿈길을……

公主님
몇千里나 되오릿까
보얀 가리마를 밟고

흿청거리는 樂浪말씨의
긴 사연을
어쩌면
紙筆로 다 엮으리오

설핏한 반달이
기운 紗窓에
모로 돌아앉인
은은한 娥眉

숱한 세월의
낡은 珠簾을 걷어올리소서

아아 환한 보름의
웃는 눈매

보얀 가리마
아 公主님
나의 서러운 꿈길을……

公主님
몇 萬里나 되오릿까
울음 우는 가슴을 밟고

월야月夜

대밭에는 비단안개다.

달이 구름에서 나오면
동내 가느른 골목이
흰 다님같다.

앞산자락에
작은 松籟 일어 잔잔하고
들밖으로 달빛감고 달빛감고
사람 그림자 밤길 가고……

아래윗마을 휘영청 달 밝다.

청靑밀밭

달안개 높이 오르고
청밀밭 산기슭에 밤비둘기
스스로 가슴에 고인 그리움을
아아 밤길을 간다.

풀잎마다 이슬이 앉고
논귓물이 우는 길을
달빛에 하나하나
꿈을 날리고
그 떠가는 푸른 비둘기……

눈물 어린 눈을

향깃한 달무리를

길은 제대로 숨어버렸다.

도화桃花 한 가지

물을 請하니
팔모飯床에 받쳐들고 나오네
물그릇에
外面한 娘子의 모습.
半은 어둑한 산봉우리가 잠기고
다만 은은한 桃花 한그루
한 가지만 울넘으로
嶺으로 뻗쳤네.

운복령雲伏嶺

深山고사리, 바람에 도르르 말리는 꽃고사리.

고사리 순에사 산짐승 내음새, 암수컷 다소곳이 밤을 새운 꽃 고사리.
도롯이 숨이 죽은 고사리밭에, 바람에 말리는 구름길 八十里.

3부 난欄·기타其他

―1959

야반음 夜半吟

소내기가 비롯하는 夜半의
깊은 沈默을

홀연히 두두둑
芭蕉잎새.

頭髮은 히끗이
서리가 덮히고

비로소
한밤에 잠도 깨이고.

저
자욱하게 아득한 것을

마음은
和韻하고.

멀고 가까운 것을
새삼스러이 헤아리노니

枕上에는
오릇하게 조으는 불빛.

이밤을
밤만큼 넓은 잎새를 펼치고

芭蕉는 차라리
외롭지않다.

심상心象

눈瞳子안에 한줄기의 沙汰
    하얀벼랑, 은은한 달밤을.
눈瞳子안에 한줄기의 崩壞
    은실 모래의 細流.

포도빛 투명한 音樂의 海溢.
    눈瞳子 안에
눈瞳子안에 adieu, adieu
    꺼져가는 母音.
    한개마다의 등불.

그윽한 旋律의 흔들리는 落磐을
    눈瞳子안에
눈瞳子안에
하나의 生命
한개의 母音.
한줄의 韻律을.
은실모래의 細流. 하얀벼랑, 은은한 달밤을.
    눈瞳子안에 한줄기의 沙汰,
    한마리씩 떠나가는 새들.

사향가思鄉歌

밤차를 타면
아침에 내린다.
아아 慶州驛.

이처럼
막막한 地域에서
하룻밤을 가면
그 안존하고 잔잔한
영혼의 나라에 이르는 것을.

千年을
한가락 微笑로 풀어버리고
이슬 자욱한 풀밭으로
맨발로 다니는
그 나라
百姓. 고향사람들.

땅위와 땅아래를 분간하지 않고
연꽃하늘 햇살속에
그렁저렁 사는

그들의 항렬을. 姓받이를.

이제라도
갈까부다.
무거운 머리를
車窓에 기대이고
이승과
저승의 강을 건느듯
하룻밤
새까만 밤을 달릴가부다

무슨 소리를.
발에는 足枷.
손에는 쇠고랑이
귀양온 영혼의
무서운 刑罰을.
이자리에 앉아서
돌로 화하는
돌결마다
구릿빛 싯벌건 그 무늬를.

하관下棺

棺이 내렸다.
깊은 가슴안에 밧줄로 달아내리듯.
주여.
容納하옵소서.
머리맡에 聖經을 얹어주고
나는 옷자락에 흙을 받아
좌르르 下直했다.

    *

그후로
그를 꿈에서 만났다.
턱이 긴 얼굴이 나를 돌아보고
兄님!
불렀다.
오오냐. 나는 全身으로 대답했다.
그래도 그는 못들었으리라.
이제
네 音聲을
나만 듣는 여기는 눈과 비가 오는 세상.

*

너는
어디로 갔느냐.
그 어질고 안스럽고 다정한 눈짓을 하고.
형님!
부르는 목소리는 들리는데
내 목소리는 미치지 못하는.
다만 여기는
열매가 떨어지면
툭하는 소리가 들리는 세상.

생일음 生日吟

잔잔히 내안에 고인것의
그 측은하게도 보배로움
조촐한 床을 받고
절을 드리는 어린것들을
굽어본다.

단하루도
내마음대로 左右할 수 없는
이 안타까운 길을
너무나 멀리 걸어왔구나.

무엇을 따로 所望하랴.
돛만 올리고
뱃길은 그분이 점지하실 것.
베풀어 주셔서 있게한
아득한 뱃길을
따라가는 내가.

床을 물리니
조용한 겨울 늦아침.

빛나는 하루가
비스듬히 다가선다.

당인리唐人里 근처近處

唐人里변두리에
터를 마련할가보아.
나이는 들고……
한 四·五百坪(돈이 얼만데)
집이야 움막인들.
그야 그렇지. 집이 뭐 대순가.
아쉬운 것은 흙
五穀이 여름하는.
보리·수수·감자
때로는 몇그루 꽃나무.
나이는 들고……
아쉬운 것은 自然.
너그러운 呼吸, 가락이 긴
삶과 生活.
흙을 終日,
흙하고 親하고
(아아 그 푸군한 微笑)
등어리를
햇볕에 끄실리고
말하자면

精神의 健康이 필요한.
唐人里변두리에
터를 마련할가보아
(괜한 소리. 자식들은
어떡하고, 내가 먹여살리는)
참, 그렇군.
한쪽 날개는 죽지채 부러지고
가련한 꿈.
그래도 四·五百坪
땅을 가지고(돈이 얼만데)
수수·보리·푸성귀
(어림없는 꿈을)
지친 삶, 피로한 人生
頭髮은 히끗한 눈이 덮히는데.
마음이 허전해서
너무나 허술한 채림새로
(누구나 허술하게 떠나기야하지만)
길떠날 차비를.
祈禱 한 句節을 올바르게
못드리고

아아 땅버들 한가지만 못하게

(괜찮아, 괜찮아)

아냐. 진정으로 까치새끼 한마리만 못하게.

어이 떠날가보냐.

나이는 들고……

아쉬운 것은 自然.

그 품안에 쉴

한 四・五百坪.

(돈이 얼만데)

바라보는 唐人里近處를

(자식들은 많고)

잔잔한 것은 아지랑인가(이 겨울에)

나이는 들고.

---

* 《사상계》(1959년 12월)에 처음 발표되었을 당시의 모습은 다음과 같다.

唐人里 변두리

唐人里 변두리에

터를 마련할가부다.

나이는 들고……

한四・五百坪(돈이 얼만데)

집이야 우막인들
그야 그렇지. 집이 뭐 대순가.
아쉬운 것은 흙
곡식이 열매지는
보리, 수수, 감자
때로는 몇포기 꽃나무.
나이는 들고……
아쉬운 것은 自然.
너그러운 呼吸. 가락이 길고 질긴
삶과 생활.
흙을 終日,
흙하고 친하고
(아아 그, 푸군한 微笑)
등어리를
해볕에 꼬실이고
말하자면
精神의 健康이 필요한
唐人里 변두리에
터를 마련할가부다.
(괜한 소리. 자식들은 어떻하고. 네가 먹여 기를)
참, 그렇군.
한쪽 날개는 쭉지채 부러지고
가련한 꿈.
그래도 四·五百坪
땅을 가지고(돈이 얼만데)

수수, 보리, 채소
(어림없는 꿈을)
지친 삶, 피로한 人生
頭髮은 히끗한 눈이 덮히는데
아쉬운 것은 慰安.
너무 허술한 채림으로
(누구나 허술하게 길이야 떠나지만)
길떠날 차비를
채릴가부다.
祈禱 한 句節 올바르게
못드리고
아아 땅버들 한가지만 못하게
──괜찮아. 괜찮아.
아냐. 진정으로 까치새끼 한마리만 못하게.
어이 떠날가부냐.
나이는 들고……
아쉬운 것은 自然.
그 품안에 쉴.
한四, 五百坪
(돈이 얼만데)
바라보는 唐人里 近處를
(자식들은 많고)
잔잔한 것은 아지랑인가(이, 겨울에)
나이는 들고……

한정閑庭

저 구름의
그윽한 崩壞를
멜로디만 꺼지는 은은한 휘나레.

앞으로
내 날은
영원한 閑日.

주름살이 곱게 밀리는 조용한 하루.

   *

마른 菊花대궁이가 고누는 하늘로

구름이 달린다. 毛髮이 消滅하는
구름이 달린다. 돛을 말며

마흔과 쉰 사이의 나의 하늘아래

가늘게 흔들리는 뜰이어.

겨우 개었나부다.
訥辯의 깃자락에 소내기가 묻어오는 그 하늘이.

오늘은 구름이 갈라진 틈서리로
아아 낭낭한 母音의 穹窿.

肯定의 환한 눈瞳子 안에
구름이 달린다. 毛髮이 삭으며
구름이 달린다. 돛을 말며

　　　*

輪廓부터 풀리는 사람들에게
나는 눈짓을 보낸다.
하직의 손을 저으며
구름이 消滅한다. 이마 위에서
구름이 消滅한다. 눈瞳子 안에서

적막寂寞한 식욕食慾

모밀묵이 먹고 싶다.
그 싱겁고 구수하고
못나고도 素朴하게 점잖은
촌 잔칫날 팔모床에 올라
새사돈을 대접하는 것.
그것은 저문 봄날 해질 무렵에
허전한 마음이
마음을 달래는
쓸쓸한 食慾이 꿈꾸는 飮食.
또한 人生의 참뜻을 짐작한 者의
너그럽고 너닉한
눈물이 渴求하는 쓸쓸한 食性.
아버지와 아들이 兼床을 하고
손과 주인이 兼床을 하고
산나물을
곁들여 놓고
어수룩한 산기슭의 허술한 물방아처럼
슬금슬금 세상 얘기를 하며
먹는 飮食.
그리고 마디가 굵은 사투리로

은은하게 서로 사랑하며 어여삐 여기며
그렇게 이웃끼리
이 세상을 건느고
저승을 갈 때,
보이소 아는 양반 앙인기요
보이소 웃마을 李生員 앙인기요
서로 불러 길을 가며 쉬며 그 마지막 酒幕에서
걸걸한 막걸리 잔을 나눌 때
절로 젓가락이 가는
쓸쓸한 飮食.

아가雅歌

어린 사슴이 난길로 벗어나
저문 山을
바라듯.

또한 성근 풀잎새에
잠자리를
마련하듯.

  (어디서 은은한
  열쇠소리
  은과 은의 쇠고리가
  부딪는 소리)

한밤중
降雪이 비롯하듯
마음은 가라앉고

또한
눈이 개이듯
설레는 喜悅感.

(어울려
鍾이 울고
어느 한개는
늘 잠잠하고)

찬놀 하늘에
枯木이 수런대듯
잠자리는
외롭고.

또한 한밤중
燈불이 켜지듯
꿈은
부풀고.

(꽃송이 아래서
꽃송이가 이울고
그 位置에서
어느 송이는 봉오리를 갖고)

사랑은 가고
아지랑이에 얼려
꽃은 지고.

또한 꿈은 이울고
비맞이 바람에
잎새는 떨리고.

  (어디서 은은한
  열쇠소리
  은과 은의 쇠고리가
  부딪는 소리……)

모일某日

〈詩人〉이라는 말은
내 姓名위에 늘 붙는 冠詞.
이 낡은 帽子를 쓰고
나는
비오는 거리로 헤매였다.
이것은 全身을 가리기에는
너무나 어줍잖은 것
또한 나만 쳐다보는
어린 것들을 덮기에도
너무나 어처구니 없는 것.
허나, 人間이
평생 마른옷만 입을가부냐.
다만 頭髮이 젖지않는
그것만으로
나는 고맙고 눈물겹다.

서가 書架

친구들이 書架에 나란하다.
외로운 書齊
등불앞에서
나와 속삭이려고 이런 밤을 기다렸나보다.
반쯤 비에 젖은
그들의 靈魂……
나도 외롭다.
한권을 뽑아들면
커피店에서 만난 그분과는
사뭇 다른
多情한 눈짓.
외로울 때는 누구나 情다워지나보다.
따뜻한 영혼의 微笑.
때로 말씨가 서투른 句節도 있군.
그것이야 대수롭지 않은 겉치레
벗기고보면
아아 놀라운 그분의 하늘
── 가만히
나는 책을 덮는다. (얘기에
싫증이 나서가 아닐세)

돌아앉아
그분의 말을 생각해 보려고그래.
과연 인생은 이처럼 서러운가, 하고.
때로는 긴밤을 생각에 잠겨 밝히면
새벽 찬 기운에
書架는 峨峨한 山脈.
친구는 없고……
골짜기에 萬年雪 눈부신 氷河.

소찬素饌

오늘 나의 밥상에는
냉이국 한그릇.
풋나물무침에
新苔.
미나리김치.
투박한 보시기에 끓는 장찌개.

실보다 가는 목숨이 타고난 福祿을.
가난한 자의 盛饌을.
默禱를 드리고
젓가락을 잡으니*
혀에 그득한
자연의 쓰고도 향깃한 것이여.
경건한 봄의 말씀의 맛이여.

---

* 『난·기타』에는 〈젓가락을 잡으니〉가 〈놋著를 잡으니〉로 되어 있다.

한 표票의 존재存在
──어느 新聞社에서 一面에 실으려고 詩를 請托한 것에 答하여

一面에 실을 詩를 要請한다.
펄펄 살아서 틀고 짜는
國內外의 싯퍼런 情勢와
月世界로 로켓트가 나는
그 一面에
자리를 마련하고
가난한 抒情詩人의 祈禱와 눈물로 빚어진 한편의 作品을
어느 新聞은 실으려하는가.
실은 내게
아무런 欲望이 없다. 人生과 人類를 향한 이 虛脫을
다만 뜰에서 구름을 바라보고
밤이면 불앞에서 聖經을 읽고
잠든 어린것 얼굴을 굽어보며
그들을 祝福하는 그것 외에는.
그것이라도 無妨하다면
어린것 이마를 짚든 손으로
어린것을 祝福하던 心情으로
한편의 作品을
마련하련마는.

나는 다만 가난한 詩人으로서
나는 다만 어진 어버이로서
나는 다만 忠實한 이웃으로서
나는 다만 忠誠된 國民으로서
그리고 誠實한 한사람으로서
發言을 삼가고, 所望을 눌리고
對答은 눈으로 하고
쬐끔은 神을 믿고
쬐끔은 늘 서럽고
그리고 건느는 구름같은 生涯.

選擧날에는 목도장을 끄내
옷을 다려입고
〈깨끗한 한票〉의 權利를 行使하는.
國慶日에는 문전에
환한 國旗를 하늘같은 자랑으로 내거는.

아아 나는 누군가.
〈百姓〉이라는 이름의 한票의 存在,
저녁밥이 끝나면 골목안에서

政治와 세상을 談論하는 그들의 兄弟.
또한 사랑방옆에 외양간을 마련해서
牛馬를 친가족처럼 보살피는 그들의 사돈.
그들에게는 絶望이 없다.
그들에게는 소망이 없다.
끝없는 忍從의 큰강물같은 그들의 生涯.
아아 내게는 詩가 없다.

넥타이를 매면서

衣冠을 바로하고
이제는
방황하지않는다.
알맞는 위치에 항상 視線을 모은다.
(처마보다 한치 높이.
허나 하늘로 흘러보내지않는)
바득하게 고인 물의
팽창한 水面을.
그 낭창거리는 것의 本質을
깊숙히 生命안에 닻을 내리고
잠자는 어린것들
머리맡에서
詩를 읊고 讀書를 하고
때로는 벗을 만나러
약속한 제시간에 거리로 나간다.

춘소春宵

字劃마다
큼직하게 움이트는
朴·木·月.
── 밤에 자라나는 이름아.
가난한 뜰의
藤床기둥을 감아
하룻밤 푸근히 꿈속에
쉬는 포도넝쿨.
── 오해를 말라.
朴木月은
당신이 아는 그 성명이 아닐세.
하루의 직업이 끝난
그날밤에
잠자리에 들기전을
가만히 혼자서 끄내보는
꿈의 通鑑證에
印刷된 이름.
그것은 朴木月안의 朴木月.
고독이 기르는 수목의 이름이다.

나그네

눈이
왔다.* (왔다가 아니고
오셨다지 귀하신 손님을)

먼하늘에
스스로
일어왔다.
섭섭하고 그윽한 비단 한자락

나그네는
밤내 속삭인다.
혼을 호려내는 은근한 말씨.
──샛까만 鍾樓에 얼굴을 부비며.

하룻밤을 머물고.
이내 가셨구나.
가볍고 서러운 프랑스語의 精靈을
그가 끄는 신발소리를.

아아

또 오실까.
램프등피에 말씀이 어렸다.

하룻한 달무리.
눈오는 밤을.

---

* 『난·기타』에는 〈눈이/ 왔다〉가 〈나그네가/ 왔다〉로 되어 있다.

시詩

〈나〉는
흔들리는 저울臺.
詩는
그것을 고누려는 錘.
겨우 均衡이 잡히는 位置에
한가락의 微笑.
한줌의 慰安.
한줄기의 韻律.
이내 무너진다.
하늘끝과 끝을 일렁대는 해와 달.
아득한 振幅.
生活이라는 그것.

모과수유감 木瓜樹有感

　여전히 있군.
그 나무는. 青鹿集의 내 作品을
쓸 무렵의 木瓜樹.
芝薰을 기다렸다.
저 나무 아래서.
서울서 내려오는 낯선 詩友를.

　二十年의 세월이
어제같구나.
木瓜樹는 여전한 그 모습.
늙어서 나만이 이 나무 아래서
오늘은 구름을 쳐다보는가.

　덧없는 세월이여.
어제같건만, 젊음은 갈앉고
머리는 半百.
半平生 經營이 詩句 두어줄.
너를 노래하여 싹튼 〈朴木月〉도
이제 樹皮가 굳어졌는데……

　오늘은

그 나무 아래서
木瓜樹의 默重한 忍從을 배울가부다.
함께 나란히
벗들도 늙고, 환한 이마에
주름이 잡혔는데

　늙어서
오히려 태연한 坐定.
잎새는 바람에 맡겨버리고
스스로 열리는 열매를 거둠하고
때가 이르면
환한 눈을 감으려니.

　여전히 있군.
그나무는 博物館 처마에서
두어자국 뜰로 나와.
山茱萸와 나란히 어깨를 겨누고.
비스듬히 이마를 하늘에 기댄채
빛나는 穹蒼을
億萬年의 세월을 자랄듯한 微笑로.

춘일春日

아아 노고지리
노고지리의 울음을
은은한 하늘 하늘꼭지로
등솔기가 길고 가는 외로운 혼령의 읊조림을

바위속 잔잔한 은드레박소리……

(원주) 註·경주군 外東面 鹿洞里 달밭마을에는, 맑은 날이면 仙女들이 물을 깃는
은드레박소리가 들린다는 바위가 지금도 있다.

청운교靑雲橋

층층다리를
층층이 밟고오르면
靑雲橋 돌층층계가
뒤로 물러가고

구름과 塔과 山이
나란히 내려오는데
大雄殿 肉重한 처마가
내려오는데

내려오는
서라벌의 빛나는 穹蒼.
그 하늘위로
하얗게 솟아오르는
七色伽藍의 우람한 光芒.

수리수리 마하수리
수수리
사바하

아아 저것은 바람소리

그리고 오늘은
나를 실어가는 구름의 彩輩.

토함산吐含山

밤골짜기의 물소리.

구름이 밝혀든 초롱을.

아아 동해너머로 둥둥 떠가는 진보라빛 환한 봉우리 하나.

왕릉 王陵

王陵길에는 길 한가닥 뿐.

이른새벽을
아무도 없다.

참나무가지로 이슬을 떨며 오는, 어둠에 떠오른 하얀 唐鞋

보랑步廊

臨海殿은 터전만 남았다.

雁鴨池는
가을바람에 갈잎.

무너진 步廊을
거닐으면

동동 떠가는 彩雲一片. 아아 樂浪公主.

정원庭園

中央路에서 벗어나면
탱자나무울타리길이다.
公平洞
○○番地에 가지가 붙는 番地골목을
맞받이에
禮拜堂.
얌전하고 조용한
길을 主祈禱文 외이듯
가면
그의 집
門에 들어서면
바로 庭園.
바로 安樂椅子같다.
그 어느 잔디밭에나
그 어느 디딤돌위에 앉으면
푬樂에 귀를 기울이는 마음
아아 알맞는
庭園은 차라리
들보다 한결 들같다.
산보다 한결 산같다.

진실로 人生은
시장끼같은 것,
늘 옆구리가 허전하게
외로운데
이렇게
옹색한 餘裕가
차라리 더 넉넉한 庭園.

*

그의 집
二層을 오르면
층층계 맞받이에 유리窓.
밤하늘이
어머니처럼 수심겨운 얼굴로 굽어본다.
때로는
초밤별이 다만 한개 높이 떠서
인사를 보낸다.
나는
결코 외롭지 않았다.

終日 地動을 하고,
유리창이 덜덜 떠는 날에도
내 잠자리에
넘치는 安堵.
실로 내게는 많은 것이 소용되지 않았다.
다만 한줄기의 友情같은 戀情,
그것으로
내 祈禱는 더운 눈물로 넘치고,
그리고 내가 잠드는 지붕위에는
星座가
四分의 三拍子로 옮아갔다.

아가雅歌*

나는 당신을 孕胎했읍니다.
나직한 푸른 핏줄……
聖母마리아가 人子를 잉태하듯
내가 마리아를 잉태했읍니다.
그의 조용한 音聲
그의 가는 목
그리고 설핏한 구름의 눈매
도란도란 귀에 익은 말씨의
그 서러운 이슬하늘.

   *

桃花가 만발했읍니다.
그 充滿한 가지
당신을 향한
내 모습을 보십시오.
오롯한 누리에 하얀 대낮에
피어오른 환한 촛불 암꽃술
저윽히 꽃잎하나 이우는데
비로소 마음 한모 기도로 풀리는데

    *

무성한 당신의 毛髮

그 豊足한 餘裕

청결한 당신의 皮膚

그 청아한 誘惑

바람에 불꽃이 깃드는

洞窟은 툭 틔어서

크낙한 말씀을

나는 孕胎했읍니다.

---

* 《문예》(1953년 9월)에 처음 발표되었을 당시의 모습은 다음과 같다.

雅歌

孕胎하는 것입니다.
나직한 푸른 핏줄……
聖마리아가 人子를 孕胎하듯
내가 마리아를 孕胎합니다.
당신의 音聲
당신의 가는 목
그리고 설핏한 구름의 눈매
도란도란 귀에 익은 말씨의

그 서러운 이슬하늘

桃花가 滿發합니다.
그 充滿한 가지
당신을 향한
내 모습을 보십시오.

오롯한 누리에 하얀 대낮에
피어오른 환한 촛불 수ㅎ술
저윽히 꽃잎 하나 이우는데
비로소 마음 한모 기도로 풀리는데

가슴이 뿌둑합니다.
무한한 것이 자리잡는
그 넘치는 충만감
그 넘치는 安睹.

茂盛한 당신의 毛髮
그 豊足한 餘祐
淸潔한 당신의 皮膚
그 淸雅한 誘惑
바람에 불꽃이 깃드는
洞窟은 툭 티어
크낙한 뜻과 말씀을
孕胎하는 것입니다.

뻐꾹새

잠이 오지않는 밤이 잦다.
이른새벽에 깨어 울곤했다.
나이는 들수록
恨은 짙고
새삼스러이 虛無한 것이
또한 많다.
이런 새벽에는
차라리 祈禱가 서글프다.
먼산마루의 한그루 樹木처럼
잠잠히 앉았을뿐……
눈물이 祈禱처럼 흐른다.
뻐꾹새는
새벽부터 운다.
孝子洞終點 가까운 下宿집
窓에는
窓에 가득한 뻐꾹새 울음……
모든 것이 안개다.
사람과 사람사이의 인연도
혹은 사람의 목숨도
아아 새벽골짜기에 엷게 어린

청보라빛 아른한 실오리

그것은 이내 하늘로 피어오른다.
그것은 이내 消滅한다.
이 안개에 어려
뻐꾹새는
운다.

효자동 孝子洞

숨어서 한철을 孝子洞에서
살았다. 終點近處의 쓸쓸한
下宿집.

이른아침에 일어나
꾀꼬리울음을 듣기도하고
간혹 聖經을 읽기도 했다.
마태福音 五章을, 고린도前書 十三章을.

仁旺山은 해질무렵이 좋았다.
보라빛 山巍 어둠에 갈앉고
램프에 불을 켜면
燈皮에 흐릿한 무리가 잡혔다.

마음이 가난한 者는 福이 있나니… 아아 그 말씀. 그 慰勞.
그런 밤일수록 눈물은 베개를 적시고, 한밤중에 줄기찬 비가 왔다.

이제 두번 생각하지 않으리라.
孝子洞을 밤비를 그 祈禱를

아아 강물같은 그 많은 눈물이 마른 河床에
달빛이 어리고
서글픈 平安이
끝없다.

대불 大佛

氣盡한
메아리가
산깃에서 도로 숨돌리듯……*
당신의 모습

말이 끊어진 곳에
오히려 향기로운 말씀의
餘韻
당신의 도드라진 입술 언저리

壯嚴한
기운 안에
기운을 눌리시고
너그러운 微笑같은……*

줄기차고 뭉실하고*
웃줄지는것
그위에
조용한 微笑같은
아아 당신의 勝利

* 《문학세계》(1953년 11월)에 처음 발표되었을 당시에는 〈산깃에서 도로 숨돌리듯……〉이 〈산깃에서 도로 숨돌리듯〉으로, 〈너그러운 微笑같은……〉이 〈매조로운 微笑같은……〉으로, 〈줄기차고 뭉실하고〉가 〈줄기차고 뭉실나고〉로 되어 있었다.

배경背景

濟州邑에서는
어디로 가나, 등뒤에
水平線이 걸린다.
황홀한 이 띠를 감고
때로는 土酒를 마시고
때로는 詩를 읊고
그리고 해질녘에는
書肆에 들리고
먹구슬나무 나직한 돌담門前에서
친구를 찾는다.
그럴때마다 나의 등뒤에는
水平線이
한결같이 따라온다.
아아 이 宿命을. 宿命같은 꿈을.
마리아의 눈동자를
눈물어린 信仰을
먼 鍾소리를
애절하게 豊盛한 音樂을
나는 어쩔수 없다.

난蘭

이쯤에서 그만 下直하고 싶다.*
좀 餘裕가 있는 지금, 양손을 들고
나머지 許諾받은 것을 돌려 보냈으면.
餘裕있는 下直은
얼마나 아름다우랴.
한포기 蘭을 기르듯*
哀惜하게 버린 것에서
조용하게 살아가고,
가지를 뻗고,
그리고 그 섭섭한 뜻이
스스로 꽃망울을 이루어
아아
먼곳에서 그윽히 향기를*
머금고 싶다.

---

* 《현대문학》(1955년 1월)에 처음 발표되었을 당시에는 〈이쯤에서 그만 下直하고 싶다〉가 〈이만쯤에서 下直하고 싶다〉로, 〈한포기 蘭을 기르듯〉이 〈한포기 蘭草를 기르듯〉으로, 〈먼곳에서 그윽히 향기를〉이 〈그윽히 香氣를〉로 되어 있었다.

눈물의 Fairy

흐릿한 봄밤을
문득 맺은 인연의 달무리를
타고. 먼나라에서 나들이 온
눈물의 훼어리.
　　(손아귀에 쏙 드는 하얗고 가벼운 손)

그도 나를 사랑했다.
옛날에. 흔들리는 나리 꽃한송이……
긴 목에 울음을 머금고 웃는
눈매. 그 이름
눈물의 훼어리……

사람세상의
속절없는 그 바람을
무지개 삭아지듯
눈물 젖은 내 볼위에서
昇天한, 그 이름
눈물의 눈물의 훼어리.

사랑하느냐고.

지금도 눈물어린
눈이 바람에 휩쓸린다.
연한 잎새가 퍼나는 그 편으로 일어오는
그 이름, 눈물의 훼어리.

때로는
문득 내 밤기도 귀절속에서
그대로 주르르 넘치는
그이름
눈물의 훼어리.

이제 내 눈은
하얗게 말랐다.
사랑이라는 말의 뜻이 달라졌으므로.
하늘 속에 열린 하늘에
고개 지우고 사는
아아 그이름
눈물의 훼어리.

묘비명墓碑銘*

멜로디가 끝나고 오히려
그 豊盛한 餘韻.
그런 終焉
그런 終焉의 感動을
——아아 눈을 감으리
함박눈이 멎은 후에 서럭서럭 오는 싸락눈

나는 잠든다.

---

* 《자유춘추》(1957년 3월)에 처음 발표되었을 당시의 모습은 다음과 같다.

墓碑銘

멜로디가 끝나고 오히려
그 豊盛한 餘韻
그런 終焉.
그런 終焉의 感動을……

눈을 감으리라.
버림으로 차라리 充滿한것
함박눈이 멎고 서럭서럭 오는 싸락눈을.
夜半에 비롯하는 소내기를
芭蕉나 이슬젖은 나무잎새나

그런 것은
달빛과 함께 내것임을
그 확고한 證據.

   祈禱가 차라리 속절없다.
求하는 것의 쑥스러움.
삶이란 늘 버림으로 淨潔하여
여기 하얗게 뼈만 묻친다.
그것마저 고스란히 삭아진다.
그 安睹感.

   한쪼각 碑石마저 짐스럽다.
다만 이슬을. 밤하늘을. 해질무렵에 오는 눈발을. 그리고 바람을. 구름을. 흘러서
머물지 않는 먼 강물의 울음을 ……아아 영혼만의 환한 눈으로 우르러 볼 은핫수를.

사투리

우리 고장에서는
오빠를
오라베 했다.
그 무뚝뚝하고 왁살스러운 악센트로
오오라베 부르면
나는
앞이 칵 막히도록 좋았다.

나는 머루처럼 透明한
밤하늘을 사랑했다.
그리고 오디가 샛까만
뽕나무를 사랑했다.
혹은 울타리 섶에 피는
이슬마꽃 같은 것을……
그런 것은
나무나 하늘이나 꽃이기보다
내 고장의 그 사투리라 싶었다.

참말로
경상도 사투리에는

약간 풀냄새가 난다.
약간 이슬냄새가 난다.
그리고 입안이 마르는
黃土흙 타는 냄새가 난다.

구황룡九黃龍*

上黃龍에는
주먹만한 다래가 익었다
그 다래의
싯꺼먼 그믐밤**
나는
산기슭 區長집에
留했다.
區長은
柚子코를 불며 잔다.
바다 같이 깊은 그의
睡眠은
그만큼 素朴하고 威風스럽고
그리고 유모러스한
바로 厥者같다.**
이런
산골에서 나는 조용히 살 것을
생각한다.
한 마리의 복스러운 송아지나**
짐승처럼
그것은 그립고도 섭섭한

꿈이다.

──아아
上黃龍에는
다래가
거멓게 익어 제물에 이운다.

* 이 시의 제목은 「九黃龍」이지만 본문에는 〈上黃龍〉으로 나온다. 〈九黃龍〉이 맞는지 〈上黃龍〉이 맞는지는 확인할 수 없다.
** 이 작품은 《문예》(1953년 2월)에 「低吟詩抄」 연작의 하나로 발표되었던 「山」을 개작한 것이다. 처음 발표되었을 당시에는 〈싯꺼먼 그믐밤〉이 〈싯꺼먼 그믐밤……〉으로, 〈바로 厭者같다.〉가 〈바로/ 그 사람같다.〉로, 〈복스러운 송아지나〉가 〈福스런 송아지나〉로 되어 있었다.

치모 致母

히죽히 웃으며 우리집 문턱을 넘어오는 致母
길씀한 얼굴이 말像진 致母
팔뚝만한 덧니가 정다운 致母
소쿠리만한 입이 탐스러운 致母
―― 또 왜 왔노. 일 안하고 이놈.
할아버지가 호통을 치면
―― 아재요
놀아가믄 일도 해야지 앙는기요.
히죽히죽 웃으며 대답하는 致母.
그는 성내는 일이 없다.
그에게는 바쁜 일이 없다.
늘 바지춤이 반쯤 흘러내리고
히죽히죽 웃는 致母.
좀 모자란다고 했다.
좀 느리다고 했다.
더러운 法이 없이 살 사람이라 했다.
어린 나는
통 모를 소리들이다.
다만 눈이 오는 밤에 새를 잘 잡는 致母.
다만 목청도 구성지게 古談冊을 잘 읽는 致母.

그 致母가 지금도 江原道산골에 산다 한다.
그 致母가 六十平生을 장가도 못들고
그 致母가 때늦은 書堂에 아이 몇놈을 모아놓고
하늘천 따지를 가르치며 산다한다.
그리고
죽기전에 고향산나물을 참기름에 덤북히 무쳐
햇보리 상반밥에 팥을 두어 실컷 먹고 싶은게 願이라고
간혹 人便에 전해오기도 했다.

눌담訥談

바보〈이반〉은
純土種 사투리를 썼다.
동아밧줄처럼 굵고 질기고 우둘우둘한 경상도 사투리를.

그의 王國 憲法條文도
가죽나무가지처럼 굵직한
사투리로 적혔다.

第一條
가로되
손바닥에 티눈이 박힌 자라야
밥상앞에 앉히는기라.
손이 부드러운 者는
남의 지꺼기를 묵을지로다.

第二條.
어메와 아베는
섬기는기라.

第三條.

글로 머하노.
도끼자루 미우는 것부터
배우는기라.

그리고 附則 한 條項.
나그네는
부모처럼 대접하는기라.
이것으로
禮節을 닦고,
처마에 달아둔 간고등어 한손은
손님이 올때마다 구어서
중간토막은 손님상에 놓고
꼬리토막은 주인상에 놓고
대가리토막은 머슴상에 놓았다.

아아 하늘百姓의 나라……
아침이면
繡실로 선을 두른 환한 해가
둥둥 떠왔다.
〈이반〉王國에

바보 〈이반〉의 訓示소리
──밥술은 굶을수록
福을 받는기라.

종점終點에서

눈오는 밤이래서
門牌가 가벼워졌다.

元曉路三街
電車終點

손끝의 따스한 것
제대로 풀리면,

나는
하얀 그림자가 되어서

終點위에서
눈을 맞는다.

通行禁止
저편 시간위에

싸락눈은 가볍게
온다.

폐원廢園

그는
앉아서
그의 그림자가 앉아서

내가
피리를 부는데
실은 그의
흐느끼는 비오롱 솔로

눈이
오는데
옛날의 나직한 종이 우는데

아아
여기는
明洞
寺院 가까이*

하얀
돌층계에 앉아서

추억의 조용한 그네위에 앉아서

눈이 오는데
눈 속에
돌층계가
잠드는데

눈이 오는데
눈속에
여윈 薔薇 가난한 가지가
속삭이는데

옛날에
하고
내가 웃는데
하얀 길위에 내가 우는데

옛날에
하고
그가 웃는데

서늘한 눈매가 이우는데

눈위에
발자국이 곱게 남는다.
忘却의 먼
地平線이 저문다.

---

* 《문학과 예술》(1954년 4월)에 처음 발표되었을 당시에는 〈寺院 가까이〉가 〈聖니콜라이 寺院〉으로 되어 있었다.

은행동 銀杏洞

아,
나는 地圖를, 地圖위의
銀杏洞을
더듬어간다.
옛날의
番地를.
그집 主人을.
다, 親熟하고 어질고, 따뜻한 분들을.
門燈이 환한 그집 밤을
錯覺처럼
확실한 銀杏洞을.

이슬비는
온다. 자욱한 달빛처럼
다음 네거리는
그집골목.
여기였는데
여기는 잿더미
銀杏洞은 하얀
재가 되었다.

보얗게 삭은 옛날의

番地를
그집 주인을.

이슬비는
온다. 달빛처럼
忘却의 은은한 베일을 짜며
저기였을까.
저기는 잿더미.
禮拜堂자리만
까맣게 삭고,
다만 壁이 한幅
兀然히 남았다.

銀杏洞을
간다. 불이 환한 銀杏洞.
그것은 옛날의
골목인것을.
발자국이 남는다.

잿더미 위에.
忘却에서 살아오는 나의 발자국을
아무런 感動도
느낀바없음.

총성銃聲

청청 우는 M · 1의
총소리는 깨끗한 것
모조리 아낌없이 버렸으므로
비로소 徹한 人格……
그것은 神格의 자리다.
그런 맑은 쇳소리.
아아 나는 戰線이 비롯되는
어느 산머리에서
산이 오히려 기겁을 해서
무너지는 맑은 소리에
感動한다.
쩡, 스르르 청!
嚴肅한 것에서
한결 모질게 이룩한
바르고, 준엄하고, 높고, 깨끗한,
뜻의 소리.
아
엠 · 원은 쩡 스르르 청
不正한 것의 가슴을 향해 가는것이
아니다.

그 靈魂을
꿰뚫고, 바쉬고, 깨고, 차고,
깨우치려 가는 것이다.

갈매기집

생선비릿내
그것이 풍기는 바다바람은
코허리가 싯큰하게 좋았다.
그래서
곧잘 선창가로 나와서
목노방〈갈매기집〉
板子걸상에 앉았다.
그집의 걸걸한 막걸리
그집의 소란하게 흐뭇한 雰圍氣.

文學을 論하고
人生을 述懷하고
기우는 戰勢의 어두운 하늘아래
벗들은 날개가 지친 갈매기
날아들어서
이렇게 서로 앉았으면
배를 탄 마음
안개속에 肉重한 징이 울리고
안개속에 물길이 바뀌는 바다의 울음

이런데 앉아서
프랑스를 꿈꾸는 것은 過分한 奢侈.
죽음을 느끼는 것은 過分한 豪奢
걸걸한 막걸리에 거나하게 醉하면
水平線을 바라보는 것쯤이 제격.
주름살을 펴보는 것쯤이 제격.

바다가
비단폭처럼 날리는 것은
바람에 〈갈매기집〉이
흔들리는 것은
그리고 생선 비릿내에 海草냄새가
얼리는 것은
時刻이 늦은 待合室에서
배를 기다리는
그 寂寞. 그 安睹.*

벗들은 날개가 지친 갈매기
모여앉아서
쬐끔씩 友情을 나누고

쬐끔씩 죽음을 나누고
그리고 반쯤 술에 취하고
그리고 반쯤 友情에 취하고
설레는 하늘 빛발 속으로
제각기 뿔뿔이 헤어져 돌아가면
때로는 어둠속에서 벗들이 부르는 소리.
때로는 물결소리에 벗들의 울음소리.

          벗들이어. 기억하는가.〈갈매기집〉은 避難때 자네
          들이 막걸리 잔을 나누며 세월을 보낸 釜山선창가
          의 목노집. 그 막걸리맛의 눈물보다 진한 것을.**

---

* 〈그 寂莫. 그 安睹.〉와 **〈벗들이어 (……) 진한 것을.〉은 『난・기타』 수록 당시
에는 있었으나 『박목월 자선집』에 수록되면서 빠졌다. *은 잘못 누락된 것으로
짐작되고, **는 고의로 누락한 것처럼 보인다. 모두 살리는 편이 나을 듯하여 되
살린다.

따스한 것을 노래함

마치 한개의
돌복숭아가 익듯이
아무렇지 않게 熱한 땅 기운
그 끝없이 더운
크고 따스한 가슴……
늘 사람이 지닌
엷게 熱한 꿈으로 하여
새로운 悲劇을 빚지 말자.
自然처럼 믿을 수 있는
다만 한오리 人類의 體溫과
그 깊이 따스한 핏줄에
의지하라.
의지하여 너그러이 살아 보아라.

먼사람에게

팔을 저으며
당신은 거리를
걸어가리라.
　먼사람아.

팔을 저으며
나는 거리를
걸어간다.
　먼사람아.

먼 사람아.
내 팔에 어려오는
그 서운한 半圓.

내 팔에 어려오는
슬픈 運命의
그 보라빛 무지개처럼……

무지개처럼
나는 팔이

消失한다.

손을 들어
당신을
부르리라
　먼 사람아

당신을
부르는
내 손끝에
日月의 순조로운 循環
아아
軟한 채찍처럼
채찍이 운다.
　먼 사람아.

등의자藤椅子에 앉아서

무엇을 꿈 꾸랴. 꿈 꾸기 좋아하는 사람의 눈은 시원하고 맑다. 그 눈을 꿈에서 그려보며 藤의자에 앉았다. 의자에 앉아서 바라보는 구름은 한결 넉넉하고 새하얗게 漂白되어 보인다. 그 구름 아래, 구름의 그림자가 천천히 흐르는 동안에 보라빛으로 變色하는 鮮明한 山川이 있다. 그런 山川이야말로 꿈 꾸기 좋아하는 사람의 시원하게 맑은 눈동자 속에 흠빡 잠겨있다.

나는 헷세의 詩를 좋아한다. 어쩌면 그의 詩보다 淡淡한 물감으로 아무렇게나 그려놓은 그의 水彩畵를 한결 좋아하는지 모른다.
헷세의 水彩畵에는 끊임없이 放浪하는 이 詩人의 외로운 노래가 소리없이 깃들었다. 아아 라인江 近處의 葡萄園, 알프스山기슭의 어엽쟎은 農家, 아스팔트를 깔지않은 길가의 가난한 街路樹, 소내기가 묻어오는 湖水가의 물빛들이, 조용한 憂愁속에 淡白한 色彩를 지니고 있다. 素朴한 微笑를 머금고 가난하게 充滿하여 제대로 한 世紀前의 램프불에 비친 風景들……
헷세는 그런 風景을 구름의 눈매로, 설핏한 仁慈로움으로 바라보았으리라.

藤의자에 앉아서, 그의 畵帖을 바라보면 의자는 가벼운 날개를 펴고 날아가버린다.

……헷세의 구름송이가 이우는 하늘로, 그곳에서 꿈 꾸기 좋아

하는 사람의 맑은 눈매에 어리는 무지개의 한 끝이 풀린다.

 참으로 왜 삶이 고된 苦役이 될까부냐. 산다는 것은 한량없이 즐거운 것을. 다만 즐거움을 즐거움에서만 찾으려기 때문에 고 되리라. 섯핏한 불빛으로 밝혀 보라. 램프가 물고 있는 삶의 喜悅을, 싸락눈이 오는 길의 서운한 平安을, 그리고 헷세의 구름의 눈매가 이룩하는 조용하게 흐르는 냇물같은 生涯를,
 藤의자에 앉아서……
 생각하라.
 며칠 후에는 이 藤의자를 손 보아 간수하리라. 그 의자에 앉아 바라보는 하늘은 한결 부드러운 拍子를 머금고 조용하다. 은은한 남빛의 자락으로 짜놓은 멜로디의 비단결……
靜肅한 얼굴, 그 얼굴은 고개를 갸웃이 나를 본다. 황홀한 나의 信仰. 나의 얼굴.

 내 마음에 함뿍 끼워진
그 창으로 당신들을 바라보리라. 아, 고마운 분들을.
이웃은 나직한 合唱을 하고.
낯 선 아이들이 꽃송이처럼 滿發하고, 소녀들은 웃고만 있다. 무슨 信條를, 英語스펠처럼 외우지 않는다. 人生에 어려운 試驗이

없기 때문이다. 모조리 고개를 약간 지우고 걸어가는 풀밭길.

　아아 새들이 가지마다 프류웉을 분다. 이윽고 별이 초롱 초롱한 밤이 오면은, 등의자에 앉은채 잠이 드리라. 天使의 拍手 소리로 열린 길 위에 헷세의 눈매를 하고 나는 잠속에서 먼 길을 가리라.
일찍 예비된 또 하나의 등의자에 앉게 될 것을.
그곳에서 만나뵐 분이 계시는 것을.

진주행 晋州行

주머니는 가벼운 것이 좋다.
그만큼 마음이 가난한 날
어렵게 마련한
아아 晋州行 뻐스……
洛東江線 百餘里는
오락가락 가랑비
昌寧近處서
날이 드는데
하얀
해질무렵의 그 길고 느긋한 薄暮

훈훈한 바람을
산을
서서히 물러나는
山川을
지치도록 바라본다.
어느 洞口를 벗어나면
다음 마을의 새로운 산모습.

아아 晋州三百里를

이렇게 허전히 앉아서 간다.
이렇게 허전히 앉아서
내가 허락받은 人生의
後半코오스에
이런일 저런일
할일을 생각해 본다.
속절없는 것이기에
한결 착실히 살아보리라.
그런 생각이
왜, 이처럼 눈물겨우냐.

목포항 木浦港

복사꽃
은은한 湖南 湖西.
가늘고 길씀하고 매끈한 全羅道.
한편으로 크게
벗어나가 車로 한나절길
아아 木浦港.
산위에 오르니
樓閣
기대서서 먼 風景은 외롭다.
綢緞펴듯
잠잠한 榮山浦어구.
그린듯 고요한 앞바다
帆船은 조으듯
흰돛 두어點.
눈을 들어
구름에 눈을 모으니
한낮 기운 햇살이
눈부신다.
문득 손으로 이마를 가리니
밀물 그득히
시름이 고인다.

원경遠景*

遠景은 눈물겨운 조용한 眺望.
山은 아름답고
江은 너그럽다.

안타까운 길을 얼마나 이처럼
멀리 와서 겨우
마음은 가라앉고, 밤은 길고
그리고 물러서서
바라보는 버릇을 배운 것일가.
모든 것과
正面으로 맞서서
그러나 한가락 微笑를
머금고.

구름과 꽃과 바람의 은근한 속삭임과
궂은 것의 흐느끼는 하소연과
지줄대는 것의 흥겨운 노래를
이제는 다만 다소곳이 들어만 주는 편.

山은 아름답다

江은 너그럽고
그리고 나도 遠景속의 한그루 가죽나무.
찬놀하늘에 높이 솟았다.

---

* 《지성》(1958년 6월)에 처음 발표되었을 당시의 모습은 다음과 같다.

遠景

遠景은 눈물겨운
조용한 眺望.
山은 아름답고
江은 너그럽고

안타까운 길을 얼마나 이처럼
멀리 와서
겨우 마음은 갈앉고
밤은 길고
그리고 물러서서
바라보는 버릇을 배운 것일까.

모든 것을
正面으로 맞서서
그러나 한가락 微笑를
머금고.

구름과 꽃과
바람의 은근한 속삭임과
궂은 季節의
흐느끼는 하소연을
이제는 다만 다소곳이 들어만 주는 편.

山은 아름답고
江은 너그럽고
나도 遠景 속의 한그루 가죽나무,
찬저녁 하늘에 높이 솟은.

동정 冬庭

뜰을 쓰는대로 가랑잎이
비오듯했다.

마른 菊花향기는
차라리 섭섭한 것.

이, 쓸쓸한 뜰에
구름은 한가롭지 않다.

저, 어지러운
구름 그림자.

半日을
덧없이 보내고

나머지 한나절을
바람이 설렌다.

산에는
찬그늘이 내리고

새들도
멀리 가고 말았다.

층층계

敵産家屋 구석에 짤막한 층층계……
그 二層에서
나는 밤이 깊도록 글을 쓴다.
써도써도 가랑잎처럼 쌓이는
空虛感.
이것은 來日이면
紙幣가 된다.
어느것은 어린것의 公納金.
어느것은 가난한 柴糧代.
어느것은 늘 가벼운 나의 用錢.
밤 한시, 혹은
두시. 用便을 하려고.
아랫층으로 내려가면
아랫층은 單間房.
온家族은 잠이 깊다.
서글픈 것의
저 無心한 平安함.
아아 나는 다시
층층계를 밟고
二層으로 올라간다.

(사닥다리를 밟고 原稿紙위에서
曲藝師들은 지쳐 내려오는데……)

나는 날마다
生活의 막다른 골목끝에 놓인
이 짤막한 층층계를 올라와서
샛까만 유리창에
수척한 얼굴을 만난다.
그것은 너무나 어처구니 없는
〈아버지〉라는 것이다.

    *

나의 어린것들은
倭놈들이 남기고간 다다미 방에서
날무처럼 포름쪽쪽 얼어있구나.

후일음後日吟*

山紫水明의
山水를 뽑은 그 紫明은
죽은 어린 딸의
이름이었다.

영혼이 나가고
비로소 팔에 남은 그 體重.
그것을 안고
나는
山으로 갔다.

은은한 보라빛
기슭으로
그리고
찬보라빛
山마루로
늘
어리는
한오리 안개……
아아

마음이 渴한 서운한 그것.

山과
마주 앉으면
山은
늘 어둑한 顔色.
귀를 기울이면
늙은 山의 목소리는
잠겨있었다.

---

* 이 작품은 《문예》(1953년 2월)에 「低吟詩抄」 연작의 하나로 발표되었던 「山色」을 개작한 것이다. 처음 발표되었을 당시의 모습은 다음과 같다.

山色

山紫水明의
그 紫明은
내 죽은 어린 딸의
바로 그 이름이다.

영혼이 나가서 비로소
팔에 남는 그 體重
그것을 안고

나는
山으로 갔다.
은은한 보라빛
기슭언저리
혹은
추운 보라빛
산마루언저리
늘
어리는
서운한 기운
아아
마음이 渴한 서운한 기운

山과 마주 앉으면
山은 顔色이 어둡다.

귀를 기우리면
山의 허전한 늙은 音聲

산山 · 소묘素描 1*

한자락은 햇빛에 빛났다. 다른 자락은 그늘에 묻힌채…… 이 길쯤한 山자락에 은은한 웃음과 그윽한 눈물을 눈동자에 모으고 아아 당신은 영원한 母性.

그의 陰陽의 따뜻한 懷姙안에 나는 눈을 뜨고 감았다. 다만 한 오리 안개가 그의 神秘를 살픈 가리고 있었다. 어머니라는 말씀이 풀리지 않게 또한 굳지 않게.

　　　*

仙女는 늘 昇天했다. 羽衣 한자락이 하얗게 빛났다. 또 한자락은 어둠에 젖은채…… 어둠에 젖은채 仙女는 또한 늘 下降했다. 초록빛 깊은 하늘에는 은드레박 오르내리는 소리가 들렸다.

---

*「山 · 素描」 1-5편은 《사조》(1958년 9월)에 처음 발표되었을 당시에는 1편이었으나 『난 · 기타』에 수록되면서 5편으로 전면 개작되었다. 그리고 마지막 부분은 따로 떼어서 「山」이라는 별도의 작품으로 만들어졌다. 처음 발표되었을 당시의 모습은 다음과 같다. (「산」으로 개작된 마지막 부분은 제외했음)

山・素描

1

　어느 것은 웅크리고 앉아, 이마를 맞대고 수군거리듯, 어느 것은 힐긋이 돌아보고 혹은 나붓이 앉고, 또한 어느 봉우리는 吾不關의 모습 어깨를 버티고 서서, 고개를 제껴 하늘을 바라고, 어느 하나는 바로 洞口 앞에 이르러 너붓이 절을 드리듯, 그것은 問安온 外孫子벌.

2

　나붓이 나드리온 仙女련듯, 열두幅 치마자락을 사려꽂고. 천연스럽게 한자락은 바람에 맡기고…… 그 자락을 타고, 四月 긴긴해를 두릅, 휘휘초, 취, 범벅궁이, 달레, 들미나리, 산나물을 광우리마다 채운다.

3

　갈기를 바람에 훗날리며 달리는 胡馬. 그 목덜미를 물고, 엉거주춤 주저앉은놈. 그리고 다른 한마리는 앞무릎이 팍 꼬꾸라진채
…… 저렇게 한雙의 胡馬가
영영 굳어져
山이 된.
山위에 은은한 天蓋.

4

미련하고 鈍重한 자락이
이웃 致母영감 面相처럼
미룩미룩 뻗기만한 山.
그 顔面 한가운데
柚子코처럼
싱겁고 멋없이
붕긋하게 솟은 봉우리가
약간 수구러진 人中터에
亡靈의 葬地.

5

두 팔을 뻗어올려
손바닥을 소롯이 모아
하늘아래 받들고선 그 두던언저리에 아우의 墓

　이 아아한 絶壁. 주름잡힌 치마 긴 솔기 자락에 이슬, 비, 소솔이바람 봄 軟豆빛 가을 丹楓, 달, 안개, 구름, 운애, 무지개……
피고 지고 어려 풀린다.

산山 · 소묘素描 2

갈기가 휘날렸다. 말 발굽아래 가로눕는 이슬밭. 패랭이꽃빛으로 돈다. 무지개가 감기고 풀리고 하얗게 끓는 疾走. 太古의 아침을, 創造의 숨가쁜 시간을. 출렁거리는 생명. 마악 눈을 뜬, 더운 피가 금시에 돈, 그것의 질주. 달리는 그것으로 달리게 되고, 달리게 하는 그것으로 달리게 되는 말굽아래 척척 가로눕는 구름. 새로 빚은 구름 엉키고 풀리고 휘휘 도는 무지개……

달리는 것 옆에서 달리는 것이 목덜미를 물고, 출렁거리는 엉덩이, 불을 뿜는 입, 生命의 鼓動을. 沸騰을. 뿜는 숨결, 끓는 拍子. 발굽의 말발굽의 날개를……

팍 앞무릎이 꼬꾸라진채

영영

山이 된.

山위에 은은한 天蓋.

산山 · 소묘素描 3

山이 성큼성큼 걸어왔다.

바다에서 갓솟은 어리고 애띤 山. 주름진 긴 치마자락을 꽂아 쥐고, 이슬이 굵은 太初의 七色이 玲瓏한 풀밭을. 그 깊은 고요를 밟고……

빨래나온 아낙네가 山이 걸어오시네, 그 한마디에 山은 무안해서 엉거주춤 주저앉아버렸다. 치마자락을 고쳐 지를 겨를도 없이. 너무나 수집은 이 創造의 神의 이마를 한자락의 안개가 가려 주었다.

흘러내린 그 자락에 바람은 영원히 희롱했다. 아아 두치만 감아꽂았더면, 우리 마을은 아늑한 골짜길 것을, 그리고 어린 나는 별빛처럼 빛나는 바다로 눈길을 돌리지 않고, 峨峨한 산꼭지에 조용히 憧憬을 묻었을 것을.

산山 · 소묘素描 4

 어느 것은 웅크리고 앉아, 이마를 맞대고 수런거리듯, 어느 것은 힐끗이 돌아보고, 멀쑥히 물러서고, 또한 어느 것은 어깨를 추수리고 서서 고개를 젖혀 하늘을 우러러 吾不關의 態, 다만 어느 하나는 얌전히 洞口앞에 이르러, 너붓이 절을 드리듯. 그것은 問安온 外孫子벌.

　　　*

 나붓이 나드리온 仙女련듯 열두폭 치마자락을 사려꽂았다. 다만 한자락은 천연스럽게 바람에 맡기고…… 그 자락을 타고 사월달 긴긴해를 두릅, 휘휘초, 취, 범벅궁이, 달래, 돌미나리, 산나물을 광우리마다 채운다.

산山 · 소묘素描 5

 펑퍼져 넓기만한 面相은 미련하고 어수룩하고 善良하고 고집스러운 바로 致母영감. 한발이나 되는 길고 넓은 人中을 한참 기어오르면 양날개를 접고, 우왁스럽게 앉은 저것은 버얼건 抽子코.

그 人中터에 아버님을 모셨다.

아버님의 편안한 居處.

오를때마다 늘 마음이 푸근했다.

산山 · 소묘素描 6

峨峨한 山, 주름잡힌 긴 솔기 치마자락에 이슬, 비, 아지랑이. 봄달, 가을 丹楓, 겨울 진눈깨비. 雲靄 안개, 구름, 무지개……
피고 지고 어리고 풀렸다.

〈雲靄〉라는 아지랑이애字는 先考께 배운 字구나.

산山 · 소묘素描 7

山에는
躑躅이 피었다.

이른봄을
그것은 어디서 피어오는 것일가.

한오리 아지랑이에도
가볍게 흔들리는 山.

山에는
새가 울었다.

설핏한 산그림자가
山에 어린다.

두릅나무 순은
어디서 돋아나는가.

한줄기 빛에도
환하게 웃는 山.

아우의 墓地는
山中허리에 있었다.

새로 封土한
싯벌건 흙을.

산길은 늘 멀고
또한 가까운데

한오리 아지랑이에도
가볍게 흔들리는 山.

산山

달이 휘영청 밝은 밤에
山은 안개로 풀려버렸다.
소내기가 비롯되는 夜半에
그것은 온통
풉聲으로 되살아왔다.

소년少年*
── 山의 生成

눈매가 焦點으로 쏠린다. 耳目口鼻가 제자리로 모여들고. 입술 언저리로 도듬한 線이 굳어져, 빛나는 聰明이 눈을 떴다.

다만 太古의 신비로운 地平처럼 이슬과 안개로 풀린 愚鈍한 線으로 휘감긴 얼굴 윤곽만이 새벽벌판이런듯 남았다.

이 거두지 못한 輪廓 속에 동녘하늘의 첫햇살로 이마를 물들고……애띤 山은 겨우 微笑로 살아났다.

* 《신태양》(1959년 3월)에 처음 발표되었을 당시의 모습은 다음과 같다.

少年
── 산·素描 第九章

꿈꾸듯 몽롱한 눈매가
한개의 焦點으로 쏠렸다.
耳目口鼻의 그 音藥같은 整頓
그리고 입술언저리의
도듬한 線이 굳어져
빛나는 聰明이

눈을 떴다.
(未熟한 열매가 털을 벗고
겨우 한개의 얼굴로 피어나는
늘 눈동자에 찬물이 도는
그 빚어짐)

허나, 이슬과 안개로 풀려진 굵은, 愚鈍한, 太古의 신비로운 線으로 휘감긴 輪廓
은…… 새벽 들판이련듯 그냥 남았다.

이 거두지 못한 輪廓속에 동녘하늘의 첫햇살로 보얀 이마를 물드리고… 애띤 山
은 입가에 微笑를 머금었다.

4부 청담晴曇

—1964

가정家庭*

地上에는
아홉 켤레의 신발.
아니 玄關에는 아니 들깐에는
아니 어느 詩人의 家庭에는
알 電燈이 켜질 무렵을
文數가 다른 아홉 켤레의 신발을.

내 신발은
十九文半.
눈과 얼음의 길을 걸어
그들 옆에 벗으면
六文三의 코가 납짝한
귀염둥아 귀염둥아
우리 막내둥아.

미소하는
내 얼굴을 보아라.
얼음과 눈으로 壁을 짜올린
여기는
地上.

憐憫한 삶의 길이어.
내 신발은 十九文半.

아랫목에 모인
아홉 마리의 강아지야
강아지 같은 것들아.
屈辱과 굶주림과 추운 길을 걸어
내가 왔다.
아버지가 왔다.
아니 十九文半의 신발이 왔다.
아니 地上에는
아버지라는 어설픈 것이
存在한다.
미소하는
내 얼굴을 보아라.

---

* 이 시는 《현대문학》(1961년 1월)에 「三冬詩抄」 연작의 하나로 발표되었던 「家庭」
을 독립시킨 것이다.

밥상床 앞에서*

나는 우리 信奎가
젤 예뻐.
아암, 文奎도 예쁘지.
밥 많이 먹는 애가
아버진 젤 예뻐.
낼은 아빠 돈 벌어가지고
이만큼 선물을
사갖고 오마.

이만큼 벌린 팔에 한 아름
비가 變한 눈 오는 空間.
무슨 짓으로 돈을 벌까.
그것은 내일에 걱정할 일.
이만큼 벌린 팔에 한 아름
그것은 아버지의 사랑의 하늘.
아빠, 참말이지.
접 때처럼 안 까먹지.
아암, 참말이지.
이만큼 선물을
사갖고 온다는데.

이만큼 벌린 팔에 한 아름
바람이 설레는 빈 空間.
어린 것을 내가 키우나.
하느님께서 키워 주시지.
가난한 者에게 베푸시는
당신의 뜻을
내야 알지만.
床위에 饌은 純植物性.
순갈은 한죽에 다 차는데
많이 먹는 애가 젤 예뻐.
언제부터 惻隱한 情으로
人間은 얽매어 살아왔던가.
이만큼 낼은 선물 사오게.
이만큼 벌린 팔을 들고
神이어. 당신 앞에
肉身을 벗는 날,
내가 서리다.

---

* 이 시는 《현대문학》(1961년 1월)에 「三冬詩抄」 연작의 하나로 발표되었던 「食卓 앞에서」를 독립시킨 것이다. 처음 발표되었을 당시에는 연구분 없이 하나의 연으로 되어 있었다.

영탄조 咏嘆調

나이 五十 가까우면
기운 內衣는 안 입어야지.
그것이 쉬울세 말이지.
성한 것은
자식들 주고
기운 것만 내 차례구나.
겉만 멀끔 차리고 나니,
눈 가림만 하자는 것이네.
설사 남이야 알 리 없지만
내가 나를 못 속이는 걸.
내가 나를 못 속이는 걸.*
뭘, 그러세요. 기운 것이나마
따스면 됐지. 아내의 말일세.
얼마나, 사람이 億萬年 살면
등만 따스면
살 것인가.

지금은 嚴冬.
눈이 얼어, 氷板이구나.
등만 따스면

그만이라, 겉치레도 벗어버릴까.
안팎이 如一하고
表裏없이 살자는데
어라, 바로
너로구나.
누더기 걸친 우리 內外
보고 빙긋 마주 빙긋
겨울 三冬을 지내는구나.

* 이 작품은 《현대문학》(1961년 1월)에 「三冬詩抄」 연작의 하나로 발표되었던 「咏嘆調」를 독립시킨 것이다. 처음 발표되었을 당시에는 두 번 반복되는 〈내가 나를 못 속이는 걸〉 사이에 연구분이 되어 있었다.

겨울장미薔薇

그것도 文章이 된다. 아아 恨中錄(늙음의 은혜로움). 붓을 잡는 惠慶宮 洪氏의 胸壁에서 삭아내리는 것이 오늘은 굵은 눈발에 가늘디 가는 것도 얼려 寂莫한 新婦에 하얀 너울을 씌운다. 마른 河床에서 뻗어올린 손들을 벌리고, 신부는 삭아 내리는 너울자락을 경건히 받쳐들고 있다.

……뜰에는 겨울薔薇 마른 속삭임.

방문訪問*

白髮이 되고, 이승을 하직할 무렵에 한번 더 만나보려니 소원했던 사람을 이제 방문하게 되었다. 덧없이 흐른 세월이어. 끝없이 눈발이 내리는구나.

이제
그를 방문했다.
겨우
쓸쓸한 미소가 마련되었다.

겨우
그를 방문했다.
이제
내가 가는 길에 눈이 뿌렸다.

그는
집에 있었다.
하얗게 마른 꽃대궁이.
그는
나를 영접했다.
손을 맞아들이는 應接室에서.

그의 눈에는
영원히 멎지 않을 눈발이 어렸다.
나의 눈에도

눈발이 내린다.
사람의 인연이란
꿈이 오가는 通路에
가볍게 울리는 應答.

茶가 나왔다.
손님으로서 조용히 드는 盞.
淡淡하고 향기로운 것이
八分쯤 盞에 차 있다.

이제
그를 방문했다.
겨우
쓸쓸한 미소가 마련되었다.

겨우
그를 下直했다.
하직맙시다.
이것은 東洋的인 下直의 인사.

* 이 시는 《현대문학》(1962년 3월)에 「續·三冬詩抄」 연작의 하나로 발표되었던 「訪問」을 개작하여 독립시킨 것이다. 처음 발표되었을 당시의 모습은 다음과 같다.

訪問

이제
겨우 그를 訪問했다.
이제
겨울 쓸쓸한 微笑가 마련되었다.

이제
겨우 그를 訪問했다.
이제
겨우 내가 가는 길에 눈이 뿌렸다.

그는
집에 있었다.
하얗게 마른 꽃대궁이
그는
나를 迎接했다.
손님을 모시는 應接室에서.

그의 눈동자에는
영원히 멎지 않을 눈발이 어렸다.
勿論
나의 눈에도 눈발이 내린다.

사람의 인연이란
꿈이 오가는 通路에
가볍게 울리는 응답.

茶가 나왔다.
손님으로서 조용히 드는 蓋.
淡淡하고 향기로운 것이
八分쯤 蓋에 차 있다.

이제
겨우 그를 訪問했다.
이제
겨우 쓸쓸한 微笑가 마련되었다.

겨우
그를 下直했다.
下直맙시다.
이것은 東洋的인 下直의 인사.

전화電話*

外部에서 오는 것은
九割은 雜音이요,
一割은
實用的 用件이다.
그러나
벨이 울릴 적마다
가슴이 뛰었다.
얼음으로 怜藏된 이 空間을 타고 오는 것은
九割은 雜音이요
一割은
實用的 用件이지만.
벨이 울릴 적마다
나는
純粹한 音聲과
淸明한 通話를 기다렸다.
그러나
팔팔한 것이라곤
푸성귀 하나도 없는
이 깊은

겨울의 蟄居
다만
찬 달빛에 얼어서 빛나는
끝없이 뻗어간
한오리 通路를 타고 오는 것은
九割은 雜音
一割은
實用的 用件이지만*
外部에서 오는 것은
九割은 雜音
一割은
實用的 用件이지만*
나와 이어 있는 저편에
神은 반드시 存在하시고
또한
그의 音聲은 들려올 것이다.
이 깊은
겨울의 蟄居 속에서도
내 자리 한귀퉁이는

귀로 열리고
電話는 내 가까이
存在한다.

---

* 이 시는 《현대문학》(1962년 3월)에 「續·三冬詩抄」 연작의 하나로 발표되었던 「電話」를 개작하여 독립시킨 것이다. 처음 발표되었을 당시에는 〈實用的 用件이지만.〉이 〈實用的 用件이다./그러나〉로 되어 있었다.

겨울장미薔薇*

뜰에는 눈이 뿌렸다.
삭아서 내리는
겨울薔薇의 마른 속삭임.
멀고 그윽한 微笑가
삭아서 내리는
눈발 속에서
혼례식의
그 얼굴이 삭아서 내리는
마른 속삭임 속에서
손바닥으로
눈발을 받아 드는
이 至福한 瞬間
이제 겨우
짐을 벗고 靑春의
가시면류관을 벗고
이 쓸쓸한 世界로
懷妊되어가는
아아
뜰에 눈이 뿌렸다.
겨울薔薇의 마른 속삭임.

* 이 시는《신사조》(1962년 3월)에「三冬詩抄別章」연작의 하나로 발표되었던 것을 독립시킨 것이다.

과육果肉*

果肉도
肉이라는 말이 붙는다.
淡白한 肉의 世界.
이만쯤에서
나도 과일이 된다.
피는
물이 되고……
잇발에 연한 果肉.
소용돌이 치는
불길이어,
걷잡을 수 없는 本能의
凝血이어,
거멓게 맺힌.
거역할 수 없는
攝理여,
時間의.
채찍이어,
너무나 酷毒한.
다만, 과일만이 時間에
順應하여

가지끝에서 成熟한 열매.
果肉도
肉이라는 말이 붙는다.
깊은 밤
입에 씹히는
酸味의 滋養分.

* 이 시는 《신사조》(1962년 3월)에 「三冬詩抄別章」 연작의 하나로 발표되었던 「果肉」을 개작하여 독립시킨 것이다. 처음 발표되었을 당시의 모습은 다음과 같다.

果肉

果肉도
肉이라는 말이 붙는다.
果肉의 肉의 體身
이만쯤에서
나도 과일이 되어야 한다.
淡白한 體身.
피는 물이 되어야 한다.

滋養이 스민 연한 果肉.
人生內容의 참 뜻을
體得한다는 것은 어림없는 虛慾.
모르고
사는 것이 神의 궁휼.
時間에
順應해서 成熟한 果肉.
오늘은
깊은 밤에
내 입에 씹히는 軟한 그것.
果肉도
肉字가 붙는
果肉의 肉의 體身.

소곡小曲

불이 켜질 무렵
잠드는 바람 같은
목마름.

진실로
겨울의 해질 무렵
잠드는 바람 같은
적막한 瞑目

나무

儒城에서 鳥致院으로 가는 어느 들판에 우두커니 서 있는 한 그루 늙은 나무를 만났다. 修道僧일까. 默重하게 서 있었다.

다음 날은 鳥致院에서 公州로 가는 어느 가난한 마을 於口에 그들은 떼를 져 몰려 있었다. 멍청하게 몰려 있는 그들은 어설픈 過客일까. 몹시 추워 보였다.

公州에서 溫陽으로 迂廻하는 뒷길 어느 산마루에 그들은 멀리 서 있었다. 하늘門을 지키는 把守兵일까, 외로와 보였다.*

溫陽에서 서울로 돌아오자, 놀랍게도 그들은 이미 내안에 뿌리를 펴고 있었다. 默重한 그들의. 沈鬱한 그들의. 아아 고독한 모습. 그 후로 나는 뽑아낼 수 없는 몇 그루의 나무를 기르게 되었다.

---

* 《신동아》(1964년 10월)에 처음 발표되었을 당시에는 〈외로와 보였다〉는 구절이 없었다.

경사傾斜

柚子남에 유자가 열리고 橘나무에는 귤이 열리는 이 至純한 길은 바다로 기울었다.

길에는 자갈이 빛났다. 乾燥한 가을길에 가뿐한 나의 신발(겨우 무거운 젊음의 젖은 구두를 벗은……) 길은 바다로 기울고 발바닥에 느껴지는 이 신비스러운 傾斜感.

겨우 視野가 열리는 藍色, 深奧한, 잔잔한 세계. 하늘과 맞닿을 즈음에 이 신비스러운 水平의 距離感.

柚子남에 유자가 열리고, 橘나무에는 귤이 열리는 이 당연한 길은 바다로 기울고, 가뿐한 나의 신발.

나의 뒷통수에는 해가 저물고. 설레는 구름과 바람. 저녁 햇살 속에 자갈이 빛나는 길은 바다로 기울고, 나의 발바닥에 이 신비스러운 傾斜感. 오오 기우는 세계여.

사월四月 상순上旬*

누구나
人間은
반쯤 다른 세계에
귀를 모으고 산다.
滅한 것의
아른한 音聲
그 발자국 소리.
그리고
세상은 환한 四月上旬.

누구나
人間은
반쯤 다른 세계의
물결 소리를 들으며 산다.
돌아오는 波濤
集結하는 소리와
모래를 핥는
돌아가는 소리.

누구나

人間은
두 개의 音聲을 들으며 산다.
허무한 洞窟의
바람 소리와
그리고
세상은 환한 四月上旬.

---

* 이 시는 《세대》(1964년 5월)에 「作品 · 五首」라는 제목으로 발표된 연작 시 가운데 다섯 번째 것을 개작하여 「四月 上旬」이라는 제목으로 독립시킨 것이다. 처음 발표되었을 당시의 모습은 다음과 같다.

V

누구나
人間은
반쯤 다른 세계에
귀를 모으고 산다.
滅한 것의
아른한 音聲을
그 발자국소리를.
그리고
세상은 환한 四月上旬.

누구나
人間은
반쯤 다른 세계의
물결소리를 들으며 산다.
돌아오는
장엄한 波濤소리를
그리고 모래를 씻는
돌아가는 물결 소리를.
누구나
人間은
두개의 音聲을 듣게 마련이다.
어처구니 없는
허무한 洞窟의 바람소리와
그리고
세상은 환한 四月上旬.

한복 韓服

품이 낭낭해서 좋다.
바지 저고리에
두루막을 걸치면
그 푸근한 입성.
옷 안에 내가 푹 싸이는
그 安堵感은
어디서 오는 것일까.
毛髮은 거품으로 일어
먼 海岸線으로 벋어가며 어는데
귀는
다른 바다의 소리를 듣는
요즈음 年齡을
눈은 쌓이고
바람은 언 땅 위로 휘몰려도
햇솜을 푸짐하게 놓은
韓服.
그것은 입성이 아니다.
비로소 돌아오는 질기고 너그러운
숨결이 베틀질한 씀씀한 生活.
肉身을 싸안아 肉身을

벗게 하는
무명 바지 저고리에 玉色을 물들인
韓服.

비의秘意

내가
지금 몇 坪의 土地를 마련하는 뜻을
그는 모른다.

내가
지금 몇 그루의 나무를 崇尙하는 뜻을
그는 모른다.

그리고
쓰지 않는 내 가슴 속 詩를
그는 모른다.

이 秘意로 말미암아
내 生活의 變化를 하물며
그는 모른다.

내가 마련하는 土地는 나의 肉身.
영원히 쇠하지 않을.

내가 崇尙하는 나무는 나의 영혼.

늘 成長하는.

그리고 쓰지 않는 나의 詩는
神께 펴뵈일, 나의 音樂.

이
깊은 底意로
내 生活은 밑바닥부터 準備되고

나는
沈默을 배운다. 환하게 지줄거리는 것을
한 가닥씩 끄고

나는
찬란한
完全한 밤을
기다린다.

대안對岸

가을빗줄기에 비쳐오는 江 건너 불빛.

──이 蕭瑟한 境地의 對句를 마련하지 못한 채, 年五十. 半白의 年齒에 市井을 徘徊하며 衣食에 급급하다. 다만 江건너에서 멀리 어려오는 불빛을 對岸에서 흘러오는 한오리 應答이냥.

어둠 속에서 이마를 적시는 가을 나무.

돌

나도
人間이 되었으면,
아름다운 여인을
약속한 시간에 기다리고
膨脹한 設計와
시작하기 전에 성공하는 事業과
거짓 것이나마
感情이 부픈
철따라 마른 옷을 입고
길거리에서 친구를 만나면
잇발이 곱게,
웃으며 헤어지는,
지금은 돌,
더운 핏줄이 가신.
지금은 고양이,
접시의 牛乳를 핥는.
지금은 걸레,
종일 구정물에 젖은.
아아 지금은
돌며 磨滅하는 機械 한 부분.

지금은 人間 以前,
태어나지 못한.
지금은 人間 以下,
구멍 뚫린 구두밑창.
아아
人間이 되었으면
바람과 公約으로 들 뜬 가슴을
쾅쾅 치면 울리는.
밤에는 다 잊고,
잠자리가 정결한.
길에서는 어깨를 저으며 걷는.
삶은 망서리지 않는,
의무에 짓눌리지 않는,
곧 그것은,
사람의 하루.
곧 그것은,
넘치는 生命感.
그 길이 비록 죽음과 直通하여도
죽음은 항상,
不意의 椿事에 不過한.

세 번 다시,
人間이 되었으면
윤나는 검은 머리를 치켜들고
目的 없는 白熱競技에 沒頭하고,
來日은
환한, 無意味로 빛나고.
누구 눈에나,
그것은 찬란한 人間.
그늘 없는 光明,
다만
人間일 수 있는,
人間이 되었으면.

상하上下

I

詩를 쓰는,
이 아랫층에서는 아낙네들이
契를 모은다.
목이 마려워
물을 마시려 내려가는
층층대는 아홉칸.
열에 하나가 不足한,
발바닥으로
地上에 下降한다.

II

열에 하나가 不足한,
발바닥으로
生活을 疾走한다.
달려도 달려도 열에
하나가 不足한

그것은
꼴인 없는 白熱競走.

III

열에 하나가 不足한
계단을 오르면
上層은
공기가 희박했다.

심야深夜의 커피

I

이슥토록
글을 썼다.
새벽 세 時,
시장끼가 든다.
연필을 깎아낸 마른 향나무
고독한 향기.
불을 끄니
아아
높이 青과일 같은 달.

II

겨우 끝맺음.
넘버를 매긴다.
마흔 다섯장의
散文(흩날리는 글발)
이천원에 이백원이 부족한

초췌한 나의 分身들.
아내는 앓고······
지쳐 쓸어진 萬年筆의
너무나 엄숙한
臥身.

III

사륵사륵
설탕이 녹는다.
그 정결한 投身
그 고독한 溶解
아아
深夜의 커피
暗褐色 深淵을
혼자
마신다.

수요일水曜日의 사과

I

水曜日 午前
9時55分에서 10時 사이를
비둘기는
아직도
蓬萊 다리께로
걸어가고 있을까.
(분홍빛 연연한 다리)
아직도
서울驛行 合乘은
定刻보다 5分 늦게
달리고 있을까.
指定한 座席은
의자로 化했고,
아직도
나는 5分을 지각한
시간을 산다.

II

굽 높은 祭器 위에 사과.
(운명의 열매)
水曜日의 午後가
얹혔다.
있는 그대로 있게 하고
주는대로 받자.
잇발에 軟한 사과.
그 滋養分.
果肉一片.
水曜日의 운명이 씹힌다.

III

사과를 받쳐 든 굽 높은 祭器.
사과는 처음부터 없었다.
祭物을 받쳐 든

허리 굽은 운명.

양팔을 머리 위로 뻗친다.

작품오수作品五首*

I

엘·고든·쿠퍼의
눈 瞳子를.

낮과 밤을 同時에 껌벅이는
장엄하고 신비로운
宇宙의 눈을.

그
깊은 紺靑色 沈默과
살아나는 旋律을.

그
눈에
한 小節의 海岸線……

아아
一握의
領土를.

哀憐에 물결치는 나의 나날과
나의 存在를
芥子씨의 存在를

엘·고든·쿠퍼의
눈 瞳子를.

地上 二六〇哩 上空에 座定한
宇宙의 눈을.

나의
存在를.

그리고
一八〇센치**의 나의 身長을.

II

비가 온다.

어느 줄기는 오는 동안에 蒸發해버리는
허전한 還元.

비가 온다.
오는 동안에 蒸發해버리는
그
하얀 목마름.**

III

반쯤
아랫도리의 꽃이 무너진
꽃나무의
그
寂寞한 體重.

때론
微風에 잎새가 나부끼는
가지의

그
充滿한 律感.

IV

화창한 날은
鍾路를 十分쯤만 걷자.
새 신발을 신은
그 마르고 가벼운 마음으로.
우연하게 만나는 친구와
握手를 나누고,
허물없이
웃으며 헤어지고.
소매 한번 스치는 것도
億劫의 인연임을
아아
億劫의 인연임을.
오바를 벗은 가벼운 어깨로
十分쯤만 걷자.

더 바라는 것은 過分.
벌써 덜덜 떨며 오는 버스
마음을 어둡게 말라.

V

平生을 나는 서서 살았다. 앉을 날이 없는 나의 슬픈 遍歷을. 아담의 이마에 소금이 절이는 세상에 앉아서 환한 꽃나무.

닳을수록 두터워지는 발바닥의 愚鈍한 생활을 버스는 달린다. 肉重한 엉덩이를 흔들며 늙은 愛嬌냥 미련한 세상에 뜰에는 앉아서 滿發한 꽃나무.

갈수록 힘에 겨운 人間의 義務을, 벗을 수 없는 苦役을 超滿員의 버스는 달린다. 허리에 오는 重量感. 구울며 磨滅하는 中古品 다이야의 세상을 뜰에는 앉아서 瞑想하는 꽃나무, 생각하는 꽃가지.

(원주) 엘 · 고든 · 쿠퍼(美國의 宇宙飛行士)

* 《세대》(1964년 5월)에 발표된 「作品五首」의 〈V〉 부분은 『청담』에서 「四月 上旬」 이라는 별개의 작품으로 독립되었다. 『청담』에 수록된 「作品五首」의 〈V〉 부분은 새로 씌어진 것이다.
** 《세대》(1964년 5월)에 처음 발표되었을 당시에는 〈一八〇센치〉가 〈1M七五센치〉로, 〈오는 동안에 蒸發해버리는/ 그/ 하얀 목마름〉이 〈어느 빗줄기는 오는 동안에도 蒸發해 버리는/ 그/ 목마름〉으로 되어 있었다.

꽃나무

I

깊은 밤,
아들과 마주 앉다.
귀가 멍해지는
그 集中感.
영혼이 照明하는 螢光色
둘레 속에서
아아
深夜의 꽃나무
默重한 重壓.

II

맏이의 婚談을
의논하는 밤이다.
홀연히 숨죽인 집 안의
가족들의 이마가
이리로 몰리는

깊은
密集感.
다만 아내가 자아올리는 색실
찬란한 靑紅빛……
약간 눈이 부셨다.

우회로 迂廻路

病院으로 가는 긴 迂廻路
달빛이 깔렸다.
밤은 에테르로 풀리고
擴大되어 가는 아내의 눈에
달빛이 깔린 긴 迂廻路
그 속을 내가 걷는다.
흔들리는 남편의 모습.
手術은 무사히 끝났다.
메스를 카아제로 닦고……
凝結하는 피.
病院으로 가는 긴 迂廻路.
달빛 속을 내가 걷는다.
흔들리는 남편의 모습.
昏睡 속에서 피어 올리는
아내의 微笑. (밤은 에테르로 풀리고)
긴 迂廻路를
흔들리는 아내의 모습

(원주) 에테르(痲醉樂).

하얀 螺旋通路를
내가 내려간다.

실물失物

사람들은
銅錢을 떨어뜨린다.
無意味한 遺失物.
사람들은
구멍이 난 포케트에서
銅錢을 떨어뜨린다.
낡은 偶像을 아로 새긴
길거리마다 白銅錢이 깔렸다.
아무도 拾得하지 않는다.
無意味한, 遺失物들.
다만 어느 한 개는
시궁창에 떨어져
달빛에 反射된다.

풍경風景

眺望

山마루로
마른 연기처럼
풀리는 겨울의
겨울 나무. 뿌연 陵線을
타고 내려온 視線이
머무는,
敎會,
잿빛 眺望을.
나의 信仰은 어둡다.

龍山驛附近

벌판에
어지럽게 깔린
녹슨 레일.
진펄에는
눈.

구름 속 해는
멍울처럼 멍청하고
지금은
下午 네시.
나는 기침을 한다.
앓는 짐승의 울음
待避線에는
貨物車輛의 망연한 一列縱隊.

解冬

서울 변두리의
어느 停留所에는
零下의 아침을
기다리는 사람들로
列을 이루었다.
日曆은 三月이지만
다리 欄干 사이로 보이는
부연 滑走路.

삭막한 風景.
버스는 오고
우울한 冬服을
실어 나른다.
그 편으로
해가 익어 온다.

전신轉身

나는
나무가 된다.
반쯤, 아랫도리의 꽃이 무너진
그
寂莫한 무게를
나는 안다.

나는
물방울이 된다.
추녀 밑에서 떨어지는.
그 生命의 흐르는
리듬을
나는 안다.

나는
접시가 된다.
그것이 받드는
허전한
空間의 충만을 나는
안다.

나는
바람이 된다,
밤 들판을 달리는.
孤獨이 부르짖는
渴症의 몸부림을
나는
안다.

나는
씨앗이 된다,
과실 안에 박힌.
信仰에 싹튼,
未來의 約束과 그 安堵를
나는
안다.

나는
돌이 된다.
河床에 딩구는.
神의 攝理와

役事를
나는 안다.

나는
펜이 된다.
지금 내가 쓰는.
獻身과 奉仕의 즐거움을
나는
안다.

나는 무엇이나 된다.
지금
이 순간은.
時間은
膨脹하고,
言語는 눈을 뜨는,
一點으로
삶의 의미는 集中하는,
감정의 부픈 均衡

이 시간時間을

지금은 禮拜時間을
나는 집에서 詩를 쓴다.

日曜日 午前十一時
햇볕이 쬐이는 환한 창문.

지금은 祈禱를 드릴 時間을
나는 집에서 詩를 쓴다.

지금은 讚頌歌를 부를 時間을
나는 집에서 詩를 쓴다.

祈禱와 詩가 겹친 時間을
환하게 눈을 뜨고

말씀과 말이 부풀어
내 안에 잦아지는 한 꼬투리의 自然.

진실로 우리의 삶이 쓰디 쓴 汁 같지만
당신을 위한 술을 빚게 하시고,

이 時間에 열리는 열매마다
나는
모든 것 안에서
살아난다.

회귀심回歸心

어딜 가나,
나는 元曉路行 버스를 타고
돌아온다.
어디서나 나는
元曉路行 버스를 기다린다.*
릴케의 詩句를 빌리면,
깊은 밤
별이 찬란하게 빛나는 누리 안에서
孤獨한 空間으로
혼자 떨어져가는
그 땅덩이에서
나는
糊口策을 마련하기 위하여
하루 종일 거리를 서성거렸고
때로는
사람을 訪問하고
외로운 친구와 더불어
盞을 나누고
밤이 되면
어디서나 나는

元曉路行 버스를 기다린다.
이 갸륵하고 측은한 回歸心.
元曉路에는
終點 가까이
家族이 있다.
서로 등을 붙이고
하룻밤을 지내는 측은한 和睦들.
어둑한 버스 안에서
나는 늘 마음이 갈앉았다.
릴케의 詩句를 빌리면,
이처럼 떨어지는 모든 것을
소중하게 받아 주시는
끝없이 부드러운
그 손을
내가 느끼기 때문이다.

---

* 『박목월 자선집』에는 〈어딜가나,/ 나는 元曉路行 버스를 타고/ 돌아온다./ 어디 서나 나는/ 元曉路行 버스를 기다린다.〉가 〈어딜가나,/ 나는 元曉路行 버스를 기 다린다./ 어디서나 나는/ 元曉路行 버스를 타고 돌아온다〉로 되어 있다. 『청담』 에 실렸던 대로가 자연스럽다고 판단되어 『청담』의 판본을 따른다.

동행 同行

乙支路六街를
우리는 걸었다. 안개 속을.
선생님, 이래도 살아야 할까요.
아암, 살아야지.
내 대답은 한결 같았다.
싸구려 장수로 해가 저물면
그래도 밤에는 夜間大學에 나오는.
뭐, 學問이 무슨 큰 보람이랴만.
祖國은 兩斷되고
休戰線은 咫尺.
서울은 밤안개
길이 희미하다.
선생님 이래도 참아야 할까요.
아암, 참아야지.
내 대답은 한결 같았다.
그의 어깨는 지쳐 늘어지고
다리는 절룩거려도.
선생님, 내일을 위하여
오늘을 참아야 할까요.
아닐세.

내일은 우리 것이 아닐세.
지금은 안개.
부푼 電信柱
幽靈의 行列을.
그럼 선생님, 뭣을 바라며
이 괴로움 참아야 할까요.
아아, 여보게.
내일은 다만 神이 다스리는 時間
우리에게는 아직 許諾되지 않는
封해진, 神의 領土.
우리의 보람은
오늘에 있는 것. 아무리
그것이 괴롭더라도. 오늘의 참된 삶을 위하여
참고 견디는 오늘의 보람.
알겠는가, 여보게.
苦惱는 人類의 벗을 길 없는
영원한 宿命. 아담의 이마에 절이는 소금.
그러나 忍苦로 神을 볼 수 있는
그것은 또한 神의 恩寵.
그것은 선생님의 信仰이시구요.

勿論이지.
그것은 선생님의 人生이시구요.
勿論이지. 그것은 다 내 것이지만
그러나 그것은 자네 것이지.
아무리 忍苦의 쓴 汁이
오늘의 盞 위에 넘칠지라도
참고 사는 것은
그것에만 끝나는 것이 아닐세.
자네는 보이지 않는가.
未來의 까마득한 時間 속에
열리는 한 개의 最善의 열매.
完美한 結實.
累億代의 깊은 忍苦의 地層 속에서 자라날,
참되고 착하고 아름다운
한 개의 完成品.
그 神을.
眞理를 꿈꾸는 人類의 所望이
어느 날에 여름하는
눈물 겨운 열매를.
참음으로 우리는

길고 질진 呼吸을 가누고,
참음으로 우리는
人類의 마지막 所望에 參與하는 것.
아무리 忍苦의 쓴 汁이
오늘의 盞위에 넘칠지라도
이 거룩한 役事에
오늘은 오늘로서 參與하는.
國土는 兩斷되고
서울은 밤안개.
선생님 안녕히 가세요.
오오.
안개 속에 우리는 서로
孤獨한 影像으로 사라져 갔다.

침상枕上

그를 두고 옛날에는
詩를 써 보려고 무척 애를 썼다.
머리맡에 조는 한 밤의 램프여.
당시에 나는
그를 외로운 新婦라고 생각했다.
쓸쓸한 나의 자는 얼굴을
지켜 주며 밤을 새우는.
그러나
이제 나는 斷念했다.
나의 자는 얼굴을 지켜 줄
측은하게 어진 신부가
이 세상에 없음을 알았기 때문이다.
그렇다.
그의 孤獨은 그의 것.
나의 외로운 얼굴을 하고
자다 깨다 혼자서
지낼만큼 지내다 가는 것이다.
나의 枕上의 허전한 자리는
태어나는 그날부터 나의 것.

램프여,
누구로 말미암은 것은 아니다.

소슬 蕭瑟
—— 一九六二 가을, 헷세는 세상을 떠나다.

그 헤르만 헷세
구름의 詩人은 가고.
여름은 가고.
빈
모랫벌. 엷게
잿빛은 깔리고.
허연 海騷를 물고.
낡은
뱃전에 아로새긴
영원은 퇴색하고.
오늘은
소슬한 바람.
흥,
절로 흥. 주저 앉은 廢船.
삭은 龍骨은
沈默하고.
낡은
뱃전에 아로새긴
詩는 磨滅하고.
어리석은 어부는 늙고.

나부끼는 흰 머리 꼭지에
짧아지는 해.
바다는
어둡고.
오늘은
소슬한 바람.
흥,
절로 흥. 삭은 龍骨에
바다는 어둡고.

날개

朝餐

먼 地平.
허허로운 벌판 위에
그들의
朝餐은 마련되었다.
파도 소리가 짜올리는 방석에 앉아
구름과 함께 드는
조촐한 그들의 아침.
몇 알의 풀 열매와
이슬 한 방울의 解渴.
이 寂寞한 團樂과
겸허한 食慾.
아침이 끝나면 입부리를
모래로 문지르고
부챗살로 퍼지는 아침으로
날개를 편다.

飛翔

난다.
날개로 저어가는 生命의 律感

난다.
그것은 一種의 忘却.

난다.
그것은 一種의 虛無.

난다.
날개에 실리는 「나」의 量感.

난다.
空間上의 暫時의 均衡.

난다.
연꽃으로 찬란한 東洋의 穹窿.

난다.
작은 點. 하나.

알

알을 낳는다.
性感을 모르는 그들의 孕胎
그들의 分娩
그
透明한,
아른아른한,
石灰質의
바닷바람의
햇빛의
구름의
하얀,
날개의 誕生.
太初의
아침의
날개의 誕生.

──타락한 알의 說話가
人類의 始祖가 된다.

썩은 수수

배가 고플 때만
절실히 肉身을 느낀다.
썩은 수수알을 쪼아먹으려
날개를 아래로 젓는다.
──아득한 下降.
그리고 날개는 새가 된다.

열매

I

멜로디가 살아난다.
열매가 비롯되는 그 안에서.
旋律은
그 絶頂에서
꼭지가 빠지는 열매……
툭하고 땅에 떨어진다.
가지가 彈奏하는 휘나아레
구름이 비낀 하늘에
빈 가지가 흔들린다.
그리고
세상은 降雪로 변했다.

II

비로소 가지를 느낀다.
가지에 달려, 나의 生活은
拘束의 恩寵으로

부픈다.
이 든든한 紐帶를
디룽거리는 것
안에서 깨닫는다.
얼굴이 上氣된 채
굵직한 蕊이 박히는 열매.
蕊에 씨집이 마련된다.

III

씨는
어깨 너머로 던져버린다.
금빛 抛物線을 그으며
未來의 하늘로 떨어지는 것을
地平이 끓어올라
이슬 젖은 가슴 안에 담는다.

일박―泊

I

어린 것들 옆에
잠자리를 펴고
나는 하룻밤을 지낸다.
어린 것들 옆에
나의 하룻밤의
서글프고 허전한 꿈.
얼마나 持續될 것인가
그것은 허황한 危懼心.
다만 지금은
어린 것들 옆에
잠자리를 펴고
이부자리 자락으로
귀를 덮는다.

II

내일은
내일. 내일의 아침은
神의 領域.
封해진 世界.
내일 근심은
내일의 근심. 오늘은 오늘로서 足한.
다만 지금은
어린 것들 옆에
잠자리를 펴고. 찬란한 星辰의
허허로운 空間에.
어린 것들 옆에 바람과 구름의
허허로운 空間에.
다만 지금은
어린 것들 옆에. 흐르는 강물……
귀를 잠그고.
어린 것들 옆에
잠자리를 펴고. 찌걱거리는 뗏목 위에
다만 지금은

찌걱거리는 뗏목 위에
잠자리를 펴고
이부자리 자락으로
귀를 덮는다.

마감 磨勘

붓을 놓고
문득 바라보니
새로
두 時.
밤이 너무 늦다.
자자.
자야지.
나 나름의 벅찬 하루가 끝나면
이제
다리를 쭉 펴고
잘 時間.
따지고 보면
그것은 누구나 겪는
고된 業苦.
자식을 보살피고
家族을 먹여야 할,
고되고 벅찬 하루.
허지만
나 나름의
고되고 벅찬 하루가 끝나면

이제
다리를 쭉 펴고 잘 時間.
다리를 쭉 펴고 자는
아아
나의 허전한 충만으로
나의 측은한 안식으로
불을 끄니
뜰에는 달빛.
네 귀를 반듯하게 접어
〈오늘〉을
단정하게 챙겨두고
餘恨없는 눈을 감는다.

무제無題 1

無題라는
題目을 달고
나의 詩는
큰 안방 같기를 熱望한다.
무심하고 넉넉하고
淡淡하면서 크낙한 세계……
題目을 달 만한 마디는 풀리고
人生은 삭아내리고
계절이 바뀔 때마다
느낌이 살아날 때마다
無題라는
題目을 달고.
구김살 없는 마음으로
삶을 생각하고
애련하지 않는 눈으로
山川을 바라보고
구름 흐르듯 흘러가는
나의 붓이
無題라는
題目을 달고.

자식을 기르고
사람을 생각하고
맺히지 않는 길 위에서
머리를 조아려
神을 모시고
남은 餘生을
눈발이 뿌리는
겨울 薔薇의 뜰에서
수굿하게 살아가는
나의 나날을
無題라는
題目을 달고
큰 안방 같기를
熱望한다.

무제無題 2

담배 한 대 뽑아무는 마음으로
人生을 생각하자.

괴롬 속에서도
一分間의 餘裕를.

시름없이 피어오르는 연기.
한 生涯를 건너가면

우리 함께
뜬 구름처럼 삭아질 것을.

虛無한 것이라고
勿論이지.

虛無하기 때문에
작은 일에 誠實하고

서로 돕고
의지하고

離別은 淡淡하고
邂逅는 더욱 즐겁고.

우리 함께
풍성한 사랑으로 서로 위로하고

담배 한 대 뽑아무는 마음으로
人生을 생각하자.

앞이 내다뵈는 窓 가에서
一分間의 餘裕를.

혹은
들끝에 풀리는 한오리의 연기를.

무제無題 3

꽃에서
사과가 되는 사과의 全過程을
생각한다.

그런
생각 속에서
나는 그 분을 만난다,
눈이 환한.
그 분은
허리에 푸른 띠를 두르고 계셨다.

始源에서
바다에 이르는 兄山江의
길고 끝 없는 흐름……

그 분의 노래는
항상 너그러운 律調를
띠운다.

꽃에서

사과가 되는 사과의 노래
始源에서
바다에 이르는 흐름의 노래,

그리고 나는
오늘
한 개의 질그릇이 되기를 바란다.

흙으로
빚은. 불로 구은.
그 全過程을 거쳐 하나의
完成品.
물을 담는
어줍잖은 물그릇이라도 좋다.

나의
詩에 담겨진,
그 분의 숨결 그 분의 손길
그 분의 律調를 나는
경건히 기다린다.

연속 連續

층층계를 내려간다.
講義가 畢한
허전한 어깨 위로
너무나 깊은 가을의 穹窿
透明한 伽藍
호주머니를 더듬어
담배를 피워문다.
등뒤로
보라빛으로 사라지는
그것은
消滅의 모습
조용한 溶解
지금의 時間 그 흐름
연기를
구름을
지금은
九月의 마지막 層階 위에
나의 하루의
잠시의 猶豫
나는 층층계를 내려간다

99 … 98 … 97 … 96 ……
발에 밟히는
逆流하는 층층계가 끝나면
地上.
寂蓼의 領土를
下降은 계속된다.
희게 乾燥한
0.1 … 0.2 … 0.3 … 0.4 ……
數價가 불어날수록
알맹이가 줄어드는 世界를.

기후유감 氣候有感

웬일일까.
요즈음은 하루 하루의
미묘한 氣候의 變化가
코에 어린다.
그날따라 달라지는 바람 냄새
흙 냄새.
甓돌 냄새.
忠武路의 냄새와
世宗路의 냄새.
마음이 비면
열리는 신비스런 嗅覺.
그리고 친구들의 修人事 한마디에도
가슴이 흠뻑 젖는.
有感한 하루 하루를
거리에는 時間마다 높아지는
벽돌로 짜올리는 삘딩
層階마다 다른 공기가
코에 어린다.

설악행雪嶽行

烏竹에 가을바람 입발에 서러운 洛山寺의 가을 배맛.*

 *

어슬어슬한 下午에 相面한 雪嶽丹楓

 *

東仁의 生涯를 飛仙臺 가는 길에 반쯤 듣다.

 *

호텔의 로비의 深夜의 커피를 굵은 파이프.

 *

서울 千里를 두고, 가랑잎 하나 줍다.

 *

淡紫色 바위 이편을 아아 東海彌矢嶺

 *

선·글라스에 消滅하는 飛行雲, 二泊三日.

 *

白菊 滿發, 돌아온 집의 아내의 音聲

---

* 『청담』에는 〈烏竹에 가을바람 입발에 서러운 洛山寺의 가을배맛〉이 〈烏竹에 가을바람 洛山寺의 입에 서러운 가을 배맛〉으로 되어 있다.

백국白菊

한오리 存在를 地上에 마른 菊花향기.
  *
雅兄이라는 人間關係, 한떨기 白菊.
  *
마른 붓으로 朴木月 宿泊簿 적다.
  *
등불이 조는 밤의 무서리, 一泊.
  *
찬란한 星辰, 새벽에 글을 쓰다.
  *
마지막 프로가 끝나고 乙支路의 十月 밤안개.
  *
月一回, 아내와 관람하는 마지막 프로의 終幕 벨.
  *
宗吉兄, 受話器에 가랑잎, 一葉, 二葉.
  *
一行詩를, 찬잠자리의 엷은 꿈을.

심방 尋訪

돌을 찾아
그는 산으로 간다.
그의 깊은 尋訪을
먼 빛으로 보고도
돌은 그에게 눈짓을 보낸다.
善한 者들의
말없는 人事를.
돌 곁에서 돌을 어루만지며
하루를 보내는
돌의 이마에 흐르는 구름
골짜기의 穹窿.
그는
끝내 인생을 모르는
처절한 그의 勝利.
다만 돌 곁에서 돌을 어루만지는
다정한 그의 손길
보라빛 透明한 日月의 循環
호젓이 그는
산에서 내려온다.
善한 知己와 헤어져,

산을 내려오는 그의 발에는
陵線의 급한 傾斜가
市內로 굽어졌다.
그의 눈에 넘치는 연민의 눈물……
그는
몇 마디의 念佛과
느린 걸음걸이와
헤어진 구두와
네모진 얼굴로
人家에서 밤을 밝히면
도로 산으로 간다.
그의 깊은 尋訪의 反覆.

동물시초 動物詩秒

염소

어느 날, 昌慶苑엘 갔었다. 유심히 바라보면 모든 動物의 얼굴은 孤獨했다. 言語를 못가진 것의 그 깊은 沈潛.
李箱의 염소
붉은 눈자위
울고 새운 밤의 흔적이 테둘러 있었다.

河馬

뚝한 얼굴이 짧은 발을 어기적거리며 내게로 다가온다. 通姓名을 하자는 것일까. 人事를 하기에는 내 얼굴 皮膚가 너무나 透明하고 外面하기에는 그의 얼굴이 너무나 心情的이다. 입을 쩍 벌리는, 사이즈를 超越한 그의 입에 푸짐하게 어울릴 言語를 생각한다. 그 투박한 言語를——얄밉도록 세련된 나의 言語는 혀끝으로 구울리기 알맞을 뿐이다.

駝鳥

너무나 긴 목 위에서 그것은 非地上的인 얼굴이다. 그러므로 늘 意外의 空間에서 그의 얼굴을 發見하고 나는 잠시 驚愕한다. 다만 비스켓 낱을 주워먹으려고 그것이 天上에서 내려올 때, 나는 다시 唐慌한다.

먹는다는 것이 童心的인 天眞스러운 行爲일까. 누추하고 비굴한 本能일까. 확실히 駝鳥는 兩面을 가졌다. 少年처럼 純直한 얼굴과 벌건 살덩이가 굳어버린 利己的인 老顔과……

그리고 이 怪異한 面相의 走禽類가 오늘은 나의 눈을 凝視한다.

駱駝

진실로 薄福한 그 입. 소가 아무리 미련한 짐승이지만 그 든든하고 確固한 턱과 입으로 보아 朝飯夕粥에 궁할 八字가 아니다. 하지만 아랫입술이 약간 나온, 엷은 가죽이 민숭하게 처진 약대의 입은 온 얼굴이 입이다. 서러운 面相아. 물 한모금 제대로 못 마실 운명에 順應해서, 입과는 距離를 두고, 저 안쪽에 어질고 작은 눈에 찬물이 괸채……

猿

眉間이 한 곳으로 몰려, 새까만 두 눈이 새끼를 보듬켜 안고 있다. 그 極盡한 肉親愛. 狹量하기 때문에 愛情이 외곬으로 쏠리는가.

원숭이의 얼굴은 두 개만 포개지면 사뭇 億萬의 얼굴이 모인 것처럼 슬픔의 강물이 된다.

아 요것아, 요것아. 未開蕃族들의 가슴으로 흘러가는 이 강물이 그들로 하여금 人肉으로, 燔祭를 올리게 하는 狂亂을 불러일으키는 것인가.

그리고 오늘은 내가 원숭이로 化하는가.

어신魚身

I

빨래 나온 娘子의 다리만 스치고도 胞胎하게 한 鯉魚가 草笠에 珊瑚동곳을 박은 굵은 상투를 틀어올리고 도련님 行色을 했다.
만일 핏줄이 벌겋게 선, 껌벅이지 않는 두 눈이 아니었더면 아무도 그가 잉어라는 것을 몰랐으리라.

II

鈍濁한 꼬리를 툭 치고, 여인들은 色情의 바다 위로 솟아오른다. 치마 밑에 魚身을 감추고, 나들이를 간다.
그러나 히프의 爛熟한 重量. 人魚라는 것을 가릴 도리가 없다.

5부 경상도慶尙道의 가랑잎
—1968

* 「皮紙」이하 7편은 원래 『경상도의 가랑잎』에는 실려 있지 않았던 시들이지만, 『박목월 자선집』에는 『경상도의 가랑잎』편에 묶여 있기 때문에, 이 7편의 작품을 수록한다.

벽壁

白紙로 도배한 房의
白紙로 도배한 壁의 寂寞
불이 켜지면
더욱 두렵다.
너는 무엇이냐. 炯炯한 눈을 부라리고
너는 무엇이냐, 밋밋한 얼굴로*
白紙는 白紙, 四方이 도배된
밤에 켜지는 불빛은 두렵다.

---

* 《예술원보》(1968년 11월)에 처음 발표되었을 당시에는 〈너는 무엇이냐, 炯炯한 눈을 부라리고/ 너는 무엇이냐, 밋밋한 얼굴로〉가 〈너는 누구냐 炯炯한 눈을 부라리고/ 너는 누구냐 얼룩 하나 없는〉으로 되어 있었다.

난초蘭艸잎새*

蘭艸잎새에 밤이 무르익는다.
蘭艸의 存在, 잎새의 默想.
東洋的인 정신의 잎새에 무르익는
밤의 深度.
나는 혼자다.
오늘 밤 月世界로 달리는 로키트의 軌跡이
蘭艸잎새에 어린다.
蘭艸는 차라리 無聊하다.
차라리 水墨色.
蘭艸는 무엇이냐, 나는 무엇이냐.
허막한 공간. 바람에 씻기는 한덩이 遊星 위에서
나의 內部에 돋아나는 蘭艸
밤을 응시하는 蘭艸의 눈, 蘭艸잎새의 눈.
蘭艸는 차라리 無聊하다.
차라리 水墨色.
나는 혼자다.

---

* 《예술원보》(1968년 11월)에 처음 발표되었을 당시에는 제목이 「蘭艸」로 되어 있었다. 처음 발표되었을 당시의 모습은 다음과 같다.

蘭艸

蘭艸잎새에 밤이 무르익는다.
蘭艸는 혼자다.
東洋的인 정신의 잎 새에 무르익는 밤의 깊이.
오늘밤
달로 달리는 로키트의 軌跡 消滅하는 飛行雲
蘭艸잎새에 어린다.
蘭艸잎새는 차라리 水墨畵.
혼자다.
나는 무엇이냐 나는 무엇이냐.
虛漠한 空間의 바람이 씻기는 한덩이 遊星 위에서
나는 무엇이냐 나는 무엇이냐.
內部에
蘭艸잎새.
나는 혼자다.
밤을 凝視하는 蘭艸의 눈. 蘭艸잎새의 눈.
그 눈에 무르익는 밤의 깊이.
蘭艸는 水墨畵
나는 혼자다.

운석隕石*

잠이나 자자.
돌아 누우면 언제나 황홀한
그 忘却.
그럴 테지,
숭굴숭굴한
隕石.
타고 남은 것은
무엇이나 가벼워진다.
나의 詩도
그게 詩냐.
海錦石보다 가벼운.
하지만
씀씀한 대로
不平 없는 나의 晝夜.
대범한
나의 偏足.
잠이나 자자,
돌아 누우면 언제나
황홀한 雲霧.
나의 머리 위로 부는
허허로운 바람.

그럴 테지.
타버린 것의
自己整理.
타버리고 남은 것은
무엇이나 정결하다.
타고 남은
隕石.
가벼운 돌.
씀씀한 대로 大凡한
내일의
나의 詩.
나의 老年.

(원주) 씀씀하다: 無味하다는 뜻.
* 《사상계》(1968년 1월)에 처음 발표되었을 당시에는 제목이 「詩」로 되어 있었다. 처음 발표되었을 당시의 모습은 다음과 같다.

詩

잠이나 자자.
돌아누우면 언제나 황홀한
그 忘却.
그럴테지.
숭글숭글

구멍이 뚫린
隕石.
타고 남은 것은
무엇이나 가벼워진다.
나의 詩도
그게 詩냐.
海綿石보다 가벼운.
하지만
맛이 심심한대로
不平없는 나의 晝夜.
대범한
나의 偏足.
잠이나 자자.
돌아누우면 언제나
황홀한 잠.
나의
머리 위로 부는 허허로운 바람.
그럴테지.
타고남은 것은
무엇이나 가벼워진다.
타다 남은 隕石
가벼운 돌.
심심한대로 大凡한
내일의 나의
詩.
나의 忘年.

낙서 落書

썩은 板子의
팍팍한 感觸을
어릴 때부터 나는 알고 있다.
무심한 손가락으로 글그적거려 보았다.
모래의
물로써 엉키지 않는
목마른 乾燥性을
어릴 때부터 나는 알고 있다.
무엇이나
頹落되는 것은
팍팍해진다.
무릎 아래는 마비되고
나의 詩는
모래가 된다.
엉켜지지 않는 本質的 乾燥性.
다만 아직도 내게 남아 있는
어린 날의 天眞性.
외진 구석 썩은 板子나
반반한 모래톱을 보면
그냥 지나칠 수 없다.

문득 그려보게 되는 落書.
문득 새겨보는 神의 이름.
그 天眞한 손가락이
오늘은 썩은 板子에
영원을 아로새기고
모래로써 사람을 빚으려고
熱中한다.
이 천진한 落書
이 목마름.
썩은 板子에 새겨보는 神의 이름.

춘분春分

자하문
동대문*
門 밖으로 나가는 길에
달아오르는 해.
앞산머리의 부끄러운 이마.
오오냐.
자하문
동대문*
문안으로 들어오는 길에
기우는 햇발.
앞산머리의 어두운 이마.
오오냐, 오냐.

---

* 『경상도의 가랑잎』에는 1-2행의 〈자하문/ 동대문〉이 〈자하문 밖으로/ 동대문 밖으로〉로, 7-8행의 〈자하문/ 동대문〉이 〈자하문 밖에서/ 동대문 밖에서〉로 되어 있다.

무제無題*

담배를 뽑아 문다.
이것은
나의 버릇,
허전한 마음을
입이 먼저 안다.
입안에 깔리는 쓰디쓴 瞑想.
담배는 肺에 해롭다.
물론이다.
물론이지만 一年의 販賣高가
韓國에서만 二, 三百億개비를 上廻하는
담배를 뽑아드는
虛脫한 수풀의 손.
밤길을 가면
문득 낯선 사나이가
불을 請한다.
맞대이고 불을 나누는
서로의 환한 이마.
때로는 반쯤 재가 되도록
생각에 잠기는
그 沈潛

대체로 누구나 담배의 半은 虛實이 된다.
속절없이 재로 화하는,
쭈욱 가슴 속으로 빨아들이는
콧구멍으로 두줄기의 虛無.
내 친구는
담배맛을 아는 者들이다.

---

* 《사상계》(1966년 2월)에 처음 발표되었을 당시의 모습은 다음과 같다.

無題

담배를 뽑아 물었다.
이것은
나의
슬픈 버릇,
허전한 마음을
입이 먼저 안다.
입안에 깔리는 쓰디쓴 慰勞,
담배는 肺에 해롭다.
물론이다.
허지만 一年의 販賣高가
韓國에서만 二三百億 가치를 上廻하는,
담배를 뽑아드는 손
虛妄한 수풀.

밤길을 가면
문득 낯선 사나이가
불을 請한다.
맞대이고 불을 나누는
서로의 환한 이마.
때로는
반쯤 재가 되도록
생각에 잠기는
그 沈潛
그 苦惱
대체로 누구나 담배의 半은 虛實이 된다.
속절없이 재로 화하는.
그리고
쭉 가슴 속까지 빨아 들이는
콧구멍으로 두줄기의 解放感.
대체로 내 친구는
담배맛을 아는 者다.

더덕순

어느 날
내 머리에 더덕순이 돋아났다.
허풍치지 말라.
사람 머리에 더덕순이 돋아날 수 있느냐.
지당한 말씀.
하지만 내 머리에 돋아난 더덕순도
엄연한 사실이다.
돼 먹잖은 소리.
따지고 보면 속이 상한 건
자네가 아니고 나다.
純眞한 바보.
더덕넌출*은 귓구멍으로 벋어나와
남의 말귀를 짐작하지 못하고
눈으로 벋어나와
모든 사람이 안전한
초록빛으로 보이고.
이것은 도대체 어찌된 영문인가.
코에서는
더덕 냄새가 풍기고.
틀림없이 이것은

氣候 탓이다.
아니면 水質 탓일까.
아니면 天性일까.
제길 昌慶苑으로라도 가야겠다.
植物園에서
하다 못해 遺傳에 대한
새로운 硏究材料라도 제공되어야겠다.
어리석은 種子와
어리석지 않은 種子의 區別에 關한.

---

* 『경상도의 가랑잎』에는 〈더덕년출〉이 〈더덕순〉으로 되어 있다.

의상衣裳

누더기를 걸치고, 말끔하게 세탁한 누더기 같은 호움스펀 스프링 코우트를 이 한 겨울에 걸치고, 우리 앞을 걸어가는 半白의 신사는 前職 시골 학교 교장이었을까. 청렴한 官吏였을까. 고무신짝을 끄는 그의 걸음걸이가 근엄했다.

아무리 그가 失意의, 그림자 같은 사람일지라도 그의 아내에게는 소중한 남편일까. 철 아닌 옷이나마 깨끗하게 빨아 다리고, 정성껏 기워 입혀 남편을 내보낸 것이다. 손으로 단정하게 감치고 박은 누더기의 기운 자리마다 아내되는 분의 얼굴이 내게로 肉迫했다. 忽耐에 길들인 서러운 美德이여. 누더기 자락에 한국 아내들의 얼굴이 펄럭거렸다.

——여보, 선생.

불러서 따뜻한 인사말이라도 나누지 않고 지나쳐 버릴 수 없었다. 하지만 돌아보는 그의 上半身에는 얼굴이 없었다.

만년晩年의 꿈

마른 잠자리의
날개.
혹은 나비의 標本.
섬세하게 乾燥한
어제의 꿈.
마른 잠자리의
날개의 그림자.
혹은
핀세트로 집은 나비의
觸角.
오블라아토로 포장된
어제의 草原.
지난 것은
모두 過誤의 連續.
혹은
실수의 연발.
마른 잠자리의
날개에 아른거리는
뉘우침의 아라베스크.
혹은

마른 나비의 觸角이 지시하는
운명의 方向.
다만
오늘은 마른 잠자리의
삭막한 寢床.
혹은
날개에 아른거리는
섬세하게 乾燥된
晚年의 꿈.

왕십리 往十里

내일 모래가 六十인데
나는 너무 무겁다.
나는 너무 느리다.
나는 外道가 지나쳤다.
가도
가도
바람이 입을 막는 往十里.

순지 純紙

純紙 같은 사람을 생각한다.
구수하게 푸짐한 人間性.
그런 사람이 쉽사리
있을 것 같지 않지만
어리숙한 나무를 생각한다.
나무는 다 어리숙하지만
하다 못해 넉넉한 신발을 생각한다.
발이 죄이지 않는
편안한 신발도 쉽지 않지만
큼직한 그릇을 생각한다.
아무렇게나 주물러
소박하게 구어낸
그런 그릇은 쓸모 없지만
純紙를 생각한다.
純紙로
안을 바른
은근하게 內明한
사람을 생각한다.
그런 사람이 쉽지 않지만
말오줌 냄새 찌릿한*

투박하고 푸짐한
韓國의 純紙.

---

* 『경상도의 가랑잎』에는 〈말오줌 냄새 찌릿한〉이 〈말오줌 냄새/ 찌릿한〉으로 행이 구분되어 있다.

용설란 龍舌蘭

하루를
龍舌蘭처럼 살고 싶다.
육중한 잎새는
침묵의 무게로 휘어지고
內面에의 침잠으로
줄무늬지는 龍舌蘭.
하루를
龍舌蘭처럼 살고 싶다.
안으로
은주머니를 차고
뿌리를 암흑 속에 가늘게 뻗은
섬세하게 투명한 葉脈.
하루를
龍舌蘭처럼 살고 싶다.
自己忘却의
총총한 時間의 分散.
분주한 발걸음.
公轉하는 言語의
소용돌이 속에서
寂寞한 입을 다물고

하루를,
龍舌蘭처럼 살고 싶다.
천연스럽게 앉아
메마르지 않게 또한 화사하지 않게
자기를 보듬는
생각하는 하루의 沈默
생각하는 하루의 瞑想.
삶의 指針을 地心으로 돌리는
나의 깊이,
나의 年齡.
은주머니를 안으로 차고,
하루를
龍舌蘭처럼 살고 싶다.

백국 白菊

나이 五十
잠이 맑은 밤이 길어진다.
머리맡에 울던 귀뚜라미도
자취를 감추고.
네 방구석이 막막하다.
이런 밤에
人生은
날무처럼 밑둥에 바람이 들고
무릎이 춥다.
知天命의
뜰에는 白菊.
서릿발이 향기롭다.

모일某日

八月 十日
午後 일곱 시에서 여덟 시 사이
이 저무는 시간은
너의 것이다.
사람아.
어둠 속에서
살아나는 稜線의
그 날카로운 비명은*
너의 것이다.
갓 눈 뜬 네온사인의
불빛은
너의 것이다.
사람아.
나는 이승에서
몇줄의 詩를 쓰는
측은한 人間이지만
살다가
세상이 이처럼 충만할 줄은 미처 몰랐다.
사람아.
빈 것은

빈 대로 그득하고
삭아진 것은
삭아진 대로 향기로운
이 저무는 시간은
송두리째 너의 것이다.
하루의 業苦를 치루고
집으로 돌아가는
버스 창너머로
오늘의
저무는
稜線과
먼 불빛은
너의 것이다.
무엇이라 이름 부를 수 없는
살아나는 사람아.

---

* 『경상도의 가랑잎』에는 〈그 날카로운 비명은〉이 〈그/ 날카로운 비명은〉으로 행이 구분되어 있다.

무제 無題

문득
굳어진 가슴에
금이 가게 하고
때로는
천연스럽게 꿈에도
나타나는
너를
부를 이름이 없다.
애인이라 부르기에는
이미 남이고
너의 이름을 부르기에도
너무나 아득하다.
그럼에도
봄 가을로
계절이 바뀔 무렵
문득 바람결에 떠올라
굳어진 가슴에
금이 가게 하고
쩍 갈라진 틈서리에
찬 물이 고이게 하는

너를
부를 이름이 없다.
때로는
홀연히 돋아나는 연한 가지 같은
오늘은
비 묻은 仁旺山 봉우리 같은
너를
부를 이름이 없다.

하선夏蟬

올 여름에는 매미 소리만 들었다.
한 편의 詩도 안 쓰고
종일 매미 소리만 듣는 것으로
마음이 흡족했다.
知天命의
아침나절을
발을 씻고 大廳에 오르면
찬 물을 자아 올리는
매미 소리.
마음이 가난하면
詩는
세상에 넘치고
어느것 하나 허술한 것이 없는
저 빛나는 잎새
빛나는 돌덩이.
누워서 편안한 大廳에서
씻은 발에
흐르는 구름.
잠이나 자야지.
낮에도

반 쯤 밤으로
귀를 잠그고.
이 무료한 安定은
너무나 충만하다.
나무는 굵어질수록 愚鈍한 것을
잠이나 자자.
地心에 깊이 뿌리를 묻고
종일
烏金의 날개를 부벼대는
매미 소리를 듣는 것으로
마음이 흡족했다.

바람 소리*

늦게 돌아오는 아이를 근심하는 밤의 바람 소리.
댓잎 같은 어버이의 情이 흐느낀다.
자식이 원술까.
그럴 리야.
못난 것이 못난 것이
늙을수록 잔 情만 붙어서
못난 것이 못난 것이
어버이 구실을 하느라고
귀를 막고 돌아 누울 수 없는 밤에
바람 소리를 듣는다.
寂寞한 귀여.

---

* 《사상계》(1968년 1월)에 처음 발표되었을 당시의 모습은 다음과 같다.

바람소리

늦게 돌아오는 장성한 아이를 근심하는 밤의 바람소리.

댓잎소리 같은 것에 어버이의 情이 흐느낀다.
자식이 원술까, 그럴리야.

못난 것이 못난 것이
늙을수록 잔情만 불어서

못난 것이 못난 것이
어버이 구실을 하느라고

귀를 막고 돌아누울 수 없는 밤에 바람소리를 듣는다.
寂寥한 귀여.

모일某日

팔목이 허전했다.
시계를 잊고 왔군.
잊고 왔음 왔지
그것이
담배를 뽑아 물게 한다.
사과가 괴어 있다.
쇼우 윈도우에
아슬아슬하게 아름다운
한 幅의 그림.
이내 무너지게 되면
그것을
누가 기억할 것인가.
누가 기억할 것인가.
흐린 하늘 아래
그림자도 없이 오고 간
오늘 하루의
나의 허덕임,
나의 괴로움,
그리고 나의 誠意와 「있음」을
누가 기억할 것인가.

사라지는 담배 연기.
사라졌음 졌지,
그것이
새로운 담배가치에
불을 붙이게 한다.

삭임질

남의 말을 삭임질하여 들을 줄도 알고.
씹어 가며 맛볼 줄도 알고.
속을 줄도 알고.
질 줄도 알고.
웃머리에 앉을 줄도 알고
발치로 물러설 줄도 아는
오늘은
胃下垂의 둔한 포만감,
아래로 처지는 인생을
다만
咀嚼이라는 글자가 얼른 떠오르지 않아
쩔쩔 매는 몇 分間을

아침에 샘물을 자아올리는 매미 소리, 참매미 소리.

화예花蕊

앉고
혹은 서고
모든 꽃들은
어머니가 되기를 열망한다.
花蕊는 풀艸 아래 마음心字가
세 개나 포개지고
벌써
어느 한 송이는
어머니로 여문다.
부채살로 조여드는 時間에
포도빛으로 굳어지는 꼭지.

   *

우리 內部에도
부드러운 입김이 서린다.
잔잔한 눈매로
자리잡는 母性.
나의 등줄기는
곧게 뻗고

어머니의 아기들은
나뭇가지에서 千의 눈짓을
보내고 있다.

    *

나도
어머니가 되기를 열망한다.
위대한 創造의 根源이여.
바다의 물빛은
영원한 푸르름으로 빛나고
오늘은
어머니의 形象으로
한 편의 詩가
빚어진다.

잔설 殘雪

적막하구나.
적막하구나.
百里 二百里를 달려도
四方은 산으로 에워싸고
눈이 덮인 俗離山.
등을 붙이고
하루를 살 한 치의 땅이
어딜까.
부연 落葉松.
산 모롱이를 돌면
해도 있는 듯 없는 듯
殘雪만 얼어서 으스스한 산 모롱이
모롱이를 돌면
오늘은
報恩장
부옇게 추운 얼굴들이
마른 미역오리 명태마리
본목필을 교환하는
가난한 그들의 交易.
얼어서 애처러운 닭벼살.

적막하구나.
적막하구나.
二百里 三百里를 달려도
팔방은 눈으로 덮히고
등 붙일 한 치의 땅이 없는
俗離山
저무는 골짜기의 보라빛 눈, 벌판의 퍼런 눈
들 끝에 먼 불빛.

동행同行*
──下端에서

갈밭 속을 간다.
젊은 詩人과 함께
가노라면
나는 혼자였다.
누구나
갈밭 속에서는 일쑤
同行을 놓치기 마련이었다.
成兄
成兄
아무리 그를 불러도
나의 音聲은
內面으로 되돌아오고
이미 나는
갈대 안에 있었다.
바람이 부는 것도 아닌데
갈밭은
어석어석 흔들린다.
갈잎에는 갈잎의 바람
白髮에는 白髮의 바람
젊은 詩人은

저 편 기슭에서 나를 부른다.
하지만 이미 나는
應答할 수 없었다.
나의 音聲은
內面으로 되돌아오고
어쩔 수 없이 나도
흔들리고 있었다.

---

* 《사상계》(1968년 1월)에 처음 발표되었을 당시에는 제목이 「下端에서」로 되어 있었고, 〈下端〉에 대한 주(註)가 달려 있었다. 이 주에 따르면, 〈下端은 洛東江 下流 釜山市 변두리에 있는 갈밭 마을〉이다.

부름

처녀애.
젊은 詩人이 부르면
다방 레지도 샌들을 끌며
웃는 얼굴로
다가오고,
처녀애.
부르면 차장소녀도
돌아보며 웃고.
처녀애.
부르면 길 가던 아가씨도
맑은 눈으로 쳐다본다.
참
처녀라는 말이
釜山地方에서 들으면
더욱 처녀답고,
多大浦 근처로 나가면
제첩 파는 처녀들의
눈이 이글이글 탄다.
젊은 詩人이
처녀애.

부르면 모든 것이 처녀로 화하고
그 순결한 化身.
치마꼬리를 휘어잡고
우르르 몰려오는 바다를 보고
처녀애.
부르면
젊은 詩人 앞에
수줍어
무릎을 꿇며
치마끈을 입에 문다.

무제 無題

書齋 하나가 남편에게
소원이듯 아내는
커어튼을 내리고
조용히 쉴 수 있는 네모 반듯한
마루방 하나가 소원이다.
문을 잠그고
홀로 사색을 즐길 수 있는
남편의 고독한 書齋.
두터운 커어튼을 내리고
잠시 휴식을 가질 수 있는
아내의 나즈막한 소파.
하지만 아내는
서서 종일
일을 하며 찬송가를 부르며
해를 보내고.
거리를 거닐며 남편은
詩를 생각한다.
잠시도 조용히 쉴
자리가 없는 內外의
생활 속에서

하루 종일 펄럭거리는 문.
이런 것도 詩가 되느냐,
따지지 말라.
인간의 소원은
작은 것일수록 간절하고,
아내의 體重은
十一貫에서 三百이 부족한
弱質이다.

「토오쿄오」에서

宮城 앞에서
돌자갈을 발끝으로 찼다.
이른바 宮城 앞에서
툭툭 돌자갈을 차는
무의미한 나의 逍遙.
비둘기가 모여 들었다.
그 우울한 잿빛의 털.
모이를 주지 않았다.
왜, 내가 모이를 줄까부냐.
城壁을 에워싼 「호리」 근처를
잠시 거니는 나는 異國 나그네
아무도
아문 나의 상처를
건드리지 말라.

  *

후론트에서
말을 더듬는
토오쿄오의 호텔의 후론트에서

말을 더듬는
나는
韓國의 韓國人.
그들의 말을 알아들을 수 있는
귀가 부끄럽다.

    *

회전하는 뉴・오다니
스카이라운지에서
圓滑하게 회전하는
詩人의 혀,
가볍고 향기로운 母國語.
가슴이 더워오는
조국의 숨결.
그렇지, 서울로 돌아가면
市長을 만날 테다.
市長을 만나면
서울의 밤을
누구의 눈에도 아름다운 서울의 밤을.

물론
창마다 환한 불이 켜지고
超特級의 장미
장미꽃 같은 서울을.
골목마다
차분한 이슬이 내리는
나지막한 침대와
노래하는 噴水.
안정된 家計簿에
동양적인 단란
時間은 언제나
조용하게 흘러가는
鐘樂처럼 부드러운
市廳廣場의 時計塔,
물론이지,
市長을 만나면
스카이라운지에서
술을 마시고
거나하게 취하면
부푼 안개 속을

市民들은 산책하는
꿈꾸는
水銀燈, 第二漢江橋의.
회전하는 뉴·오다니 호텔의
스카이라운지에서
내일은 서울로 난다.

청파동 青坡洞

밤 늦은 青坡洞
마지막 合乘을 타고 가면
淑大入口 가까운
어느 막다른 골목은
비어 있었다.
그 골목은
姜小泉의 가랑잎처럼 바튼
음성이 깔렸는데
小泉은 어디로 갔느냐.
죽었다는 것은 무슨 뜻이냐.
子正 가까운 밤
마지막 合乘을 타고 가면
빈 골목은 두렵다.
발목이 잠긴 街路燈이 있어
빈 골목은
더욱 두렵다.

山山

乾川은 고향
驛에 내리자,
눈길이 산으로 먼저 간다.
아버님과
아우님이
잠드는 先山.
거리에는
아는 집보다 모르는 집이 더 많고
간혹 낯익은 얼굴은
너무 늙었다.
우리 집 감나무는
몰라 보게 컸고
친구의 孫子가
할아버지의 심부름을 전한다.
눈에 익은 것은
아버님이 居處하시던 방.
아우님이 걸터앉던 마루.
내일은
어머니를 모시고 省墓를 가야겠다.
종일 눈길이

그 쪽으로만 가는 山
누구의 얼굴보다 親한
그 山에 구름.
그 山을 적시는 구름 그림자.

이二·삼일三日

芝薰은
가고, 이 二·三日
어제는 날이 흐리더니
오늘은 비가 온다.
이미
그가 젖을 수 없는 비.
모든 것은
젖고 있다.
젖고 있기로니.
내일은 날이 들 것이다.
날이 들기로니.
가버린 이는 가버렸고.
그
헌출한
그
늠름한
詩人 趙芝薰.
빛나는 별은 사라지고.
총명한 눈은 감기고.
오늘은

비가 온다.
오기로니,
내일은 날이 들 것이다.
날이 맑기로니
우리의 적막은
우리의 것.
옷깃만 젖어서 무겁다.

    *

十七日. 五月. 一九六八年.
四十分. 다섯 時.
芝薰 別世.
아침에 전화벨이 소란스럽게 울리고
나는
그 기별을 들었다.

    *

斗鎭.

어느 날 우리에게도 이런 날이
不意에 닥쳐와
차례차례로 신발을 벗어 놓듯
떠나게 될 것이다.
辭典에는
靑鹿派라는 말만 남고…….
그런 날에도
친구집에 전화는 울리고
비는 오고
밤안개에 먼 불빛이
부풀어 보일 것이다.
── 막막함이여.
── 허허로움이여.

일상사 日常事

靑馬는 가고
芝薰도 가고
그리고 洙暎의 永訣式.
그날 아침에는
이상한 바람이 불었다.
그들이 없는
서울의 거리.
靑馬도 芝薰도 洙暎도
꿈에서조차 나타나지 않았다.
깨끗한 潛跡.*
다만
鐘路二街에서
버스를 내리는 斗鎭을 만나,
白晝路上에서
몇 마디 이야기를 나누고,*
어느 젊은 詩人의*
出版記念會가 파한 밤거리를
南秀와 거닐고,
宗吉은 어느 날 아침에
전화가 걸려왔다.

그리고
어제 오늘은
찻값이 四十원.*
十五프로가 뛰었다.

---

* 《현대문학》(1968년 8월)에 처음 발표되었을 당시에는 〈그들이 없는/ 서울의 거리/ 靑馬도 芝薰도 洙暎도/ 꿈에서조차 나타나지 않았다./ 깨끗한 潛跡〉이 〈그후로/ 靑馬도 芝薰도 洙暎도 만날 수 없는/ 너무나 깨끗한 그들의 潛跡〉으로, 〈버스를 내리는 斗鎭을 만나,/ 白晝路上에서/ 몇 마디 이야기를 나누고〉가 〈대낮에 버스를 내리는 斗鎭을 만나/ 길거리에서 對話를 나누고〉로, 〈찻값이 四十원〉이 〈찻값이 三十五원에서 四十원으로〉로 되어 있었고, 〈어느 젊은 詩人의〉는 빠져 있었다. 그리고 『경상도의 가랑잎』에는 〈潛跡〉이 〈자취감춤〉으로 되어 있었다.

나의 배후背後*

나의 背後에는
아무도 없다.
구름이 갈라진 틈서리로
별이 널려 있는 밤하늘과
半幅만
불이 환한
壁面의 어두움.
나의 背後에는
아무 것도 없다.
진실로 信仰조차
등을 기댈 기둥이기보다
발등을 밟히는
희미한 불빛이다.
세상에는
누구나 등을 기댈
背後가 없다.
모두 자기 길에서
혼자일 뿐.
그러므로 모든 身元調査는
過誤이다.

나의 背後에는
아무 것도 없다.
겨울 새벽에 다리를 건너
서울로 歸還하는
헤드 라이트의 서러운 불빛과
울리는 漢江橋의
조름겨운 水銀燈과.

---

* 《문학》(1966년 5월)에 처음 발표되었을 당시의 모습은 다음과 같다.

나의 背後

나의 등 뒤에는
아무도 없다.
허전한 길에는
겨울 가로수의
손목이 잘린 팔을 치켜 든
그 망연한 行列.
그 허탈한 群像.
나의 背後에는
등을 기댈
빽이라곤 없다.
다만 혼자 빳빳이
내 길을 걸어왔을 뿐.

실로 信仰조차
등을 기댈 壁이기보다는
발등을 밝히는
희미한 불빛.
세상에는
누구나 등을 기댈
빽이라곤 없다
다 제대로의 길에서
혼자 빳빳하게 걸을 뿐,
勿論 身元調査書는
모두 錯誤다.
勿論 봄이 오면
손목이 잘린 팔에도
發芽하는 소망.
나의 등 뒤에도
넘치는 물빛 세계.

허지만 그것은
실없이 꾸는 젊은 날의 꿈.
누구나
등 뒤는 허전하다.
적막하게 乾燥한
운명의
얼룩을 느낄 뿐.
나의 背後에는
아무도 없다.
겨울 下午의 불안하게 설레이는 曇天
늙은 나의 步行에 따라
손목이 잘린 팔을
치켜들고
망연한 行列이
느릿하게 뒤로 물러갈 뿐.

노안老眼

가까운 것은
몽롱하고
먼 것이 선명해진다.
新聞을
펴면
흔들리는 세상.
老眼이어.
그
안개 속으로
바다에는
소나기처럼
떨어져 쏟아지는 갈매기.
時間은 收縮되고
地上에는
바스러지는 바윗돌.
이
崩潰는
차라리 황홀하다,
時間은 收縮되고

꽃이 피고 열매가 여무는 것이
瞬間의 일이다.

비유比喩의 물

물이 된다. 자기의 重量으로 물은 匍匐할 도리 밖에 없다. 한 사람에게 五十餘年은 긴 것이 아니라 무거운 것이다.

땅에 배를 붙이고 낮은 곳으로 기어가는 눈이 없다. 그것은 順理. 채우면 넘쳐 흐르고 차면 기우는 물의 進路. 눈이 없는 투명한 물의 머리는 온통 눈이다.

*

물은 땅으로 스며든다. 흐르는 땅으로 스며든다. 흐르는 동안에 잦아버리는 물줄기를 나는 알고 있다. 그 자연스러운 潛跡은 배울 만하다. 하지만 이튿날 아침에는 꽃잎에 現身하는 이슬 방울.

나의 詩.

나의 죽음.

하늘로 피어 오른다. 그 날개를 가진 현란한 飛天. 그것은 헷세의 詩에서 은빛 빛나는 구름으로 人生의 無常을 現題하고 안개로 化하여 서울거리를 덮는다. 이 轉身과 輪廻를 나는 알지만 또한 모르지만.

*

하지만 나도, 내가 노래할 詩도 물이 된다. 오늘은 자기의 무게로 기어가는 물이지만 내일은 어린 것의 눈썹에 맺히고 목마른 자의 가슴 속을 지나 당신의 처마에 궂은 가을 빗줄기로 걸리는 기나긴 曆程과 巡廻에 나는 順理와 轉身을 깨달을 뿐이다.

권위權威에 대하여

안다.
그는 안다는 것이다.
그런게 아니라…….
허어 안다는데.
그는 안다는 것이다.
그것은 그런게 아니고…….
허어 안다는데.
듣지 않고도
그는 안다는 것이다.
안다는데 더 할말이 없다.
그는
위대한 분.
위대한 분은 다 壁이다.
귀를 깎아 버려라.
귀를 깎아 버려라.
위대한 자가 된다.
위대한 자는 자기만 말을 해야 한다.
위대함으로써 오만한 人間性.
위대함으로써 重武裝한
위대한 人類와 위대한 사랑으로

重武裝한 그는
위대한 권위에 관한 오오도리티.
아는 것으로
걸음이 무거워지고,
愚迷한 者는
귀가 밝고
걸음이 가벼운 者뿐이다.

명함 名啣

그의 눈에는 실오라기도 밧줄로 뵈는가.
사과꾸러미를 꾸려 들고
밤에 찾아 왔다.
그의 눈에는
朴木月도 밧줄로 뵈는가.
수척한 얼굴이
큰절을 하고,
밥만 먹을 수 있다면
아무데고……
아무데도 밥자리가 없는
人口 四百萬의 사람 사는 곳인가.
두드려도 열어 줄
門이 없는
職場마다 든든한 鐵門.
아무데도 밥만 먹을 수 있다면……
아무데도 통하지 않는
朴木月의 명함도
명함 구실을 하는가.
정성스럽게 紹介文을 썼지만
일어서서 손을 잡는

나의 손은 손이 아닌가.
弟子 한 사람 끌어 올리지 못하는
검은 물결에
누가 밧줄을 던져 주나,
진실로 누가 던져 주나,
울부짖는 아우성
나는 밧줄이 못 되나.
어질고 총명한 청년이 破船하는데
내게 가져온 사과를
누가 먹어 다오.

패착敗着

그치를 만나
젖혀 이을 수도 있는 일을
한자욱 물러서서
호구를 쳤다.
따지고 보면
그것이 敗着.
各生하자는 것이 어수룩한 수작.
밀고 나가야 했다.
그리고도 기회는 있었다.
그치를 만나
乾坤一擲,
「패」라도 쓸 수 있었다.
하지만
삶은 투쟁이 아니다.
順理로 질 수도 있다.
이미 그르친 일을
귀를 살리자니
中央이 흔들리고
돌을 쥔 손에 땀이 배는데
마음을 모아

조용히 한 點.
天心에 두고
朴榮濬氏의 위로를 받으며
교문을 나왔다.

무제 無題

訪問客은, 누구나 자기의 性格대로 벨을 울리고, 用務의 性質에 따라 노크 소리가 달라진다. 그러므로 벨소리와 노크 소리만 듣고도 訪問客의 性格과 用務를 짐작하게 된다. 하지만 눈이 오는 날은 누구나 조금씩 例外的이다. 벨소리가 약간 情緖的으로 울리고 用務도 부드러워지는 것이다.

어느 눈오는 日暮.

벨이 울렸다. 저렇게 牧歌的일 수 있을까. 저렇게 바리톤으로 울릴수 있을까. 나는 울렁거리는 가슴으로 대문을 열었다.

하지만 대문 밖에는

아무도 없었다.

노크가 울렸다.

믿을 수 없을 만큼 겸손한 울림. 겸손한 間隔. 하지만 문 밖에는 아무도 없었다.

그날, 우리 집 벨을 울리고 문을 노크한 분이 누굴까. 아무도 몰랐다. 우리 집을 방문한 손님이 누군지 몰랐다. 하지만 그날밤 가족들의 얼굴이 溫和하고, 불빛이 한결 부드러워진 것은 틀림없는 사실이었다.

내년來年의 뿌리

사람의
따뜻한 體溫을
생각한다.
人間이 人間을 맞아들이는
가볍게 열리는 문.
조용한 음성과
부드러운 눈빛.
안온한 交驩과 去來.
의지와 신뢰.
四圍는
눈으로 덮히고
날카로운 산줄기는
이어져 따끝으로 사라져간
처절하게 적막한
地域에서
人間의 따뜻한
體溫을 생각한다.
사람이
사람을 찾아가는 訪問과
紐帶.

迎接과 배웅.
神은 사람과 함께 居하시고
人間은 神이 거처하는 자리다.

    *

밤이 가면
地平은 밝아 오고
가믄 땅은
빨리 물을 빨아들인다.
왜 사느냐.
그것은 따질 문제가 아니다.
사는 그것에 열중하여
오늘을
성의껏 사는
그 황홀한 盲目性.
겨울이 가면
봄이 오는 것은
自然의 攝理.
積雪 밑에서도

풀뿌리는 살아나고
남쪽에서
부드러운 바람이 불어 온다.

    *

마른 대궁이는
금년의 花草.
땅 속에는 내년의 뿌리.

모일某日

젊은 그녀들은
자기가 무엇임을 모르고
나무 그늘 아래
오래 머물고 있었다.
나와 같은 노인은
그녀들이 무엇임을 앎으로
측은한 눈으로*
지켜보고 있었다.
인생이 무엇임을
알기로니 무엇하랴.
가지는 속잎으로 충만한
나무 그늘 아래서.
젊은 그녀들은
체험으로 그것을
깨닫게 될 것이다.
이야기는 무의미한 것일수록
흥겹고
노인들은 그들의 체험으로
허리가 굽어졌다.
빛나는 것은

모두 순간적이다.
刹那에 황홀한
물방울의 팽창감
젊은 그녀들은
빛나는 것이 무엇임을 모르고
서로 마주 건너다 보며
미소를 짓고 있다.
그것이 무엇임을 알 날이
오게 될 것이다.
어처구니 없이
귀중한 代價를 지불하고
그것이 무엇임을 앎으로
노인은
고개를 돌리며
어둑한 얼굴로
外面한다.

---

* 『경상도의 가랑잎』에는 〈측은한 눈으로〉가 〈憐憫의 눈으로〉로 되어 있다.

을지로乙支路의 첫눈

乙支路 六街 로터리를
버스로 건너는 그 瞬間
날카로운 것이
쇠랑쇠랑 뿌렸다.
그것은
첫날밤의 불빛에 대하여
속삭이기 시작했다.
아니, 첫 對面의
부끄럽고 수줍은 對話에 대하여
속삭이기 시작했다.
五街에서는
첫 아이의 칠국과
産母방의 훈훈하고 비릿한
분위기에 대하여
소근거렸다.
처음으로 죄를 저지른 새벽의
깊은 참회와
네 시의 첫 종소리와
아니, 죄를 告解한 水曜日밤 예배와
처음으로 불이 붙은

信仰에 대하여
四街에서 三街까지
속살거렸다.
그것은 二街에 들어서면서
처음으로 길을 떠난 나그네의 고달픔과
처음으로 發見한 바다의 물빛에 대하여
소근거렸다.
무엇이나
처음의, 그 황홀한 신선함
정결한 陶醉.
하지만 그것은
乙支路 入口에 이르러
버스가 方向을 바꾸려는 그 瞬間
문득 입을 다물었다.
그리고 다른 버스의 지붕에
흰 忘却으로 실려 가고 있었다.

외출 外出

Y셔츠를 입고 넥타이를 매고
안 포키트에 手帖을 넣고
오른 편 호주머니에 담배를 넣고
지갑을 확인하고 모자를 쓰고
外出을 한다. 구두를 신고.
玄關을 나온다. 구두를 신고.
비단 나뿐만 아니다.
아침 일곱 시에서 여덟 시 사이
아침 여덟 시에서 아홉 시 사이
버스는 滿員이다, 어느 路線이나.
外出을 한다, 일이 있건 없건.
이것은 市民들의 習慣.
궂은 날이나 맑은 날이나
時間 時間 하고 말을 더듬으며
外出을 한다. 구두를 신고,
도대체 이것은 무슨 소동이냐.
그 自身은 침대에 누워 있는데
그 自身은 침대에 누워 있는데
外出을 누가 하느냐, 구두를 신고.
會社마다 玄關이 붐빈다.

반쯤 눈을 감은 자가
반쯤 눈을 뜬 자가
도시락을 들고 事務用 가방을 들고
外出을 한다. 그 자신은 누워 있는데
外出을 한다. 手帖을 간직한 채.
Y셔츠를 입고 넥타이를 매고
안 포키트에 手帖을 넣고
오른 편 호주머니에 담배를 넣고
그 자신은 침대에 누워 있는데
外出을 한다. 구두를 신고.

시월十月 상순上旬

理髮을 했다.
가위도 가을을 말한다.
귓가로 둘러 가며
차가운 金屬性.
여름의 가지를 정리한다.
지난 여름은
위대하였읍니다.
이것은 위대한 詩人의 詩句.
사람마다 여름이
풍성할 수 없다.
결실이 가난한 果樹일수록
일찍 정리한다.
果樹園에는
사닥다리를 타고
쓸모없는 가지를 剪枝하는
가위도 가을을 말한다.
귓가로 둘러 가며
차가운 金屬性.
거울에도 가을이 우울하다.
果樹 가지 사이로

걸레조각 같은 하늘,
나는 목덜미가 서늘했다.

문門

펄럭하고 문이 열렸다.
하루 종일 나의 등 뒤에서
펄럭펄럭 문이 열리는 것은
不安한 일이었다.
라는 것은
찢어진 봉창문 같은 나의 生活이
펄럭거리기 때문이다.
펄럭하고 문이 열렸다.
또한 꽝하고 닫겼다.
라는 것은
자식들이 어리기 때문이다.
문을 열고 닫는 鍊習이
그들의 생활이기 때문이다.
그 소란스러운 成長
그 무질서한 설레임
언제나 열릴 수 있는 문을 연다는 것은
즐거운 일이었다.
하지만 모든 문이 언제나 열리는 것은 아니다.
펄럭하고 문이 열렸다.
펄럭하고 문이 열릴 수 있는 것은 부모의 애정을 뜻한다.

꽝하고 문이 닫겼다.
잠긴 문의 등이 마르는 침묵과 고독을
그들은 모르기 때문이다.
펄럭하고 문이 열렸다.
하루 종일 펄럭펄럭 문이 열리는 것은
不安한 일이었다.
하지만 그것은 축복일 수도 있다.
열리지 않는 문의 등이 마르는 고독과 절망을
나는 알고 있기 때문이다.

삽화挿話*

어느 날
코가 앓기 시작했다.
얼굴 中央엔 隆起한
尊大한 코가
콧물을 흘리며 呻吟했다.
感氣病勢라 하지만
그것은 誤診이었다.
腐敗한 공기 탓이다.
肉重한 兩鼻翼을 벌름거리며
스믈스믈 가려운 코.
그러자 어느 날
코가 자취를 감춰 버렸다.
얼굴을 쓰다듬어 내리는
손바닥의 밋밋한 감촉.
탈처럼 無氣味한
탈처럼 硬化된
얼굴은 얼굴이 아니었다.
輿論은 들끓었지만
코의 行方을 追跡할 길이 없었다.
코가 없어지자

腐敗도 없어졌다.
다만 머덜·구으즈의
妖術 할멈의 디룩디룩한 코.

---

* 《신동아》(1966년 6월)에 처음 발표되었을 당시의 모습은 다음과 같다.

挿話

코가 앓는다.
얼굴 복판에 팡파짐하게 도사린
韓國的인 떡심 좋은
코가 앓는다.
끝이 뾰죽한
小市民的 小心한
코가 앓는다.
스멀스멀 가려운 코.
실룩거리는 코.
날개를 들먹이는
훌쩍거리는 코.
탓이야 菌탓이라지만

탓이야 腐敗한 공기탓이라지만.
그러자,
一朝에 코가 자취를 감췄다.
모든 얼굴에서
코가 脫落된
탈처럼 밋밋한 얼굴.
탈처럼 硬化된 얼굴.
(결코 자취를 감춘 건, 코뿐만 아니지만)
스담아내리는 손바닥에
惡魔的인 不安한 感觸.
輿論도 코의 行方을 追求 못하는,
天下의 코가
자취를 감춰버렸다.
다만 머덜·구으즈의 그림책에 나오는
魔術할멈의 디룩디룩한 코.

일일—日

銅錢도
돈이지만
또한 돈일 수 없지만
元曉橋 欄干 위로
해는 떨어지고.
江 건너
비행장에
불을 켠 채 着陸하는 밤비행기.
나의
하루의
空虛한
歸還을,
銅錢도
돈이지만
또한 돈일 수 없지만
발길에 채어
어둠 속으로
땡그르르 굴러가는

一九六六年 十二月 一日
내 생애의 銅錢 한닢.

목탄화 木炭畵

아이가
答案 쓰기에 실패한 연필로
오늘은
내가 詩를 쓴다.
급제해 보았자,
반드시 아름다운 인생이
보장되는 것도 아닌,
아름다울 것도 없는 인생을
나는
詩를 쓴다.
참으로
인생이 무엇임을
누가 알건데.
失敗할수록
더욱 풍부할 수도 있는 인생을
나의
詩에는
눈물이 얼어 눈으로 변하고
어린 것은
눈물자국이 마른 얼굴로

잠들었다.
이런 밤에
그가 꾸는 꿈의 內容을
나는 모르지만
또한 알지만
나의 詩는
허전하게 서럽고
연필은
눈 오는 소리로 사각거리며
벌판을 달린다.

  *

연필을 깎는다.
나와 같은 詩人은
한 편의 詩를 빚기 위하여
그리고 어린 학생들은
하나의 수학 공식을 풀기 위하여
연필을 깎는다.
비록 그들과 나는

전혀 세계가 다르지만
날카롭게 연필 끝을 다듬는
이 감정의 통일
정신의 集中
비로소 나의 연필 끝에서
살아나는 생명의 선율.
그 창조의 긴장과 황홀
나는
한 편의 詩를 빚는다.
그리고 어린 학생은
하나의 公式을 터득한다.
세상의 모든 것은
자기대로의 성의를 다하여
자기를 자라게 한다.
땅에 떨어진 한 알의 씨앗은
하늘에 닿는 그 소망으로
싹이 트고
全身的 獻身으로
줄기가 뻗고,
억제할 수 없는 열망이

꽃망울로 맺어
하늘 아래 開花한다.
연필을 깎는다.
지금 이 순간에 연필을 깎는
무수한 사람들.
나와 같은 詩人은
한 편의 詩를 빚으려고
어린 학생은
하나의 公式을 풀려고
그리고 이 밤에
우리가 알지 못하는
또한 우리가 아는
무수한 사람들은
연필을 깎고 있다.
그들의 열중
그들이 도취
그것으로 세상은
한결 충만해진다.

무제無題*

겨울의 食卓에
오늘은
천연스러운
사과
한 알 두 알.
四·五月의 더운
바람이 가고 핏줄은 가라앉고
피어 오르던
七·八月의 구름은
무너지고, 차오르던 물이 내리고
가을의
긴 複道에 어지럽던
발자국 소리는 멎고
이브의
활달한 혀는 굳어지고
이
깊은
겨울의 食卓에
오늘은 사과 한 알 두 알
천연스러운 열매

청결한 緘默

싸락눈이 뿌리고

허허로운 가지마다

불을 끄는,

겨울의

食卓에

간소한 대화로

內面을 데우고 마른 풀을

씹듯 생애를 회상하며

손에 드는

사과 한 알 두 알

천연스러운 열매.

---

* 이 시는 《현대문학》(1962년 3월)에 「續·三冬詩抄」 연작의 하나로 발표되었던 「겨울의 食卓」를 개작하여 독립시킨 것이다. 처음 발표되었을 당시의 모습은 다음과 같다.

겨울의 **食卓**

이 깊은 겨울의
삭막한 食卓위에
오늘은 나와앉은

너무나 천연스러운
사과.
무엄하게도
사과를 탐하던
이브의
활달한 헛바닥은 굳어지고
지금은
우리들의 對話가
싸락눈으로 뿌리는
이 깊은 겨울의
食卓위에
소란한
四五月의 바람은
가시고, 핏줄은 갈앉고
피어오르던
한여름의 구름은
무너지고, 끓는 꿈은 쓰러지고
가을의

긴 複道를
울리던 발자국소리는 멎은
이 깊은 겨울의
삭막한 食卓위에
오늘은
나와앉은 사과.
그 청결한 緘默.
이제는
나의
가난한 接待를 즐겨 받으실
손님을 기다린다.
白髮의
허나 皮膚가 맑은 손님.
아아
이 깊은 겨울의
食卓위에
나와앉은
사과 한알 두어알.

푸성귀

水質 좋은 慶尙道에,
연한 푸성귀
나와
나의 형제와
마디 고운 수너리斑竹.
사람 사는 세상에
完全樂土야 있으랴마는
木器 같은 사투리에
푸짐한 시루떡.
처녀애.
처녀애.
통하는 처녀애.
니 마음의 잔물결과
햇살싸라기.

이별가離別歌*

뭐락카노, 저 편 강기슭에서
니 뭐락카노, 바람에 불려서

이승 아니믄 저승으로 떠나는 뱃머리에서
나의 목소리도 바람에 날려서

뭐락카노 뭐락카노
썩어서 동아밧줄은 삭아내리는데

하직을 말자 하직 말자
인연은 갈밭을 건너는 바람

뭐락카노 뭐락카노 뭐락카노
니 흰 옷자라기만 펄럭거리고……

오냐. 오냐. 오냐.
이승 아니믄 저승에서라도……

이승 아니믄 저승에서라도
인연은 갈밭을 건너는 바람

뭐락카노, 저 편 강기슭에서
니 음성은 바람에 불려서

오냐. 오냐. 오냐.
나의 목소리도 바람에 날려서.

*《예술원보》(1967년 12월) 및《사상계》(1968년 1월)에 발표되었을 당시의 모습은
  다음과 같다.

離別歌

뭐락카노, 저 건너 강기슭에서
니 뭐락카노, 바람에 불려서

한 번 가지, 두 번 가나. 가는 길에
니 두루막자래기만 펄럭이고……

손이나 저어라, 강기슭에서
이승 아니믄 저승에서라도

오냐, 이승 아니믄 저승에서라도
인연은 갈밭을 건너는 바람

뭐락카노, 뭐락카노, 뭐락카노
니 음성은 바람에 불려서

자네도 알잖은가베 사랑도
썩어서 동아밧줄도 삭아지고

뭐락카노 저 건너 강기슭에서
오냐 오냐. 내 목소리도 바람에 불려서

대좌상면오백생 對座相面五百生

그만 일로
죄면할 게 뭐꼬.
누구나
눈 감으면 간데이.
돈
돈
하지만 돈 가지고
옛 情 살 줄 아나.
또 그만 일로
訟事할 건 뭐꼬.
쑥국 끓이고
햇죽순 안주 삼아
한 잔
얼근하게 하기만 하면
세상에
안 풀릴 게
뭐 있노.
사람 살면
百年 살 건가, 千年을 산 건가.
그러지 말레이

후끈후끈 아랫목같이 살아도
다 못사는 사람 평생
니
와 모르노.

(원주) 죄면: 감정에 서로 걸리는 것이 있어, 보고도 외면해 버리는 것.
* 《사상계》(1968년 1월)에 처음 발표되었을 당시의 모습은 다음과 같다.

對座相面五百生

그만 일로 이 사람아.
죄면할 게 뭐고.
누구나
눈 감으면 뫼로 간데이.
돈, 돈 하지만
돈이 뭐게.
돈 가지고
옛 情 살 줄 아나.
그만 일로
訟事할 건 또 뭐고.

쑥 나거던
쑥국 끓이고
햇죽순 돋으면
죽순 안주 삼아
한 잔 얼근하게 하기만 하면
세상에 안 풀릴게
뭐 있노.
사람 살면
百年 살 건가 萬年을 살 건가.
그러지 말재이.
후끈후끈 아랫목 같이 살아도
다 못 사는 사람 평생
니 와 모르노.

만술萬術 아비의 축문祝文

아베요 아베요
내 눈이 티눈인 걸
아베도 알지러요.
등잔불도 없는 제삿상에
축문이 당한기요.
눌러 눌러
소금에 밥이나마 많이 묵고 가이소.
윤사월 보리고개
아베도 알지러요.
간고등어 한손이믄
아베 소원 풀어드리련만
저승길 배고플라요
소금에 밥이나마 많이 묵고 묵고 가이소.

  *

여보게 萬術 아비
니 정성이 엄첩다.
이승 저승 다 다녀도
인정보다 귀한 것 있을락꼬.

亡靈도 應感하여, 되돌아가는 저승길에
니 정성 느껴느껴 세상에는 굵은 밤이슬이 온다.

---

* 《예술원보》(1967년 12월)에 처음 발표되었을 당시의 모습은 다음과 같다.

萬術아비의 祝文

유우 세차……
내 눈이 티눈인줄
아베도 알지러요.
불도 못 밝힌 제사상 앞에서
축문이 당한기요.
소금에 밥이나마
많이 묵고 묵고 가이소.
삼·사월 보리고개
아베도 안 아는기요.
간고등어 한 손이믄
아베 대접하련마는
소금에 꽁보리밥이나마
많이 묵고 묵고 가이소.
인정 귀한 거야
이승 저승 다를라고요.
부디 아베요,
못난 자식 탓하지 말고
많이 묵고 묵고 가이소.

소곡小曲

영롱한 무지개로
肉身을 빚는
이슬.
이슬 같은 現身을.
물로써
말씀을 빚는
대궁이의 꽃송이
꽃송이 같은 詩를.

기계杞溪 장날

아우 보래이.
사람 한 평생
이러쿵 살아도
저러쿵 살아도
시쿵둥하구나.
누군
왜, 살아 사는 건가.
그렁저렁
그저 살믄
오늘같이 杞溪장도 서고.
허연 산뿌리 타고 내려와
아우님도
만나잖는가베.
앙 그렁가 잉
이 사람아.
누군
왜 살아 사는 건가.
그저 살믄
오늘 같은 날
지게목발 받쳐 놓고

어슬어슬한 산비알 바라보며
한 잔 술로
소회도 풀잖는가.
그게 다
기막히는기라
다 그게
유정한기라.

한탄조 恨嘆調

아즈바님
잔 드이소.
환갑이 낼모랜데
남녀가 어디 있고
上下가 어딨는기요.
분별없이 살아도
허물될 게 없심더.
냇사 치마를 둘렀지만
아즈바님께
술 한 잔 못 권할 게
뭔기요.
北邙山 휘오휘오 가고 보면
그것도 恨이구머.
아즈바님
내 술 한 잔 드이소.

    *

보게 자네,
내 말 들어 보랭이,

자식도
품안에 자식이고
內外도
이부자리 안에 內外지.
야무지게 산들
뾰죽할 거 없고
덤덤하게 살아도
밑질 거 없데이.
니
주머니 든든하면
날
술 한 잔 받아 주고
내
돈 있으면
니 한 잔 또 사 주고
너요 내요 그럴 게 뭐꼬.
거믈거믈 西山에 해 지면
자녠들
지고 갈래, 안고 갈래.

*

시절은 절로
복사꽃도 피고
시절이 좋으면
풍년도 들고
이 사람아 안 그런가.
해 저무는 산을 보면
괜히
눈물 글썽거려지고
오래 살다 보면
살 맛도 덤덤하고
다 그런기라.

---

* 《동서춘추》(1967년 5월)에 처음 발표되었을 당시에는 제목이「勸酒歌——慶尙道 恨嘆調」로 되어 있었다. 처음 발표되었을 당시의 모습은 다음과 같다.

勸酒歌──慶尙道恨嘆調

I

아즈바님
盞 드이소.
환갑이 낼모랜데
男女가 어디 있고,
上下가 어디 있능기요.
分別없이 살아도
허물될게 없심더.
냇사 치마를 둘렀지만
아즈바님께
술 한 盞 못 권할께 뭔기요.
北邙山 휘오휘오 가고보면
그것도 恨이라더구머.
아즈바님
내 술 한 盞 드이소.
分別없이 살아도
허물될게 없심더.

II

보랭이
내 말 좀

417

들어 보랭이.
자식도
품 안에 자식이고
內外도
이부자리 안에 內外지.
니 돈 있으면
내 술 한잔 사 주고
내 돈 있으면
니 술 한 盞 사 주고
니요, 내요, 그럴께 뭐꼬.
거물거물 西山에 해지면
지고 갈래 안고 갈래.

III

시절은 절로
복사꽃도 피고
시절이 좋으면
豊年도 들고
이 사람 안 그런가.
해 저무는 山을 보면
괜히
눈물 글썽거려지고
오래 살다보면
살맛도 덤덤하고
다 그런기라.

천수답天水畓

어메야,
福이 따로 있나.
뚝심 세고
부지런하면 사는거지,
하늘이 물을 대는 天水畓
그 논의 벼이삭.

니 말이 정말이데,
엄첩구나
내 새끼야,
팔자가 따로 있나.
본심 가지고
부지런하면 사는거지.

어메야,
누군 한 평생
만년을 사나.
허둥거리지 않고
제 길로 가면 그만이지.

오냐,
내 새끼야,
니 말이 엄첩구나.
잘 살고 못 살고가 어딨노.
제 길 가면 그만이지.
수런거리는 감잎 사이로
별떨기 빛나는 밤하늘.
그 하늘의 깊이.

생토生土

蔚山接境에서도 迎日에서도
그들을 만났다.
마른 논바닥 같은 얼굴들.

奉化에서도 春陽에서도
그들을 만났다.
億萬年을 산 듯한 얼굴들.

人蔘이 名物인 豊基에서도
그들을 만났다.
척척한 금이 간 얼굴들.

다만 聞慶 새재를 넘는 길목에서
히죽이 웃는 그 얼굴은
시뻘건 生土 같았다.

---

* 《신동아》(1968년 1월)에 처음 발표되었을 당시의 모습은 다음과 같다.

生土
——慶尙道 詠嘆調 5

蔚山接境에서도 迎日에서도
그들을 만났다.
億萬年을 산듯한 얼굴들.
奉化에서도 春陽에서도
그들을 만났다.
마른 논바닥같은 얼굴들.
人蔘이 名物인 豊基에서도
그들을 만났다.
척척 금이 간 얼굴들.
다만 聞慶새재를 넘는 길목에서
히쭉히 웃는 그 얼굴은
싯벌건 生土 같았다.

도포道袍 한 자락

임자, 나는 도포자라기
펄렁펄렁 바람에 날려
하늘가로 떠도는.
누가 꿈인 줄 알았을락꼬.

임자는 포란 물감.
내 도포자라기의 포란 물감.
바람은 불고
정처없이 떠도는 도포자라기.

우얄꼬. 물감은 바래지는데
우얄꼬. 도포자라기는 헐어지는데
바람은 불고
지향 없는 인연의 사람 세상.

임자, 나는 도포자라기.
임자는 포란 물감.
아직도
펄럭거리는
저 도포자라기.
누가 꿈인 줄 알았을락꼬.

청자靑瓷*

안아서 서러운 한국의 아낙네,
그
도듬하게 흘러내린
어깨 언저리의
눈물 같은 線.
체념의 달밤.
담기는 대로 채우는 가슴을
베갯머리가 허전한 밤에
보듬어보는 靑瓷

*

西窓에 달빛
달빛에 梅花 그림자.
그 새벽의 靑瓷
나의 戀歌
나의 遺言
나의 勝利

*

불에 구웠을까.
물에서 건졌을까.
하늘에서 태어났을까.
글썽거리는 눈으로
너는 靑瓷.
오늘은 첫날밤의 나의 新婦.
네 이마의 불빛과
가는 핏줄과.

---

* 《세대》(1963년 6월)에 처음 발표되었을 당시에는 제목이 「靑瓷·梅花」로 되어 있
 었다. 처음 발표되었을 당시의 모습은 다음과 같다.

靑瓷·梅花

I

韓國의 달밤을.
그 수그러진 어깨의 도름한 情緖를.
담기는대로 채우는 가슴을.
모든 것은 제대로 고개를 지우는

地上에서
나의 枕上의 靑瓷
韓國의 달밤을.

II

서쪽 창문에 어리는 달빛.
달빛에 梅花그림자.
나의 戀歌, 나의 遺言
볼을 적시는 조용한 승리의 눈물.

노래

玉洋木 같은 달밤이다.
玉色 대님을 두르고
달놀이를 갔다.
塔 위의
보름달
중천에 오를수록
靑과일 같았다.

    *

뒷골목일수록
달빛 하얀 嘉俳節.
그녀를 처음 보았다.
그늘에서도
환한 동정
나뭇가지를 꺾어
밤이슬을 쓸며
달빛을 걸었다.

달빛*

달빛을 걸어가는 흰 고무신,
오냐 오냐 옥색 고무신
님을 만나러 가지러?
아닙니다, 애.
낭군을 마중 가나?
아닙니다, 애.
돌개울을 디딤돌도
안골짜기로 기어 오르는
달밤이지러 애.
아무렴,
그저 안 가봅니까 애.
오냐 오냐 흰 고무신,
달빛을 걸어가는 옥색 고무신.

    *

闔門을 하고 나면
허연 마당.
도포자락에 묻어오는
달빛.

낼 아침은
서리가 오려나,
대추나무 가지 끝이
빛나는데
우리는 너무나
적막한 곳에 살았구나.
달빛에 드러난 앞산 이마를.
紙榜을 사루는 한 밤의
燒紙.

---

* 『경상도의 가랑잎』에는 제목이 「月色」으로 되어 있다.

송가頌歌

저승에 가더라도
그것만은 못 잊을 걸.
펄렁하고
담모퉁이로 사라지는
남치마자락과
바람에 파닥거리는 흰 옷고름과
눈물 같은 달밤의 담그늘에서도
환하게 빛나는 흰 동정.
山水 좋기로 이름난
한국의 처녀야.
흐르는 가람마다
감아 빗은 머릿채……
이승 아니면 저승에서라도
기나긴 그 등솔기에
한 번만 얼굴을 묻게 해 다오.

청하淸河

六月 하루를 버스에 흔들리며
東海로 갔다.

선을 보러 가는 길에
날리는 머리카락.

淸河라는 마을에 千姬.
뭍에 오른 人魚는 아직도 머리카락이 젖어 있었다.

왜, 인연이 맺어지지 않았을까.
따지는 것은 어리석다. 그것이 人間事.

지금도 淸河라는 마을에는 人魚가 살고 있다.
칠빛 머리카락이 설레는 밤바다에는 피리 소리가 들리곤 했다.

지금도 六月 바람에 날리는 나의 白髮에 千姬가 헤엄친다.
인연의 水深 속에 흔들리는 海草 잎사귀.

논두렁길

억울하고 원통한 일이야
筆舌로 다할 수 없었다.
태어나는 그 날부터
가슴에 서리기 시작한 것
얼굴을 문지르며
논두렁길을 걷는다.
따지고 보면 밑도 끝도 없는
다만 가슴에 안개같이 서려
늘어나는 주름살을 쓰다듬으며
논두렁길을 걷는다.
아무리 헤아려도 아귀가 맞지 않는
그것을 인생이거니 체념한
씁쓸한 얼굴을 찌푸리고
논두렁길을 걷는다.
논두렁길은 꼬불꼬불 뻗어
마을과 마을을 이어 있다.
때로는 안개에 서려 보름달이 뜨면
실로 허전한 걸음으로
억울하고 원통할 것도 없는 얼굴들이
논두렁길을 걷는다.

장(醬) 맛

어둑한 얼굴로
어른들은 일만 하고
시무룩한 얼굴로
어린 것들은 자라지만
종일 햇볕 바른 양지쪽에
장독대만 환했다.
진정 즐거울 것도 없는
구질구질한 살림
진정 고무신짝을 끌며
지루한 하루하루를 어린 것들은
보내지만
종일 장독대에는
햇볕만 환했다.
누구는 재미가 나서 사는 건가
누구는 樂을 바라고 사는 건가
살다 보니 사는 거지
그렁저렁 사는 거지.
그런 대로 해마다 장맛은
꿀보다 달다.
누가 알 건데,

그렁저렁 사는 대로 살 맛도 씀씀하고
그렁저렁 사는 대로 아이들도 쓸모 있고
종일 햇볕 바른 장독대에
장맛은 꿀보다 달다.

문고리

두툼한 문고리의 무게.
厚朴한 人情味.
어이 情을 함부로 쏠까부냐.
묵직한 문고리를 달고
어이 속을 함부로 보일까부냐.
묵직한 문고리를 달고,
입을 쭈욱 다문 채
늘 닫쳐 있는 문은
과묵하고
무표정하고
다만 안으로 환하게 열리는 門.
남의 집 사랑 앞에서는
어험 어험 어험
헛기침으로 말을 대신하고
아무리 깊은 감동일지라도
고개 한 번 끄덕거림으로 그치는
아아
두툼한 문고리의 무게
한국의 人情味.

동정

바짓말이 넉넉한
한복을 입으면
고향에 돌아온 마음
절로 음성이 부드러워지고
눈빛이 順해진다.
하지만
앞섶을 여미면
갑자기 환해지는 동정
등줄기가 곧아지고
위엄이 서린다.
실로
환하고 엄전한 동정을 달고
남정네는 사나이다운 구실을 하고
寬厚하면서도
端正한 人品이 빚어진다.
아낙네는 아낙네답게
조붓한 동정을 달고
펄렁거리는 치맛자락을 걷어들이어
알차고 정숙한 여인이 된다.
광대뼈가 불거진

소박한 얼굴바탕과
굵고 든든한 목언저리에
환한 동정.
이가 물린
밝고도 嚴한 아름다움.
차고도 밝은
겨레의 氣品
남정네는 남정네답게
엄전한 동정을 달고
아낙네는 아낙네답게
차갑고 정결한 동정을 달고
부모를 모시고
이웃을 사귀고
어린 것을 기르고
나들이를 간다.

피지 皮紙

낸들 아나.
목숨이 뭔지
이랑 짧은 돌밭머리
모진 桑나무
아베요
어매요
받들어 모시고
皮紙같은 얼굴들이
히죽히죽 웃는
경상 남북도 가로질러
물을 모아 흐르는 洛東江.

귓밥

형님요 이 일 우얏기요.

이 사람아,
당해서 못하는 일 뭐 있노.

말이사 그렇지만
누님이요, 우얏기요.

말이사 그렇다만
이 일을 우얏꼬.

형님요,
斷石山 골짜기 다 무너지는구메.

단석실 골짜기
다 무너진들 뭣하노.

형님요 우얏기요.
낸들 우얏꼬.

이제 다 살았심더.

턱이나 문지르며 살지 어떡카노.

턱을 문지르며 살믄 뭣하는기요.

귓밥이나 만지며 살지 어떡카노.

죄罪

너는
옥에 갇혔고
나는 雨中에 떠난다.
어질수록
영악해야 한다는 교훈을
너로 말미암아
나는 배웠다.
적막하구나.
빗발에 먼 산 풀빛이 새로울수록
작은 오막살이며
낮은 돌담이며
산다는 것의 막막함.
罪도 적막하고
목숨도 적막한
사람이어
풀잎이어
바람만
골목 모퉁이를
城壁을
그리고

너의 집 안벽을
휘몰아친다.

무내마을 과수댁

세차고 영악한
호미같은 무내마을 과수댁.
날이 잘 닦겨진
호미 같은 과수댁.
누가 뭐라카믄,
입심 좋음 씨부렁대라지.
시모님을 모시고,
모질게 사는 것도 하나의 사는 길.
처음부터 어긋난 팔자를
눈 딱 감고,
자갈밭에 호미 같은
무내마을 과수댁.

(원주) 무내마을(勿川里).

노래

고모요,
고모집 울타리에
유달리 기름진 경상도의 뽕잎,
그 뽕잎에 달빛.
가난이 죄라지만
六○평생을,
三十里 밖을 모르고
살림에만 쪼들린.
손님 床에
모지러진 숟갈.
고모요,
칠칠한 그 솜씨로도
못 휘어잡은 가난을
山川은 어쩌자고
저리도 기름지고
쑥국새는 아침부터
저리도 우능기요.
고모요,
막내 고모요.
花川ㅅ골 진달래는

지천으로 피는데
사람 평생.
잘 살믄 별난기요.
그렁
저렁
살믄 사는 보람도 서고,
아들이 컸잖는기요.
저 덩치 보이소.
며누리 보고 손자 보믄
사람 일 다 하는거로
유달리 넓직한
경상도 뽕잎에
밤이슬은 왜 이리도 굵은기요.

고향에서

팔목시계를 풀어놓듯
며칠 고향에서 지냈다.
옛친구며
친구의 친구들과 어울려
술자리도 함께 하고
先山에도 가보고
나의 묏자리를 생각하며
山도 둘러보았다.
진정 인생이란 무엇일까.
어린 날 내가 걷던 길을
거닐며 생각해 보았다.
철 없는 젊은 날의
꿈과 야심과 사랑이어.
부질없는 허망 속에서
山머리에
누구 것인지 모르는
墓石을 바라보며
고향에 돌아와서
비로소 나의 인생을 뉘우쳐 보았다.

그저*

초봄 해질무렵
팔짱을 끼고
주막 툇마루에
입술이 퍼렇게 앉았는 것은
그저 앉았음.
기다릴 것도
안 기다릴 것도 없이
나무가지는
움을 마련하고
추위에 돌아앉은 山
골짜기에 살아나는 봄빛
꼭지에 놀.
글썽 거려지는 눈물은
그저 글썽거려짐.

---

* 《현대시학》(1969년 4월)에 처음 발표되었을 당시에는 제목이 「그저 노래함」으로 되어 있었다. 처음 발표되었을 당시의 모습은 다음과 같다.

그저 노래함

으슬으슬
어두워드는
초봄 해질무렵
팔장을 끼고
주막집 마루에
입술이 퍼렇게
앉았았음은
그저
앉아 있는기라.
웅크리고 서 있는
신작로 포플러에도
윤기가 비치고
덩치가 큰
산머리에
말간 저녁놀
초봄 저녁놀.
왜,
하고 까닭을 물으면
까닭이 있을 리 없는기라.
그저
입술이 퍼렇게
앉았았음은
앉아 있는기라.

6부 무순無順

—1976

* 『박목월 자선집』에는 「하나」 「얼굴」, 「틀」, 「時間」, 「몬스테리아」, 「灰色의 새」, 「오늘」, 「귤」, 「잠깐」, 「맨발」, 「純色永遠」, 「자갈빛」, 「旅行中」, 「봄」, 「水菊色」이, 〈사력질 연작〉으로 묶여 있다. 「간밤의 페가사스」 이하 13편은 원래 시집에는 실려 있지 않았던 것이나 『박목월 자선집』에는 〈사력질〉 편에 묶여 있다. (자선집에는 〈무순〉 편이 없고 〈무순〉에 해당하는 부분이 〈사력질〉 편으로 묶여 있음)

한계限界

모든 것은
제나름의 限界에 이르면
싸늘하게 체념한다.
그 나름의 둘레에
동그라미를 그리고*
안으로 눈을 돌린다.
참으로 체념을 모르는 자는
미련하다.
지금
숙연한 나의 손.
그리고
알라스카로 迂廻하는
에어라인의 그 方向으로
一〇〇만 光年의 저편에서
玄玄한
大熊座의 星雲.

---

* 『박목월 자선집』에는 〈동그라미를 그리고〉가 〈圓을 그리고〉로 되어 있다.

빈컵

빈 것은
빈 것으로 정결한 컵.
세계는 고드름막대기로
꽂혀 있는 겨울아침에
세계는 마른 가지로
타오르는 겨울 아침에.
하지만 세상에서
빈 것이 있을 수 없다.
당신이
서늘한 체념으로
채우지 않으면
신앙의 샘물로 채운다.
그리고
오늘 아침에는
나의 창조의 손이
장미를 꽂는다.
로오즈 리스트에서
가장 매혹적인 죠세피느 불르느스를.
투명한 유리컵의
중심에.

양극兩極

오일 스토오브 앞에
의자를 당겨 놓고
지난 겨울을 보냈다.
불꽃을 지켜보며…
밤이 되어도
등불을 켜지 않았다.
타오르는 생명의 소란스러움도
神性의 신비의 베일도
물러갔다.
다만 불꽃의 중심을 지켜보는
나의 얼굴에
빛과 어둠의 흐늘흐늘한
불꽃무늬가 얼룩졌다.
때로는 神의 그것과 같은
때로는 惡魔의 그것과 같은
나의 얼굴의
兩極의 진실은
우리의 것이다.
極의 정적은 서로 통하고
커어튼 밖에는*

따 끝까지 눈이 뿌렸다.

---

* 『박목월 자선집』에는 〈커어튼 밖으로〉가 〈커튼 밖으로〉로 되어 있다.

틈서리

樂園洞 골목의
벽돌담이 젖고 있다.
겨울 빗발에
旣決囚의 벽돌빛깔이 젖는다.
사랑이어.
우리들의 言語는
처음부터 사물 그것에 붙인
이름이 아니다.
虛構와 抽象의 틈서리에는
태초의 혼돈이 서려있고
樂園洞은 樂園洞이 아닌
종로 뒷골목에 불과했다.
제마다 에고의 담을 쌓고
겨울 빗발은 처음부터
우리들의 內面을 적신다.
사랑이어.
길로 향하여 열려있는
通用門의 그 틈서리로
보이는 것은

안채의 벽이 젖고 있는
旣決囚의 벽돌빛깔이다.

복도複道 끝에서*

호텔의 오전은
호밀밭처럼 조용했다.
간간이 문이 닫히고
또한 열리는 소리가 들렸다.
먼 복도 끝에서.
나의
노우트의 흰 스페이스는
눈부시게 정결했다.
그
중심부에서
쩔렁쩔렁 울리는
지팡이 소리가 들렸다.
순은의 고리를 단,
세례 요한의, 사도 바울의.
성에가 녹아내리는
유리창 밖으로 세상은
고기비늘처럼 찬란했다.
눈에 덮힌 기왓골에서
만세를 부르는

묵시록의 아침 햇빛.

---

* 『박목월 자선집』에는 제목이 「中心部에서」로 되어 있다.

나의 자시子時

쇠붙이에도 녹이 슨다.
서늘한 그늘이 깔리는
뒷골목.
세계는 차갑게 응결되고
인간의 성의는
안으로 불씨를 묻고
계단을 내려간다.
팔짱을 끼고
이미
숨을 자는 숨고
떨어질 것은 떨어져 버렸다.
청산이 끝난 정결한 세계여.
입을 벌리면
말보다 입김이 허옇게 서리는
진실 속에서
우리들의
손이 닿을 수 없는 뒷등의
황량한 들판에
나의 子時의 北極星.

조가 弔歌

루이 암스트롱이며
암스트롱의 트럼펫이며
영원히 돌아오지 않는
실종된 조종사며
그것을 노래한 柳致環이며
산 자는 모두
북으로 가고
아니 죽은 자는
모두 북으로 가고
우리들의 指南針이 가리키는
子時의 北極星
東洋的 표현을 빌면
인생은 무상하고
나일江처럼 심각한
암스트롱의 얼굴도
하나의 가랑잎이다
이미 저버린,
준엄한 뜰에서
울려오는 深夜의 트럼펫소리
새로운 아침을 위하여

실로 새로운 아침을 위하여
실종된 조종사는
영원히 돌아오고 있다

---

* 『박목월 자선집』에는 제목이 「弔歌」로 되어 있다.

매몰埋沒

通禁의 철책 안에서
눈발 속에 묻혀 가는
것들을 생각한다.
그
아늑한 매몰과 부드러운
망각으로 세계는
한결 정결해진다.
철책조차 눈에 묻히고
잠이 든다.
모든 루울의 흰 라인은
베일 저편으로
몽롱하게 풀리고
드디어
발자국 소리가 들리지 않는
아침이 열린다.

회전 廻轉

자갈돌은 제자리에서
얼어붙고, 地球는
돌면서 밤이 된다.
검은 말을 몰고
달리는 것은 바람.
흰말을 몰고
달리는 것은 하늘의 말몰잇군.
그
方向에서
마른 번개는 치고
푸른 서치라이트에
떠오르는 것은 북극곰
끓어오르는 바다의
氷山 위에서. 꺼져 가는 것은
울부짖는 북극곰.
地球는 돌면서 밤이 되고
가볍게 뿌려진 것은
하늘의 은모래…
큰 곰자리의 星雲.
자갈돌은 제자리에서

얼어붙고, 地球는
돌면서 밤이 된다.

눈썹 · A

불안하고 겁에 질린
짐승들의 검은 눈은
우리의 것이다.
타오르는 불길에 깃드는
검은 그늘을
우리는
무직한 눈썹으로
태연하게 눌리고 있을 뿐이다.
짐승들의
태고의 밤보다 어둡고
불안스러운 검은 눈은
우리의 것이다.
눈썹이 없는 짐승들은
겁에 질린 검은 눈을
두리번거리며
방황할 뿐이다.
그들은
무리를 지어,
발자국 소리를 죽이고*
숲그늘로 헤매이지만

우리들은
눈썹 위에 손을 얹고
기우는 햇살의
시각을 가늠해 본다.

* 『박목월 자선집』에는 〈발자국 소리를 죽이고〉가 〈발자국을 죽이고〉로 되어 있다.

눈썹 · B

　흰 말의 무리가 달려와서는 앞무릎이 팍팍 꿇어지며 순간마다 침몰해 갔다. 海面에.
　억의 억만필의 흰 말은 천지를 휘말아올리는 회오리바람 기둥으로 뻗치며 휘휘 돌며 달리며 몰아치며 침몰해 갔다.

　海面은 설레이지 않았다. 그처럼 장엄한 비극과 좌절을 침착하게 받아들이고 있었다. 그 냉엄한 평온은 深夜의 절규보다 전율적인 것이었다.

　나는 눈썹에 두텁게 쌓이는 눈의 무게를 느끼며, 흐느끼며, 창마다 불이 환하게 켜진 채 침몰해 가는 에리자베드 퀸같은 호화여객선의 화려한 종말을 생각하고 있었다.

　물론 눈은 며칠 안으로 멎었다. 하지만 내 눈썹에 쌓인 눈은 영원히 녹지 않았다. 海底에는 가라앉은 船體의 殘骸들이 널렸고, 닫힌 문은 닫힌 대로 녹이 슬었다. 지금도 흰 말의 무리가 침몰한 海面의 그 냉엄한 평온의 絶叫는 마른 번개가 되어 따끝을 울리고 있었다.

눈썹 · C

무수한 비닐봉지의 허깨비들이 바람에 휘몰리는 廣場에는 수시로 다이어에도 없는 기차가 출발한다고 김군이 말하였다.

驛前廣場에는 무수한 그 자신의 비닐봉지가 바람에 휘몰리는 무수한 分身이 가로누운 가로등 그림자에 걸려 넘어진다고 그는 말하였다.

불안한 세대의 허깨비의 진언소리를 나는 안경알을 닦으며 듣고 있었다. 오늘의 세찬 颱風의 눈을 응시하며 나자신 휘몰리는 비닐봉지의 허깨비들을 다스릴 순 없지만 颱風은 언제나 女性的인 이름으로 불리워지는 사실을 상기하였다.

안경을 끼고 눈을 치뜨자, 돋배기알에 나의 눈썹털 한 오리가 아침 햇빛에 확대되어 얼비치는 것을 발견하였다.

하나

시멘트바닥에
그것은 바싹 깨어졌다.
中心일수록 가루가 된 접시.
정결한 玉碎(터지는 梅花砲)
받드는 것은
한번은 가루가 된다.
外廓일수록 原型을 意志하는
그 싸늘한 秩序.
破片은 저만치
하나.
냉엄한 絶叫.
모가 날카롭게 빛난다.

얼굴

어제는
눈시울을 적시며
마리린 몬로의 生涯를
텔레비전에서 보았다.
허용되지 않는
그녀의
人間的인 몸부림.
죽음의 밤의 불빛 새는 방문 밑으로
기어간 배암.
절단된 세계의
꿈틀거리는 電話코오드
는 늘어지고,
絶壁에서 추락하는
한 여인의
散髮과 絶叫는 굳어진채
오늘은
地球의 이편
韓國의 담벼락에 나붙은
印刷된 웃는 얼굴.
찢어져 있었다.*

*『박목월 자선집』에는 〈印刷된 웃는 얼굴./ 찢어져 있었다.〉가 〈인쇄된 얼굴./ 웃는채로/ 찢어져 있었다.〉로 되어 있다.

틀*

하나의 틀에 끼워진다.
額字 속의 얼굴,
수염도 자라지 않는다.
하나의 틀에 끼워진다.
뜨겁지 않는 불,
흔들리지 않는 꽃.
四角의 권위 속에
흰 눈자위의 샤머니즘.
하나의 틀에 끼워진다.
詩는 죽고
存在는 脫色되고
죽음조차
틀에 끼워진다.
검은 리봉에 감긴 채.
들판에 흩어진 뼈다귀만
퍼렇게 살아 있다.

---

* 《현대시학》(1970년 7월)에 처음 발표되었을 당시에는 제목이 「反覆」으로 되어 있었다.

시간時間

녹다 남은 눈.
小公洞 공사장 구석이나
靑坡洞 후미진 뒷골목이나
忘憂里 응달 그늘에
퍼렇게 살아 있는 한 줌의 눈.
돌아가는 시민들의
무거운 눈길에
고독한 응결, 한 덩이의 눈.
내일이면 사라진다.
사라질 때까지의
허락받은 시간을
어린것들의 부르짖음 같은 눈.
오늘을 더럽히지 말라.

몬스테리아

그냥 헤어질 순 없지.
서로 오랫만인데.
술이라도 한 잔 나누자는군.
그야 그렇지.
月平線 너머로 떠오르는*
地球의 이편 구석에서
아는 사람끼리 만나
그냥 헤어질 순 없지.
어느 술집으로 들어가면
혀가 갈라진
저것은
몬스테리아.

---

* 『박목월 자선집』에는 〈月平線 너머로 떠오르는〉이 〈月平線으로 떠오르는〉으로 되어 있다.

회색灰色의 새

한번 돌아누우면
고무신 뒷축 닳듯
모지라지는
인간관계를.
오늘은
낙원동 뒷골목의 通用門처럼
무심한 우리 사이.
다만
地球의
저편 傾斜面으로 떠가는
달빛 샨데리아.
밤구름의 그림자.
灰色의 새.

오늘

바람이 불고 있다.
날리는 구름조각
하늘을 덮고
아이는 軍으로 나갔다.
오늘
이
흔들리는 것은 무엇일까.
오는 것과 가는 것이
엇갈리며 부글거리는 물기슭.
밑바닥에서
끓어오르는 소용돌이.
가는 자는 가고
물결처럼 밀리는 군중 틈에서도
없는 자는 없다.

    *

결국 地球도
하나의 돌덩이.
絶對空間의 점 하나.

그것을
샨데리아로 불밝힌
구름이 에워싸고 있다.
消滅의 치마폭으로 싸안은 구슬.
다만
오늘이
바람의 신을 신게 하고
바람의 회오리바람의 휘파람의
채찍이 울리는
地上에서
나는
진한 피 한 방울이 된다.

귤

밤에 귤을 깐다.
겨울밤에 혼자 까는 귤.
나의 詩가
귤나무에 열릴 순 없지만
앓는 어린것의
입술을 축이려고
겨울밤 子正에 혼자 까는 귤.
우리 말에는
가슴이 젖어오는 고독감을 나타내는
形容詞가 없지만
밤에 혼자 귤을 까는
한 인간의 고독감을 나타내는
말이 있을 수 없지만,
한밤에 향긋한 귤향기가 스민
한 인간의 가는 손가락.

잠깐

타오르는 성냥 한 까치의
마른 불길.
모든 것은
잠깐이었다.
사람을 사모한 것도
새벽에 일어나 목놓아 운 것도
慶州에서 출발하여
서울에 머문 것도
타오르는 한 까치의 성냥불.
다만
모든 성냥까치가
다 불을 무는 것이 아니다.
태반은 發火도 못하고
픽픽 꺼져가는 성냥개비.
그리고
빈 성냥곽을
멀리 던져버린다.

맨발

競走에는
발이 가벼워야 한다.
골짜기로 달리는 물의 맨발.
어디서 어디로 달릴까.
그것은 나도 모른다.
그 盲目的 競走에서
환하게 눈을 뜨고
괄괄괄 가슴을 울리는
돌개울의 물소리
무엇 때문에 달릴까.
그것은 나는 모른다.
까닭없이 열중하는 競走에
속잎 뿜어오르는 가로수로
달리는
희고 신선한 맨발.
時間의 물보라.

밤에

地球의 어두운 半球에서
밤눈이 밝은 고양이는
지붕을 타고 있다.
로키트는
절대의 空間을 달리고
처절한 별빛…
神은 밤에만 계시는 것이 아니지만
나를 밝히는 초 한 자루에
불을 밝히려고
성냥 한 까치의 그싯음.

地球의 어두운 半球에서
우리의 눈은 포도빛이 된다.
진정으로 아름다운 사람
진정으로 참된 사람아.
사람의 사람
평화로운 사람아.
平和여.
조용하게 사는 일이어.
宇宙人의 눈에는

눈물 한 방울의 地球의
어두운 半球에서
나를 밝히는
성냥 한 가치의 그싯음.

地球의 暗綠色 半球에서
풀리는 나의 昏睡
나의 輪廓
검은 물결로 내가 용해되면
어지러운 꿈으로 출렁이는 바다.
그 끝을 젖히고
새벽은 열릴 것인가.*
진정 햇빛과 향기로운 바람과
自由.
내일 아침 나는
눈을 뜰 것인가.

---

* 『박목월 자선집』에는 〈새벽은 열릴 것인가.〉가 〈새벽은 열리는가.〉로 되어 있다.

한 방울의 물

無色砂質과 분화구.
숨이 말려드는「고요의 바다」
죽음의 재 위에
우주인은 軟着하고
그
눈동자에 月平線
너머로 붉게 떠오르는 것은
또 하나의 달.
그 地球에서
나의 誕生과 存在.
그리고
나의 죽음과
접시에 한 방울의 물

돌

I

돌이 놓였다.
바람과 햇빛의 허허로운 풀밭에
결을 갈아낸 半坪쯤의 大理石
그 돌에
한정된 의미를 베풀지 말자.
자연의 모든 存在는
부르기에 따라 그것이 된다.
때로는 구름이 어리는 거울.
때로는 바람이 쓰담아주는 碑石.
오늘은 내가 쉬고
내일은 비가 씻어준다.

II

간디의 碑石에는
碑文이 없었다.
그의 임종에 부르짖은

오 神이어.*
한 마디가 새겨졌을 뿐.
그것이 퍼렇게 타고 있었다.
불길이 되어,
타고르가 노래한
챔파꽃과 쟈스민의 덤불 사이에서.
간디스江 支流의
숲 사이에서
印度大陸의 심장부에서
퍼렇게 타고 있는 불길.

---

* 『박목월 자선집』에는 〈오 神이어.〉가 〈오 가아드,〉로 되어 있다.

평일시초 平日詩抄

I

노우트를 편다.
詩를 쓰기 위하여
붓을 대지않는 그것의
순결한 處女性.
그 정결한 空白은
이미 神과 接해 있다.
새벽의 象牙의 말씀처럼
大理石 돌결의 말씀처럼
純粹의 方向으로 타오르는
불꽃의 말씀.

II

돌을 갈아라 한다.
나의 年齡이 內面의 渴求가
나의 墓碑를 위하여.
石工은 남의 碑石을 갈지만

나는 나를 위하여.
詩人이든 農夫이든
돌을 가는 자는 슬기롭다
그 자신의 墓碑를 위하여.
결국 우리는 돌 안에 잠든다.
그 정결한 청산과 망각.
저녁놀에 물든 碑石을
바람이 어루만져 준다.*

III

발을 멈추게 한 것은
청아한 솔소리가 아니다.
바람에 휩쓸리는
가지 사이로 보는 구름.
半月城趾를 오르다
발을 멈추게 한 것은
청아한 솔바람소리가 아니다.
몸부림치는 가지 사이로

영원과 無常.
지금 同行들은 앞서거니
혹은 뒤처져 따라오지만
몸부림치는 가지 사이로
내일은 구름으로 모이고 풀린다.

IV

소리내어 기도하는 기도
그것을 나는 안다.
입을 다물고 하는 기도
그것도 나는 안다.
무한으로 만발하는 꽃의
그 정점을 나는 안다.
나의 무덤 가로 스쳐갈 바람
그 바람소리도 들었다.
다시 말하거니와
나는 처음 소리도 들었고
마지막 소리도 들었다.

나의 주인이 아니라는 것.*
나의 주인은 어린 새새끼의
노란 입부리에서 미소짓고
더운 입김으로
가랑잎을 썩혀 주신다.

V

내일 마무리하리라 하고
오늘 밤은 노우트를 덮는다.
반쯤 詩를 쓰다 말고.
내일이 오리라는 것을
나는 확신한다. 오늘이 가면
다만
새로운 새벽빛에 어떻게
내가 눈을 뜨게 될 것인가.
잠자리에서 아니면
연꽃 위에설까.
주인의 품 안에설까.

내일 필 꽃은
내일의 神의 프랜.
오늘 쓰다 만 詩는
오늘의 봉오리.

* 『박목월 자선집』에는 〈바람이 어루만져 준다.〉가 〈바람이 어루만진다.〉로, 〈나는 주인이 아니라는 것.〉가 〈나는 주인이 아니다.〉으로 되어 있다.

무제無題*

앉는 자리가 나의 자리다.
자갈밭이건 모래톱이건

저 바위에는
갈매기가 앉는다 혹은
날고 끼룩거리고

어제는
밀려드는 파도를 바라보며
사람을 그리워 하고

오늘은
돌아가는 것을 생각한다
바다에 뜬 구름을 바라보며

세상의 모든 것은
앉는 자리가 그의 자리다

벼랑 틈서리에서
풀씨가 움트고

낭떠러지에서도
나무가 뿌리를 편다

세상의 모든 자리는
떠버리면 흔적 없다.
풀꽃도 자취없이 사라지고

저쪽에서는
파도가 바위를 덮쳐
갈매기는 하늘에 끼룩거리고

이편에서는
털고 일어서는 나의 흔적을
바람이 쓰담아 지워버린다.

---

* 《현대시학》(1971년 5월)에 처음 발표되었을 당시의 모습은 다음과 같다.

無題

앉는 자리가 나의 자리다.
자갈밭이건 모래톱이건

저 바위에는
갈매기가 앉는다. 혹은
날고 끼룩거리고

어제는
밀려드는 파도를 바라보며
사람을 그리워하고

오늘은
돌아가는 것을 생각한다.
바다에 뜬 구름을 바라보며,

세상의 모든 것은
앉은 자리가 그의 자리다.

벼랑 틈서리에서도
풀씨앗이 움트고

또한 세상의 모든 자리는
떠버리면 흔적없다.
풀꽃도 자취없이 사라지고

저쪽에서는
파도가 바위를 덮쳐
갈매기는 하늘에 끼룩거리고

이편에서는
털고 일어서는 나의 흔적을
바람이 쓰담아 지워버린다.

순색 영원 純色永遠*

구두끈이 풀린다.
귀가 쩡 울리는 시월상달에.
잡문 같은 行間에서
구두끈이 풀린다.
잡문 같을 수 없는
삶의 물길이
철철 샘물솟는
하늘 아래서
어느 것은
구름이 되고
어느 것은
돌이 되는데
어떻게 살아도 충만할 수 없는
시월상달의 純色永遠 속에서
구두끈이 풀린다.
어느 것은
碑石이 된다
돌 중에서.
어느 것은

돌이 된다
碑石 중에서.

* 《현대시학》(1970년 12월)에 처음 발표되었을 당시에는 제목이 「純色」이었다. 처음 발표되었을 당시의 모습은 다음과 같다.

純色

구둣끈이 풀린다.
귀가 쩡 울리는 시월상달에
雜文 같은
行間에서 나의 신발
구둣끈이 풀린다.
雜文같을 수 없는
삶의 푸른 물길.
철철 샘물 솟는
하늘 아래서
어느 것은

구름이 되고
어느 것은
돌이 되는데
나의 신발
뒷축이 닳고
어떻게 살아도 충만할 수 없는
시월상달의 純色永遠 속에서
구둣끈이 풀린다.
어느 것은
碑石이 되는데
돌 중에서,
어느 것은
돌이 된다.
碑石 중에서.

가교假橋

흔들리며 다리를
가누며 흔들리는 다리를
사람들은 건너가고 있다.
난간쪽으로 열을 지어서
다리의
저편이 보인다는 것은
착각이다.
안개 속에서
눈 앞에 확실하게 보이는 것은
지금이라는
좁은 시야.
지나치고 나면 뒤도 어름하다.
다리를 건너서
우리가 가고 있는 곳은
어딜까.
지나온 것은 지나온 것이요,
닿지 않는 것은 닿지 않는 것이다.
그리고 지금은
흔들리는 다리를
가누며 흔들리는 다리를

건너가고 있다.
더듬거리며 저편이 보이지 않는
안개 속에서
물론 우리는
저편에 닿게 될 것이다.
흔들리는 다리가 끝나면
하지만 누구나
자기가 바라는 곳에 이르게 되리라고
믿는 것은 착각이다.
대체로
전혀 생소한 곳에 이르게 된다.
그리고 마지막 난간에 의지하여
경악과 두려움으로
사방을 두리번거리게 된다.

수안보水安堡까지

二○○여킬로를 달려도
빈 가지뿐이었다.

서울에서 淸州까지 淸州에서 水安堡까지
새 한 마리 볼 수 없었다.

언제부터일까.
조국의 자연은 이처럼 虛하고

어린 날의
그 귀여운 것들은
어디로 가버렸을까.

썰렁한 멧부리를 돌면
눈이 박힌 골짜기에 눈발이 치고
빈 손을 치켜든 나무

혹은
금이 간 백밀러에 클로즈업되는
어린 여차장의 갈라진 얼굴.

참으로 새들은
어디로 갔을까.

그들은 책상보자기나
커어튼자락에
은실로 수놓아 장식되었을 뿐.

망각의 여울 가에
지저귀는 귀여운 입부리

혹은
금이 간 백밀러에 일그러진 채 縮小된
어린 여차장의 발갛게 언 얼굴.

---

* 『박목월 자선집』에는 제목이 「素描·B」로 되어 있다.

자갈돌

눈으로 덮힌 돌개울에
가지가 물에 잠긴 채
얼어붙은 갯버들의
그 忍苦는 우리의 것이다.

돌개울을 가로질러
녹슨 鐵條網은 등성이로 뻗쳤다.
철조망에 감긴 一年草줄기
그 허깨비의 손.

民間人出入禁止區域 안에서도
눈은 순수하다.
눈벌에 얼룩진 마른 풀숲
그것은 우리의 脫毛症이다.
바람에 불리운다.

하지만 흐르는
흐르는 것은 쉽사리 얼지 않는다.
눈밭을 뚫고 돌개울에는
맑고 차가운 냇물이 흐른다.

막사에서 칫솔을 물고
세수하러 내려오는 병사들
그들조차 잊어버린 것이
차고 맑은 물에 잠겨 있는
그것은 자갈돌만이 아니다.

발자국

눈으로 덮힌 前方의 저녁은
포도빛으로 저문다.

休戰線 안에서는
콧잔등이 얼어붙은 여우들이
헤맨다.

나무 사이로 누벼
돌개울 上流로 사라졌다.
가시덤불에 깃든 까투리가
놀라 날아오른다.

날이 밝으면
퍼렇게 살아나는 발자국…

搜索網을 좁혀가는
그물 안에서

비명을 삼키며 멍감열매가
핏발울같이 눈 속에서 얼굴을 내민다.

총성 銃聲

가늠쇠의 照準안에
눈으로 얼룩진 황량한 山河.

마른 덤불이 수런거린다.

저편 산모롱이가
날카로운 바람에 불리운다.
눈을 말아올리는 바람.

무엇이 얼찐거린다.
긴장으로 굳어진 병사의
확대된 눈에

뛰어달아나는 노루.
가늘디 가는 뒷다리에
눈보라가 인다.

울리지 않는 銃聲……

골짜기가 긴장한다.

산철쭉

射程距離 안에서
산철쭉이 핀다.

미소가 굳어진 봉오리가
불안 속에 밀집하여
고개를 남으로 돌린다.

그
갸륵한 向日性에
나의 가슴이 더워온다.

死角이 없는
자연 속에서

이편 비알에는 늙은 소나무
줄기에 박힌 破片이
옹이로 아물었다.

그 고된 시련은
나와 나의 형제의 것이다.

산山에서

상수리나무 아래서 도토리를 줍듯
彈皮를 주웠다.
녹이 슬어 있었다.

고갯길에는
헌 군화 한짝이
짚신처럼 삭고 있었다.

산모롱이를 돌면
새로 얼굴을 내미는 봉우리가
준엄했다.

이제 山은
우리가 정복해야 할 대상이 아니다.
우리와 운명을 함께 하는 自然.

그 길을 따라가면
안골짜기에 幕舍.

妖精이 사는 童話風 굴뚝에서

오르는 연기는
소박한 것이 아니다.

갑자기 구령소리가
뒷골짜기에서 울렸다.
그것을 複唱하는 메아리

嶺마루에서
번쩍, 閃光이 눈을 쏜다.*
저것은 레이다基地일까,
참나무 줄기가 빳빳하게 곧아진다.

---

* 『박목월 자선집』에는 〈번쩍, 閃光이 눈을 쏜다.〉로 되어 있지만 『무순』에 실리면서 〈번쩍 閃光이 눈을 쏜다.〉로 고쳐졌다. 『박목월 자선집』에 실린 대로가 낫다고 판단되므로 『박목월 자선집』의 판본을 따른다.

잉어

주례의 선물로
잉어를 가져왔다.
臨津江에서 건져올린 것이라 했다.
이 사람아.
이걸, 왜 가져왔지.
아직도 살아서
핏물이 괸 끔벅이지 않는 눈.*
제 성의에요.
몸에 보하답니다.
그래, 그렇지만
임진강이 어느 강인데.
그 上下流를 오르내리던 잉어.*
고아서 드세요.
고아서 들 수 없는 민족의 悲劇,
그럼, 어쩌면 좋아요.
어쩔 수 없는,
싯벌건 아가미가 벌름거리는.
되가져 가서 놓아주게,
임진강 물길을 타고 오르내리게.
가다가 죽어버릴 거에요.

죽고 사는 것은 神의 뜻.
가져가게.
안됩니다.
글쎄, 자네. 자네는
주례 선물로 너무나
엄청난 것을 가져왔군.
그렇군요, 선생님.
도리없군, 한강에라도 놓아줄까,
싯벌건 아가미가 벌름거리는.
잉어는 이미 잉어가 아니었다.
그 끔벅이지 않는 눈에*
핏물자국으로 남아 있는 우리의 悲劇.
그리고 나의 주례는
겨우 제자나 친구의 자제나
그것에 그쳤다. 서울이나 鍾路나
乙支路예식장에서.

---

* 『박목월 자선집』에는 〈끔벅이지 않는 눈〉이 〈검벅이지 않는 눈〉으로, 〈오르내리던 잉어.〉가 〈오르내린 잉어.〉로, 〈끔벅이지 않는 눈에〉가 〈검벅이지 않는 눈에〉로 되어 있다.

왼손

詩를 빚는, 새로운 질서와
창조의 세례 옆에
숙연한 나의 왼손.
그것은
결코 연필을 잡는 일이 없다.
연필의 연한 감촉과
마찰에서 빚어지는 言語의
그물코를 뜨지 않는다.
하물며 상상의 그물에 걸려든
황금의 고기를 잡지 않는다.
그것과는 對照的 極에서
나의 왼손은
存在의 숙연한 진실을 증명한다.
다섯 손가락은
하나하나 엄연한 사실이
진실을 웅변하는
입술을 다물고,
상상의 그물 사이로 열리는
새로운 여명을 응시한다.
다만 그것은

현실의 바다에서 낚아올리는
피둥피둥 살아 있는 고기를
황급하게 잡을 뿐이다.
그리고 지금
詩를 빚는 창조의 세계 옆에서
현실의 준엄성과
存在의 확실성을 증명한다.
그 왼손에 서렸는
거창한 침묵과 정적.
사람들은 누구나
오른손을 내밀고 악수를 청하는
그 왼편에 있는
숙연한 존재를 깨닫지 못한다.

밸런스

水平으로 양팔을 벌리고
渾身의 集中으로 밸런스를 잡는다.
水平臺 위에서.
라는 것은
그것으로 나는 垂直的
자세를 가다듬는다.
너와의 관계를 유지하면서.
그것은
결코 독선도 自我陶醉도 하물며
中庸的인 體操練習이 아니다.
사회는 시궁창의 범람하는
수렁이 아니며, 우리는*
고독의 不毛地에 팽개쳐진
말뼈다귀가 아니다.
어린 날의 水平臺에서
그 연한 毛髮을 태운 빛나는
태양을 상기한다.
라는 것은
引力의, 和親力의, 地上에서
모든 人間은 양팔을 벌리고

水平臺에서
밸런스를 잡는다.
라는 것은 그것으로
人間은 人間으로서의
垂直的인 자세를 바로잡는다.
하얀 楕圓形으로 빠져나간
사랑은, 그렇다하여
장대 끝에 맴도는 접시의
曲藝가 아니다.
너와의 관계를 유지하면서
때로는 달리는 말엉덩이에서
양팔을 벌리고
水平을 취하지만 혹은
아세치린 불빛에 얼룩진
천막의 허공에서 흔들리는
그넷줄 위에서 水平을 취하지만
그것은 曲藝가 아니다.
어느 曲藝師도 渾身의 集中으로
조화를 도모하려는 그런 뜻에서
本質的으로 曲藝일 수 없다.

물론 누구나 마지막에는
두손으로 허공을 잡으며
떨어지게 된다. 水平臺 위에서
하늘의 錘가 한편으로 기울면.
하지만 그것은
넘어지는 것이 아니다.
영원으로 출렁거리는
파도를 타려는 또 하나의
水平姿勢이다. 양팔을 벌리고
라는 것은 눕는 것이
가장 편안한 水平姿勢이기 때문이다.
어린날의 두 다리를 뻗고
잠드는 감미로운 망각과
휴식의 손에 쥐어진
무심한 꽃.*

---

* 『박목월 자선집』에는 〈수렁이 아니며, 우리는〉이 〈수렁이 아니며, 우리는 이른 바〉로, 〈무심한 꽃.〉이 〈꽃.〉으로 되어 있다.

자갈돌

아브라함 링컨 같은
얼굴을 한 그를
나는 알고 있다.
그에게서는 송진내가 난다.
통나무 같은 투박성과
신뢰감을 가지게 한다.
그가 會計를 맡게 된 후로
會計課는 森林의 정결한
분위기가 감돌았다.
그가 다루는 장부에는
맑은 쇳소리가 울렸다.
하지만 통나무는 통나무
받침대로만 쓰였다.
아브라함 링컨 같은
근엄한 그의 얼굴에는
貫祿이 붙었지만
萬年主事補로서의 名札을
가슴에 달고 있었다.
이 세상에서 그의 소망이나
즐거움이 무엇일까.

아무도 몰랐다.
과묵한 그는 아브라함
링컨 같은 얼굴을 하고
四○億分의 하나로서
야심없이 정직하고 근엄할 뿐이다.*
예수교도도 불교신자도 아닌
그는
자갈돌이나 닦으며
한 생애를 보낸다.

---

* 『박목월 자선집』에는 〈정직하고 근엄할 뿐이다〉가 〈정직하고 준엄할 뿐이다〉로
되어 있다.

겨울 선자扇子

오전에는
제자의 주례를 보아주고
오후에는
벼루에 먹을 간다.
이제*
蘭을 칠 것인가, 山水를 그릴 것인가.
흰 종이에
번지는 먹물은 적막하고.
가슴에 붉은 꽃을 다는 것과*
흰 꽃을 꽂는 것이
잠깐 사이다.
겨울 부채에
나의 詩,
나의 노래,
진실은 적막하고
번지는 먹물에 겨울 해가 기운다.

---

* 이 시는 《월간문학》(1971년 3월)에 「겨울 扇子」 연작의 하나로 발표되었던 「겨울 扇子」를 개작하여 독립시킨 것이다. 처음 발표되었을 당시에는 〈이제〉가 〈이제 내가〉로, 〈가슴에 붉은 꽃을 다는 것과〉가 〈가슴에/ 붉은 꽃을 다는 것과〉로 되어 있었다. 또 『박목월 시전집』에는 〈이제〉가 〈이제 내가〉로 되어 있다.

볼일 없이

슬슬 거닐어 볼까 하고
내외가 함께 나선 걸음이 鍾路뒤.
여긴 어딘가,
남의 문패를 기웃거리니 伏龍洞.
걸어가도 걸어가도 긴 골목.
서울에 이런 골목도 있었구나
아내는 사뭇 놀라지만
어쩌면 나는 꿈에서 본 듯한.
무슨 일*이 있어서가 아닐세.
그냥 슬슬 내외가 동반하여
아무도 다니지 않는 빈 골목을
우리는 너무 오래 걸었구나.
가을 그늘에 잠긴 伏龍洞.

* 『박목월 자선집』에는 〈일〉이 〈볼일〉로 되어 있다.

노상路上

마주 보고 인사를 한다.
路上에서 우연히 만나
돌아서면 서로 적요한 목덜미
宇宙의 반이 反轉하고
길을 건너면 방향이 달라진다.
저편으로 그는 가고
이편으로 나는 가고*
동서로 하늘 끝이 아득한데
문득 그가 돌아본다.
하나의 宇宙가 反轉하고
적요한 목덜미가 向을 바꾸며
오냐, 情이 갸륵하구나.

---

* 〈이편으로 나는 가고〉는 『박목월 자선집』 수록 당시에는 있었으나 『무순』에 수록
되면서 빠졌다. 살리는 것이 나을 듯하여 되살린다.

다른 입구入口

사람들은
地下路를 거쳐간다.
地下로 통한 길에서
무엇을 잃었는지
무엇을 얻은지도 모르고
계단을 내려가서
다른 入口의 계단을
올라간다.
그리고
방향을 바꾸어
저편 길로 걸어간다.
地下의 써늘한
宿命的인 정적감이
무엇을 뜻하는지 모른다.
인생이 무엇임을
짐작하는 자만이
문득 겁에 질린 얼굴로
죽음보다 어두운 入口를
되돌아보고 발밑을
살핀다.

자갈빛

이름이 생각나지 않는다.
이름이 생각나지 않는 驛의 자갈빛.
호옥 목월선생 아니신가요.
그러세요, 그렇지 싶어 물어본 거에요.
晉州로 강연가시는 길이시지요.
라디오로 들었어요.
저요, 선생님 모르실 거에요.
스치는 겨를에 두어 마디 나누고
헤어진 그 사람과의 만남과 헤어짐,
金東里의 多率寺의 다음다음쯤
이름이 생각나지 않는 驛의
구름 그림자와 黃土와 자갈빛.

여행중 旅行中

지난 이른 여름
나의 內面을 스치고
살픈 비늘진 금빛 구름.
順天으로 가는 새벽길.
그것은 智異山 모롱이에
떠 있는 것이 아니다.
하물며 求禮江* 개울물에
잠겨 있는 것도 아니다.
나의 內面의
영원으로 휘어진 空間에
살픈 비늘진 불꽃 구름.
그것은 그것으로 나타날 수밖에 없는 것의
오늘의 있음.
그 顯現됨.
새벽빛에 불꽃으로 타는
살픈 비늘진 금빛 구름,

---

* 『박목월 자선집』에는 〈求禮江〉이 〈求禮〉로 되어 있다.

소묘素描*

비닐우산을 받쳐들고
사람들은
일자리로 나가고 있었다.
생활을 근심하며
인사를 하며.
우산 속
모든 얼굴은 젖어 있었다.
그들의 눈에
우산이 보일까.
보이지 않는
호젓한 심령의 둘레.
이슬비가 내리고 있었다.
그들이 사는 동안
끊임없이 내리게 될
이슬비.
사람들은
보이지 않는 비닐우산을
하나씩 받쳐들고
地下路로 향하고 있다.

世宗路에서.
地上에서.**

---

* 『박목월 자선집』에는 제목이 〈素描·A〉로 되어 있다.
** 《신동아》(1970년 6월)에 처음 발표되었을 당시에는 〈地下에서〉가 〈이승의 길에서〉
로 되어 있었다.

입동 立冬

그물을 말리고 있었다.
그물코 사이로
투덜거리는 바다의
퍼런 입술…
그 마을의 立冬.
사람들은 어디로 갔을까.
골목 모퉁이로 바람은
쏜살같이 달리고
나의 여행은 적막했다.
선지빛으로 물드는 저녁놀과
마른 생선비늘 하나
눈여겨 보고
떠났다.

어제의 바람

어제의 바람과
오늘의 돌.
간밤 꿈에 나의 수레를 몬
구리빛 윤나는 말과
오늘의
갈기가 바스러지는 구름의 말.

중심中心에서
── 돌의 詩 ①

구름이 날개를 적시는
따끝에서
바다가 얼어붙는
不毛地의
이편 따끝까지
그 중심에서
나의 발길에 채이는
한 덩이의 돌.
거품으로 이는 垂直의 연꽃
꼭지에서
硫黃과 불의 바닥까지
그 중심에서
나의 발길에 채이는
한 덩이의 돌.
바람과
고래의 길에서
水脈으로 사라지는
水菊의 오늘의 줄기에
또는 해와 달의
그 중심에서

나의 발길에 채이는
한 덩이의 돌.
사랑이어
사랑이어
사랑이어
한 가닥의 핏발로 뻗히는
억겁의 순간
순간.
나의 발길에
툭 채이는
한 덩이의 돌

좌향座向
──돌의 詩 ②

앉으면
그것이 그의 자리다.
널려 있는 星座를 이고
바람에 씻기운다.
내 것이 없는
있음 속에서
옮아가는 별자리의
스치는 옷자락 소리가
조심스럽다.
꽃이 핀다.
도라지는 도라지 빛으로
구름은 구름의 빛깔로
하지만 흐르는 물은
제자리로 돌아갈 뿐,
앉으면
그것이 그의 座向이다.
널려 있는 星座를 이고
뿌리를 내리는 돌의 깊이
옮아가는

별자리의 스치는
옷자락 소리가 조심스럽다.

강江 건너 돌
──돌의 詩 ③

장갑을 벗으며
강 건너 돌을 생각한다.
해질무렵에 돌아와
눅눅한 장갑을 벗으며
왜랄 것도 없이
강 건너
저편 기슭의
돌을 생각한다.
知天命의
해질무렵에 집으로 돌아와
눅눅한 그것을
벗으며
왜랄 것도 없이
춥고 어두운 강 건너
황량한 들판에 내팽개쳐진
한 덩이 돌을
생각한다.

*

장갑을 벗고나면
나의 손이 너무나
희어서 두렵다.
때가 절이지 않는
깨끗한 손
거짓말같이 말끔하다.
그 손에
그물로 던져진 별자리 아래
내팽개쳐진
강 건너
한 덩이 돌.

자수정紫水晶 환상幻想
―― 돌의 詩 ④

돌안에 바다가 있다.
라고 말하지 않는다.
혹은
자줏빛 치마자락이
나부낀다.
라고 말하지 않는다.
눈을 감은 자는 감고
뜬 자는 뜨고 있다.
돌 안에 구름이 핀다.
라고 말하지 않는다.
혹은
原始의 불길이 타고 있다.
라고 말하지 않는다.
치렁치렁한
星座 아래서
따끝으로 사라져가는 새떼
海面에 흩어지는 울음소리
눈을 감는 자는 감고
뜨는 자는 뜨면
돌조차 투명해지는

돌 안에 바다가 넘실거린다.
라고 말하지 않는다.
原始의 불길이
활활 타오른다.
라고 말하지 않는다.
사운거리는 자줏빛 치마자락이
영원에서 살아난다.

돌과 그림자
──돌의 詩 ⑤

I

돌을 던졌다.
보이는 물속으로
보이지 않는 늪속으로
돌은 가라앉았다.
왜,
왜,
왜.
아무리 몸부림쳐도
말문이 열리지 않는 꿈속에서
물살은 나의 목을 감돌고
가라앉는 돌.
왜,
왜,
왜.
아무리 부르짖어도
큼직한 바람의 손이
입을 막는 현실 속에서
깊이 가라앉는 돌.

돌을 던진다.
무수히 많은 돌을
무수히 던지며
나의 생애도 끝이 보이는.
물살은 목을 감돌고
水面에서 사라져 갔다.

II

夏休中
내내 가늘게 흔들리는
나무그림자.
여름 동안
비어 있는 캠퍼스처럼
적막한
오늘의 있음 속에서
夏休中
내내 수런거리는 그림자.
그리고

그것으로 끝나버릴
오늘의 바윗돌에
수런거리는 그림자.
그리고
그것으로 끝나버린
내일 속에서도
내내 흔들리게 될
夏休中
내내 수런거리는 그림자.

가부좌 跏趺座*
―― 돌의 詩 ⑥

I

볼 때마다 달라지는,
그것이 돌이다.

달라져 보이는,
그것이 보는 일이다.

돌, 그것은
물론 그의 이름이 아니다.

잿빛 무지개로 테둘러진
抽象의 빈 그릇 안에서

지금
뭍으로 기어오르는
海豹.

하지만
이미 그것의 아랫도리는

몽롱해진다.

다음 순간의
새로운 誕生을
위하여

II

돌이 있는 것이 아니라
있는 것은 나다.

也石이
가져다 준 것은
돌이 아니라.

그가
가져다 준 것은
우리들 교분의 상징물

아니면
하나의 山水

지금
나의 뜰에 있는 것은
한 방울의 먹물
가을 속에서
한 치쯤 中心에서 벗어난
자리에 떨어진.

III

그를 앉게 한 것은
盤石.
文章臺로 오르는 길목에서
그의 손을 무릎 위에
얹게 한 것은
盤石.

어둠이
서리는 골짜기에서
俗離山이 스며드는
하나의 가랑잎과 함께
흔들리게 하는 것은
盤石.
天心에서
한 방울의 물이
맺히듯
눈을 감게 한 것은.

---

* 〈부〉의 한자가 이와 다르나 오기라고 생각되어 바로잡는다.

용인행 龍仁行

목사님의 소개로
용인엘 갔었다. 내외가
고속버스를 타고.
坪當 三〇〇〇원이면 싼값이지요.
산기슭에서 紹介業者가 말했다.
나는 양지바른 터전을
눈으로 더듬고,
서녘하늘 같은 눈으로
아내는 나를 쳐다보았다.
뫼뿌리가 어두워 들자,
먼 마을에 등불 하나 둘 켜지고
그럴수록 황량해 보이는 山河.
여보, 그만 가요
울먹이는 아내의 목소리가
가슴에 젖어들었다.
돌아오는 길에도
고속버스를 탔다.
어둠 속으로 달리는 차창에
비치는 내외의 모습.
바람과 모래의 손이

마음을 쓰담아 주었다.
우리에게 이미 土地는
이승의 것이 아니었다.
가즈런한 한 쌍의 묘와
한 덩이의 돌이 떠오르는
흘러가는 차창의 스크린에
울부짖는 것은
바람소리도 짐승소리도 아니었다.

속리산俗離山에서

I

자고나니, 호텔 바깥창에 말매미가 붙어 있었다. 새벽 어둠 속에서 혹은 빛 속에서 날개를 접은 말매미의 어른어른한 눈.
銀髮이라기에는 좀 이른 머리를 하고 나는 그것을 지켜보았다. 싯거먼 눈으로 오래 동안.
그날 오전에 俗離山을 떠났다.

II

福泉庵으로 오르는 溪谷에서다. 한 마리의 검은 호랑나비가 지팡이 끝을 맴돌며 떠나지 않았다.
저리로 갈 수도 있지 않느냐. 나는 지팡이 끝이 머무는 먼 봉우리를 눈여겨 보았다.
드디어 호랑나비가 자취를 감추었다.

國民葬 다음다음날의 일이었다.

III

비어 있었다.
法佳寺 뜰에
빛나는 舍利
그것은
비어 있어야 할 것이
비어 있었다.
처마그늘이 깔리고
걷히는,
자취없는 그것이
피어오르고, 모이고, 흩어지는
구름.
구름에
大雄殿 용마루가
돌고 있었다.

서방西方에서

모래가 뿌려졌다.
펴고 접는 우주의 부채
그늘에서
銀河系의 물거품
은빛 실오라기는
무수히 바람에 날리고
새들의
뼈와 울음소리가
날카롭게
西方에서 흩어졌다.
나의 발자국은
돌아보는 그것으로
멀어져 가고
西方에서
모래가 뿌려졌다.

산책길

새벽의 불빛이
물에 잠겨 있다.
唐人里 근처의
침통하게 가라앉은 풍경.
고개를 돌리면
서울의 어깨너머로
얼굴빛 한 가닥 흔들리지 않는
北岳의 이어진 봉우리.
오늘은
별난 날도 아닌데
이상하게
지팡이 끝이 툭툭 걸리는.

무제無題

줄이 한 가닥
어디서 어디쯤이랄 것도 없이
느리게 흔들리며
오늘의 水菊色
밝음 속에서
왜랄 것도 없이
느리게 흔들리며
해와 달이 가는 길에
어디서 어디쯤이랄 것도 없이
줄이 한 가닥
막막한 太虛의 혼돈 속에서
처음으로 불러보는
당신의 이름
神이어
神이어
神이어
줄이 한 가닥
느리게 흔들리며
목숨이랄 것도 없이
동에서 서까지.

무한낙하無限落下

저편으로
혹은 이편으로
그것은 落下한다.
어디서 어디까지라거나
무엇 때문이라거나
그런 제한과 물음을 벗어버린
그것의 無限落下.
별이어
타오르는 돌,
그
중심에서
바람의 날카로운 휘파람의
洞穴의 중심에서
속도의 가속도의 하늘의 旋盤에
갈리며 깎이며 말려드는
螺旋狀 合金의
듀랄루민의 渴症.
왜라거나
무엇 때문이라거나
그런 물음을 벗어버린

그것의 無限落下
오늘의
브라운管 속에서.

(원주) 듀랄루민(Duralumin): 알루미늄을 주성분으로 한 輕合金. 비행기, 자동차 등의 제작재료로 쓰임.

동침 同寢

너를 보듬어안고
구김살없는 잠자리에서
몸을 섞고
너를 보듬어안고
안개로 둘린
푸짐한 잠자리에
산머리여
너를 보듬어안고
흥건하게
적셔적셔 흐르는 강물줄기에
해도 달도 태어나고
東도 西도 없는
잠자리에
너를 보듬어안고
적셔적셔 흐르는 강물줄기여
너에게로
돌아간다.

겨우살이

눈위에 눈이 왔다.
실로 가벼운 것들이
빛나는 것들이
뒤안 응달이나
담장 위에 오고 있다.
마른 보리빵 부스러기를 씹으며
올 겨울에는
두 손으로 싸락눈을 받으며
지냈다.
올 겨울의 눈도
이제 마지막일 것이다.
구름 아래서는
이런 것으로 위안을 얻거나
이런 기회에
화해하지 않으면
다른 도리가 없을 것이다.
마른 보리빵 부스러기를 씹으며
두 손으로 싸락눈을 받으며
나의 겨우살이.
구름 아래서

그렁저렁 이런 것으로
위안을 얻거나
화해할 도리밖에 없을 것이다.
마른 보리빵 부스러기를 씹으며
실로 가벼운 것들을
빛나는 것들을
손바닥에 받아본다.

이순耳順

I

달포가량
앓고
처음 잡아보는 만년필의
펜촉의 촉감이
너무나
미끄럽고 익숙하다.
이제 살아났군
펜촉이 속삭인다.
그래.
그렇군.
흘러내리는 잉크를 따라
샘솟는 생명감.
그래.
그렇군.
滿六○의 고비를 넘기고
나의 水菊色 時間.
새로운 창조와
啓示를 미끄러운 펜촉의

촉감이 다짐해 준다.
진실만을 엮어가려는
펜촉의 촉감에
내가 태어난다.
그래,
그것이 바로 「나」다.

II

원고지에
잉크가 스며든다.
오늘의 물거품 안에서
순하게 빨려드는
잉크의 숙연한
受納.
무엇 때문에
쓰는 것이 아니다.
오늘의 물거품 안에서
나의 문맥은

가는 귀가 먹은
밤으로 뻗치고
쓰는
그것의 진실을 위하여
쓰게 되는
耳順의
원고지에
순하게 스며드는
그것은 두렵다.
오늘의 물거품 안에서
느리게 자리를 옮기는
별자리

순한 머리

늙은 獅子의 머리를
무릎에 얹어두고
씨앗을 발라낸다.
거칠은 들판과
사나운 파도는 잠들고
나의 손바닥에
한알씩 쏟아지는
검고 기름진 씨앗.
어제의
설레이는 밤과
밤에 이어 열리는
찬란한 새벽과
금빛 수레를
하늘에 몰던
해바라기의 여름은 물러가고
적요한 나의 손바닥에
오늘의 나의 詩.
황금빛 갈기도 바스러지고
빛나는 태양도 이울고
내리는 그늘에

순하디 순한 머리를 맡긴
해바라기의 씨앗을 발라낸다.

승천昇天

앓고 있는 밤 사이에 눈이 내린
눈부신 아침이었다.
보이는 것이
혹은 보이지 않는 것이
昇天하고 있었다.
白病院 뜰에도
달리는 버스 위에서도
교회지붕 위에서도
하늘의 것은
하늘로 돌아가고
땅의 것은 땅에 남는
그 현란한 回歸.
천사의 날개의 아른거리는
그림자의 저편으로
반사되는 빛의 함성
그 속으로
아기들이 달려오고 있었다.
내 안에서
파닥거리는 그것은
무엇일까.

하늘의 것은 하늘로 돌아가고
땅의 것은 땅에 남는
神의 섭리.
지금
보이지 않는 저편으로
보이는 이편으로
발자국이 남는다,
순결한 눈위로
천사들의
혹은 아기들의
돌아가는
혹은 돌아오는 맨발자국.

악기樂器

좁은 계단으로
이층에 오르면 그
구석방이나
書庫 구석에 딩구는
잊혀진 樂器.
양말짝이나 休紙나
빈 약병 틈에*
울려줌으로 울리게 되는
樂器의 沈默.
누구나 한번은
악기에 매혹된다.
피아노의 장엄한* 소리나
첼로의 남성적 트레모로나
달밤의 하모니카나
사랑이나 죽음이나.
결국 그것은
망각되어진다.
좁은 계단을 아래층으로
내려오면 그
후미진 광 속이나

식모방 구석이나
뚜껑이 닫혀진 채로
녹이 슨 채로*
잊혀진 樂器.
울려줌으로 울리게 되는
그것의 沈默.
풍화된 오늘의 허망 속에서
영영 차갑게.

---

* 《문학사상》(1973년 5월)에 처음 발표되었을 당시에는 〈빈 약병 틈에〉가 〈약병 사이에〉로, 〈장엄한〉이 〈청아한〉으로, 〈녹이 슨 채로〉가 〈줄이 끊어진 채로〉로 되어 있었다.

첫날밤

I

잠을 설쳤다.
道高溫泉의 첫날밤
베개 밑으로
골골골 흐르는 물소리
간밤에
누가 벤지도 모르는
베개를 베고
쉰의 막바지에서
등을 씻어내리는 물소리
오늘밤
가랑잎에 자리를 펴고
밤내 흘러간다.

II

서리가 덮인 길이
불꽃처럼 타올랐다.

棺木으로 쓰기에는
어린 나무들.
모든 등성이는
남향으로 둘러앉아
墓자리로
어느 것도 쓸만하고
어느 것도
마음에 집히지 않는
안마을의 개짖는 소리가
앞 골짜기에 컹컹 울렸다.

오늘의 눈썹

흔들리는 가지와
잊혀진 나무 사이
재가 뿌려졌다.
발목이 빠지는
오늘의 스크린에
눈이 내렸다.
백 밀러에 어제의
푸른 눈썹과
눈 덮힌
오늘의 흰 눈썹 사이에
새가 날아간다.
새조차 눈발에 묻히고
흔들리는 가지와
잊혀진 나무 사이
발목이 빠지는
오늘의 스크린에
漢江大橋가
눈에 묻힌다.

밤구름

세미나에서 돌아오는
차창을 적시던 밤구름
누굴 태울 것도 아닌
그것이
동쪽에 배를 대고
종잇장 같은 마을 위에
꼭지가 마르는 인간들
눈썹 위에 머물고 있었다.
오늘은
西歸浦에서
밤낚시를 디루는
우리들 오른편에서
슬며시
한자락을 바다에 적셔 두고
그리고 그리고 있었다.

그냥

I

정월 하순의
밤흙 같은 얼굴로
나타났다.
그의 얼굴을
사랑이라 부르랴
아니면 죽음이라 부르랴.
그는
純紙를 펴듯
나의 잠자리를
마련해 주었다.
地上에서
오늘의 물방울 속에서.

II

연필을 깎는다.
날카롭게 끝이 빛나는

나의 집중
우주는 그 한 점에서
숨을 죽이고
물방울이 듣는다.
面刀날에 서리는 星座.

III

바싹
마른 흙덩이의
엄숙한 얼굴.
모질게 응고된
非情한 그것의
바로박힌 눈.
쩡하게 울리는
여름 햇빛 아래
나의 검은 눈동자를
응시하는
마른 흙덩이의 눈.

지팡이

I

비탈길을 올라갔다.
별자리가 자리를 캐고 있는
새벽에.
지팡이가 뒤따라오며 투덜거렸다.
새삼스럽게 무슨 푸념일까.
고개마루에 오르면
별자리가 자리를 캐고 있는
唐人里 近處의
밤하늘처럼 깊은 물빛.
내려올 때는 저편 골목으로
돌아왔다.
내려오는 길에는
지팡이가 투덜거렸다.
뒤따라오면서 혼자.

II

발을 멈춘다.
낯선 집 문앞에서
김아무개 라는 문패의
이름이 알씽한 것 같아서,
발을 멈춘다.
이아무개라는 이름이
알씽한 것 같아서.
발을 멈춘다.
어제 아침에 뛰쳐나온
눈이 뚜리뚜리한 그놈이
오늘 아침에도
뒤쳐나올 것만 같아서,
숨을 죽이고 지팡이도
지켜보고 있다.
나의 등뒤에서

비둘기를 앞세운……

나의 앞을 걸어가는
비둘기를 보았다.
새벽 산책길에서
오늘이
오월 초하루라는 것을
비둘기도 아는 듯이
흰꼬리를 혹은 검은꼬리를 간들거리며
앞을 걸어가는
분홍빛 귀여운 발.
그가
나의 길잡이라도 되는 듯이
아기작거리며
끝내 동행이라도 할듯이
나의 앞을 걸어가는
불안한 평화여.
印度支那의
포성이 울리는
七○년대의 초반기의
새벽산책길에

흰비둘기를 앞세운
나의 오월.

크고 부드러운 손

크고도 부드러운 손이
내게로 뻗쳐온다.
다섯 손가락을
활짝 펴고
그득한 바다가
내게로 밀려온다.
인생의 종말이
이처럼 충만한 것임을
나는 미처 몰랐다.
허무의 저편에서
살아나는 팔.
치렁치렁한
星座가 빛난다.
멀끔한
목 언저리쯤
가슴 언저리쯤
손가락 마디마디마다
그것은 翡翠
그것은
눈짓의 信號

그것은 부활의 조짐
하얗게 삭은
뼈들이 살아나서
바람과 빛 속에서
풀빛처럼 수런거린다.
다섯 손가락마다
하얗게 떼를 지어서
맴도는 새.
날개와 울음
치렁치렁한 星座의
둘레 안에서.

샘

치마끈을 푼다.
구석진 숲그늘이나
외진 골짜기이나
휘어진 星座 아래서
흰 치마끈을 흘러보낸다.
그것뿐이다.
그것뿐이다.
모든 생명은
무상으로 빚어지고
지구의 가장 깊고도 어두운 곳에서
솟구쳐 오르는
사랑이어
사랑이어
사랑이어.
풀수록 풀려지는
치마끈을 푼다.
흰 치마자락을 흘러보낸다.

이주일週日

볼을 찬다.
바보상자의 오늘의
스크린에는
한 주일 내내
박스컵의
뻥뻥 차올리는 볼.
나는
잡지 일로 계속 바쁘다.
붉은 색연필로 황칠을 한
오늘의 스크린에서
허망한 열중.
누구를 위한 것도 아닌
무엇을 위한 것도 아닌
소란과 분망의
가열된
貫鐵洞 뒷골목에서
어제는
짜랑짜랑 울리는
金貨를 잃어버리고
오늘은

面刀날에 녹이 슨다.
자라는 것은 머리카락
무덤 안에서
오늘의 스크린 속에서
바람이 분다.

간밤의 페가사스

가을비에
碑石. 젖는
돌의 묵묵한 그것은
우리들 본연의 모습이다.
제자신의
內面으로 침잠하여
안으로 물드는 단풍.
人間의 心性은
섬유질이다.
가늘게 올이 뻗쳐
죽음을 자각하는 자만이
참된 삶을 깨닫는다.
아침에 일어나
자신의 잠자리를 살피고
순간마다
새롭게 창조되는
빛을 본다.
어둠 속에서 살아나는
아름다운 세계여.
숨을 죽이고

오늘의 연보라빛 국화송이.
그리고
숟가락에 어리는
간밤의 페가사스
찬란한 星座.

회수 回首

나의
손가락 사이로
모든 것은 부드럽게
흘러내렸다.
어린 날의
모래톱이며,
냇물이며, 앓는 밤의
출렁거리는 검은 물결이며.
첫사랑이며,
쫓다가 놓쳐버린 사슴.
그것은
나의 손가락 사이로
부드럽게 흘러내렸다.
하지만 그 흔적으로
달이 있다.
달빛에 비쳐보는 빈손.
그리고
산마루에서 발을 멈추고
뒤돌아보는
사슴이 있다.

좀생이별 아래서
고개를 돌리고.
영원히.

운상雲上에서*

一〇,〇〇〇피이트 上空에서
나는
神의 손가락 끝에 맺히는
한 방울의 물이 된다.
기체는 흔들리고
날개 밑으로
地上에는
작은 그림자 하나.
눈으로 얼룩진 산줄기를
재빠르게 타고 넘는다.
그 안에
내가 있었다.

---

* 이 시는 《월간문학》(1971년 3월)에 「겨울 扇子」 연작의 하나로 발표되었던 「雲上에서」를 개작하여 독립시킨 것이다. 처음 발표되었을 당시의 모습은 다음과 같다.

雲上에서

만 피이트 上空에서
神의 손가락 끝에 맺히는

한 방울의 물.
機體는 흔들리고
날개 밑으로 굽어보는
地上에는
작은 그림자 하나
재빠르게 흘러가고 있었다.
(눈으로 얼룩진 산줄기를 타고 넘으며)
그 안에 내가 있었다.

천사天使에게

침상머리의 스탠드를 켰다.
밝은 불빛에 떠오르는
흰 시이트를 덮은 침상은
나의 하루보다 구김살이 없었다.

간소하게 정결한 침상은
과연 나를 위해 마련되었을까.*
송구스럽다. 송구스럽다.*
마음이 가난한 자에게만 허락된 잠자리.

스탠드의 불을 끄기 전에 나는
잠시 마음을 가다듬었다.
당신이 빌려준 잠자리에서
꿈자리나마 어지럽히지 말자.

---

* 이 시는 《월간문학》(1971년 3월)에 「겨울 扇子」 연작의 하나로 발표되었던 「天使에게」를 개작하여 독립시킨 것이다. 처음 발표되었을 당시에는 〈과연 나를 위해 마련되었을까〉가 〈과연 나를 위해 마련된 것일까〉로, 〈송구스럽다. 송구스럽다〉가 〈송구스럽다, 송구스럽다, 송구스럽다〉로 되어 있었다.

노대露臺에서

발코니에서* 건너다 보는 숲에
밤의 나무는 적막하다.
밑둥까지 볼 수 있는 알몸의
밤의 나무는 고독하다.

밤일수록 떠 보이는
나무와 나무 사이의 간격.
앙상한 팔과 마른 손가락으로
허공을 휘젓는* 나무.

죽음보다 깊이 잠든 수녀원의
눈도 내리지 않는, 냉랭한 子正에
밑둥까지 드러낸 알몸은 차갑다.
나무와 나무 사이의 간격*은 두렵다.

---

* 이 시는 《월간문학》(1971년 3월)에「겨울 扇子」 연작의 하나로 발표되었던「露臺에서」를 개작하여 독립시킨 것이다. 처음 발표되었을 당시에는 〈발코니에서〉가 〈露臺에서〉로, 〈허공을 휘젓는〉이 〈하늘을 휘젓고 있는〉으로, 〈나무와 나무 사이의 간격〉이 〈나무와 나무 사이의 허전한 간격〉으로 되어 있었다.

잠결에*

石艸형에게
병문안 전활했다.
돌과 마른 풀의 음성.
화제는
新春詩畫展.
미나리가 살아나는 正·二月에
열리게 될.
—— 좋은 작품, 출품해 주십시오.
—— 글쎄, 그래 봅시다.
마른 그의 목소리
돌과 풀의 음성.
그날밤 잠결에
눈오는 소리를 들었다.

---

* 이 시는 《월간문학》(1971년 3월)에 「겨울 扇子」 연작의 하나로 발표되었던 「잠결에」를 개작하여 독립시킨 것이다. 처음 발표되었을 당시의 모습은 다음과 같다.

잠결에

石艸형에게
병문안 전활했다.
마른 돌과 풀의 음성.
話題는 올봄에 열리게 될
新春詩畵展.
남도에서는 얼음 밑에서도
미나리가 살아나는 正·二月무렵에
열리게 될.
―좋은 作品, 出品해 주십시오.
―글쎄, 그래 봅시다.
마른 그의 목소리
돌과 풀의 음성.
그날밤 잠결에
눈오는 소리를 들었다.

지금

지금
核雨傘 위에 빛나는 北極星.

지금
子正을 달리는 디젤.

深夜放送의 電波의 소용돌이.

奔流하는 F · M.

지금
바위를 갈기는 억센 손.

哨所의 銃口 끝에서 부서지는 별빛.

지금
숙연한 나의 손.
빚어지려는 創造의 풀잎새.

지금

求心點에서 울리는 螺旋形의 啓示.

核傘下의 原始林의 寂寞.
한 방울의 이슬.

落下하며 消滅하는 내일의 隕石.

지금
침몰 五秒前의 睡眠의 늪.

四秒前, 三秒前, 二秒前

오늘의 카운트 다운.

核傘下에서.

강변사로 江邊四路

쿳션에 몸을 맡기고
담배를 피어문다.
달리는 택시 안에서.
퍼런 물빛과
冠岳山을 바라볼 수 있는
생활의 迂廻路
江邊四路에서
어제와 다른 오늘의 바람.
생활의 소용돌이 속으로
휘말리기 二十分前이다.
十分前이다.
五分前이다.
인터체인지를 왼편으로 돌면 뚝섬.
생활의 소용돌이 속으로
휘말리기 三分前이다.
二分前이다.
나는 꽃송이를 마련하는
목련가지의 마음을 생각하며,
定刻 9시.
날카롭게 울리는 오늘의 벨소리를
듣는다.

봄

걸음을 멈추고 바람 속에서 시계소리를 듣는다.

세컨드 세컨드 귀에 울리는, 市廳지붕이 부옇게 바람에 불리운다.

인사한 저 사람이 누구더라. 아지랭이가 피어오르는, 疑問 그것조차 흔들리는 바람 속에서

세컨드 세컨드 게으른 슬리퍼를 끄며, 분홍빛 自失狀態 속에 어리석어지는 생명의 한 때를

오냐, 오냐, 종잡을 수 없는 대답을 바람 속에서 시계소리를 듣는다.

(원주) 세컨드(Second) · 초시(秒時)

수국색 水菊色

그것이 나를
당황하게 한다.
거울같은 오월의
砂金으로 빛나는 햇빛.
거울같은 오월의
水菊色 時間 속에서
수염을 깎는다.
무심하게 자라난 것을
깨끗하게 밀어버리면
거울 속에
멀끔한 얼굴.
그것이 나를
당황하게 한다.

천상天上*

오늘의 乾燥
무심한 砂礫質을
나의 하루는
마르고,
느리게 걷는다.
눈길을 하늘로 돌리면
天上에는
금빛 비늘의 물고기 한 마리.
길게 비껴 누웠다.
달을 머금은
게으른 구름.

---

* 《현대시학》(1970년 1월)에 처음 발표되었을 당시의 모습은 다음과 같다.

天上

오늘의 乾燥
무심한 砂礫質을
나의 하루는
마르고.

年齡에 알맞게 느리게 걷는다.
年齡에 알맞게
눈길을 하늘로 돌리면
天上에는
금빛 비늘의 물고기
길게 비껴 누웠다.
달을 머금은 구름.

장면場面

零下 十七·八度. 酷寒. 공기가 얼음의 분말처럼 쇠리쇠리한 아침이었다. 한 사나이가 새끼로 잉어를 묶어, 鍾路 뒷골목을 걸어가고 있었다. 절룩거리며. 잉어는 헤엄치는 자세로 굳어진채 출렁거렸다.

사나이는 그것을 누구 앞에서나 덜렁 들어보였다. 눈이 바로 박힌 잉어의 엄숙한 수염. 주검의 硬化된 얼굴. 사나이는 두 콧구멍으로 바지랑대같은 숨을 허옇게 뿜어대며 헐값에 팔겠노라, 떠벌렸다.

다른 사나이가 나타났다. 그들은 푸줏간을 배경으로 홍정을 하고 있었다. 그들이 뿜어내는 숨줄기가 허옇게 엉켰다. 푸줏간에는 금방 고기를 받은 것일까. 성애가 낀 진열장. 자줏빛 형광등 조명 속에 고기덩이가 푸들푸들 떠는 것 같았다. 주인은 보이지 않았다. 칼을 갈고 있을까. 가게 안에도 고기덩이가 덩치덩치 걸려 있었다. 어느 것은 비어 있는 쇠갈고리. 악마의 송곳니 같았다. 그것나름의 때가 저려 새까맣게 윤이 나는. 아침의 악마, 쇠갈고리.

사나이들은 홍정이 끝났다. 잉어들을 바꿔들고 사라져 갔다. 맵고 차가운 아침이었다.

마른 빵 부스러기

눈 위에 눈이 온다.
실로 가벼운 것들이
빛나는 것들이
뒤안 응달이나
담장 위에 오고 있다.
조용히 손을 펴서
받으라고 속삭이며 온다.
이것으로
올 겨울의 눈도 마지막일 것이다.
구름 아래서는
이런 것으로 위안을 얻거나
이런 기회에
和解하지 않으면
다른 도리가 없을 것이다.
나는
마른 보리빵 부스러기를 씹으며
구름 아래서의
위안과 和解를
생각해 본다.

7부 크고 부드러운 손
—1979

* 『크고 부드러운 손』에 실린 시들 중 「昇天」, 「중심에서」, 「庭園」, 「平日詩抄」, 「電話」, 「轉身」, 「빈컵」, 「孝子洞」, 「乙支路의 첫눈」, 「밥床 앞에서」, 「크고 부드러운 손」, 「雅歌」, 「無題」, 「兩極」 등 14편은 앞의 다른 시집들에 중복 수록되어 있다. 때문에 여기에서는 위 14편을 수록하지 않았다.

거리에서

걸으면서도 기도한다.
거리에서
마음 속으로
중얼거리는 주기도문
나이 60세
아직도
중심이 잡히는지 나의 신앙
주여 굽어 살피소서.
당신의 눈동자 안에서
오늘의 나의 하루를
외곽으로만 헤매고.
해는 짧고
날씨는 차가운
겨울의 가로수 밑동
걸으면서
안으로 중얼거리는 주기도문.
진실로
당신이 뉘심을
전신(全身)으로 깨닫게 하여 주시고
오로지

순간마다
당신을 확인하는 생활이 되게
믿음의 밧줄로
구속하여 주십시오.
그리하여 나의 걸음이
사람을 향한 것만이 아니고
당신에게로 나아가는 길이 되게 하시고
한강교(漢江橋)를 건너가듯
당신의 나라로 가게 하여 주십시오.

자리를 들고

나는
믿는 자가 되기를 열망한다.
순간 순간마다
믿음을 증명할 수 있는
전적인 생활을 갈망한다.
알 속에 갇혀 있는 생명이
부화되기를 갈망하듯
나의 안에서
새로운 눈동자가 마련되고
날개가 돋아나
열린 세계 안에서 거듭나기를 갈망한다.
교수로서
시인으로서
미지근하게 더운
자리를 걷어 들고,
세속적인
권위와 명성과
타성으로 얽힌 자리를 걷어 들고
걸어갈 수 있는,
신자가 되기를

열망한다.
자리를 들고 걸어 가라
말씀하심으로
걸을 수 있는
그 절대의 능력을
전신으로 받아들일 수 있는
내가 되기를 열망한다.

오른편

궁핍하고 어려울 때마다
오른편을 살펴본다.
주께서 일러주신
말씀의 방향을.
괴롭고 답답할 때마다
오른편을 살펴본다.
주께서 일러주신
믿음의 방향을
진실로
믿는 자에게는
오른편이 있다.
신앙의 그물만 던지면
미어지게 고기를 잡을 수 있다.
설사 그것이
비린내가 풍기는
현실의 고기가 아닐지라도
굶주린 영을
충만하게 채울 수 있는
비늘이 싱싱하게 빛나는
말씀의 생선.

오른편에
그물을 던지는 자만이
믿음과 신뢰의
그물을 던지는 자만이
말씀 안에
그물을 던지는 자만이
위로와 축복으로 가득한
때로는 베드로처럼
펄펄 살아 있는 고기를
그물이 미어지게
건져 올릴 수 있다.

순금의 열쇠

누구나 열쇠
꾸러미를 가졌다.
때로는 은밀한 곳에
열쇠를 감추기도 한다.
도어를 여는 키,
금고를 여는 열쇠,
다이얼을 돌리는
금속성의 경쾌한 마찰음.
그리하여
개폐(開閉)가 자유로운
생활이 부드럽게 회전된다.

누구나
열쇠 꾸러미를 가졌다.
때로는 허리춤에 차고
때는 안 호주머니에
간수하고
미래의 거미줄이 엉켜있는,
물욕으로 질퍽거리는
지상(地上)의 늪지대를,

속임수의 수렁창을,
쇠부스러기를 찾아
허덕이게 된다.

열쇠여.
아무리 열어보아도
공허한
동물의 어둠만이 깃든
썩은 개펄의 바람만이 풍겨나오는
지상의 생활 속에서
비로소
아차하고
저 자신의 열쇠
꾸러미를 새삼 매만져 본다.

베드로여.
베드로여.
베드로여.
우리들의 열쇠
꾸러미에는 없는

잠겨진 하늘의 문.
아무리 흔들어 보아도
잘랑거리는 우리들의
열쇠 꾸러미에는 없는
잠겨진 하늘의 문.

베드로여.
베드로여.
베드로여.
우리는 비로소
새벽에 일어나 무릎을
꿇고 한 밤중에
두 손을 모아
기도를 드리며,
영혼을 응시하며
당신을 향하여
팔을 뻗친다.
그리하여
마태복음 十六장
十九절을 발견하고

참된 열쇠를
움켜잡는다.
지상의 열쇠
꾸러미에는 없는
순금의 신앙으로 다듬어진
열쇠,

베드로여.
베드로여.
베드로여.
지상의 열쇠
꾸러미를 버림으로써
얻게 되는
신앙으로 다듬어진
순금의 열쇠.

감람나무
—— 시편 128편

어린 감람나무여.
주께서
몸소 거닐으신
갈릴리
축복받은 땅에
주의
발자국이 살아 있는
바닷가으로
안수를 받으려고
고개를 숙인 나무여
세상에는
감람나무보다
더 많은 어린이들이
자라고 있지만
그들의
뒤통수에
머물어 있는
주의
크고 따뜻한 손.
세상의

모든 수목은
하나님의 뜻으로
자라나지만
어린 감람나무여
어린 감람나무여
주의 말씀으로 태어난
순결한 핏줄로
지금
환하게 웃는
어린이들 입에 물리는
오월의
금빛 열매여!

말씀을 전함으로 기독교인이 되자
──신앙계 100호를 기념하여

천(千)명의
합동 기도 속에
부글 부글 끓어오르는
말씀의 바다를
나는 보았다.
완고한 심령의
벽을 무너뜨리는
우뢰와 번개의
말씀을 들었다.
구석진 다락방에서
혼자 걸어가는 밤길에서
혹은
운명의 틈바구니에서 간절하게 가꾸는
믿음의 텃밭에
싹트는 말씀의 푸성귀.
그윽하게 풍기는 말씀의 장미 향기.
간구하는 귀절귀절마다
응해주시는
크신 은총을.
형제여,

둘씩 짝을 지어
거저 받은 것을
거저 베풀어 주러 가자.
금이나
은이나
구리를 지니지 말고
두 벌 옷이나
신이나
지팡이를 가지지 말고
우리의 믿음을
베풀어 줌으로 확인하자.
말로써 전할 자는
말로써,
글로써 전할 자는
글로써,
우리의 진실을 증언하자.
말씀을 전함으로
우리는 그리스도인이 되고
천국이 가까움을
스스로 체험하자.

믿음의 흙
—— 요한복음 9장 1-11절

제비는
진흙을 이겨
집을 짓는다.
진흙이 무엇을
뜻하는 것임을 모르고
알을 까기 위하여
그것을 이겨
집을 짓는
맹목적인 슬기
진흙이 무엇을
뜻하는 것인지
누가 아랴,
그것을 이겨
눈에 바르고
보냄을 받은
실로암의 연못에서
씻으므로 장님은
눈을 뜬다.
심령의
눈 먼 자여

영혼의 장님이여
안다는 그것으로
눈이 멀고
보인다는 그것으로
보지 못하는
오만과 아집 속에서
진흙을 이겨
눈에 바르게 하라.
진흙이 무엇을
뜻하는 것인지도 모르고
제비는 둥우리를 마련하여
알을 까는 믿음.
진흙을 이겨
눈에 바르고
보냄을 받은 실로암의
연못에서
눈을 씻자.

아침의 수세미 꽃

누구네 집일까,
누구네 집인지도 모르는
그 담장 너머의
아침의 수세미 꽃
샛노란 빛깔이
너무나 연연했다.
주여 아침 하늘처럼
맑게 개인 마음으로
아름답게 볼 수 있는
지금의 나의 눈을
축복하여 주옵소서
주여
당신의 은혜로움이
땅 속에서 하늘 꼭지까지
충만한
지금의 이 순간을
영원한 나의 시간이
되게 하옵소서
그리고
내가 접하는

모든 사람들과 사이에
지금의 수세미 꽃이
아침의 담장 위에
피게 하여 주옵소서.
지금의
이 충만한 시간이
비누거품같이 꺼져간
그 자국마다
주여
축복하여 주옵소서

어머니의 언더라인

유품(遺品)으로는
그것뿐이다.
붉은 언더라인이 그어진
우리 어머니의 성경책.
가난과
인내와
기도로 일생을 보내신 어머니는
파주의 잔디를 덮고
잠드셨다.
오늘은 가배절(嘉俳節)
흐르는 달빛에 산천이 젖었는데
이 세상에 남기신
어머니의 유품은
그것뿐이다.
가죽으로 장정된
모서리마다 헐어버린
말씀의 책
어머니가 그으신
붉은 언더라인은
당신의 신앙을 위한 것이지만

오늘은
이순(耳順)의 아들을 깨우치고
당신을 통하여
지고하신 분을 뵙게 한다.
동양의 깊은 달밤에
더듬거리며 읽는
어머니의 붉은 언더라인
당신의 신앙이
지팡이가 되어 더듬거리며
따라 가는 길에
내 안에 울리는 어머니의 기도소리.

세수를 하고

마른 타월로
얼굴을 문지르며
오늘 아침에는
희게 빛나는 것들을
생각한다.
물결에 씻기우는 고래의 뼈.
바람에 마른 생선가시.
청산의 구름.
지상의 적요(寂蓼).

참나무 가지로 다듬은 십자가
동양의 주여.
당신은
가랑잎이 깔리는
길로
새벽 같은
빛의 얼굴로 오시고
적요(寂蓼)의 면사포를 쓰시고
개인날의
푸르름으로
보인다.

우슬초

우슬초가 무슨 풀일까
나는 모르지만
퍼렇게 돋아나는
기름진 잎새
우슬초가 무슨 풀일까
나는 모르지만
안다는 것의
그 허황한 오만.
주여
우슬초로
나를 정결케 하옵소서.
정한 마음을
당신이 창조해 주심으로
나는
새롭게 눈을 뜨고
내 안에 돋아나는
기름진 잎새.
진실로
우슬초가 무슨 풀일까
모름으로 더듬는

나의
믿음의 촉각에
살아나는 풀.
안다는 것의
그 새까만 장님의 세계에서
주여
당신이 마련해 주신
오늘의 광명
어린아기의 마음으로
쌓아올리는 예루살렘성
믿음의 주춧돌에
돋아나는 우슬초.

우리의 출입

대문을 나선다.
먹고 마시는 것을
위하여.
바쁜 걸음으로
대문을 나서는
이를 긍휼히 여기소서.
집으로 돌아온다.
하루를
몇 개의 은전과 바꾸고
지쳐서 어깨가 축 늘어져
문을 들어서는
이를 긍휼히 여기소서.
주림도 갈증도
당신이 베풀어 주신 것.
주여.
우리의 출입이
당신으로 말미암아
당신에게로 돌아가는 것.
당신이 열어 주심으로
문이 열리고

당신이 닫아주심으로
문이 닫기는 오늘의
우리들의 출입.
설사 몇 푼의 은전으로
오늘과 바꾸는
이
측은한 출입 속에서도
우리들의 우편에서
그늘이 되고
우리들의 영혼을
지켜주소서.
낮의 해가
우리를 상하지 말게 하고
밤의 달이
우리를 해치지 아니하도록
우리들의 영혼을 지켜 주소서.

이만한 믿음

주여
뜨겁게 믿는
믿음을 주옵소서
믿음의 불길이
타오르게 하소서
귀가 멀고
석고처럼 굳어진 사지(四肢)에
새로운 생명의 피가 돌게 하고
맑은 음성을 들을 수 있는
귀가 열리고
새로운 하늘의 광명을 볼 수 있는
눈이 열리고
신선한 냄새를 맡을 수 있는
코로써
스스로의 믿음을
증명하게 하옵소서
당신의
말씀만으로
육신의 병을 물리치게
하옵시고

죽은 자 가운데서
일어나게 하옵소서
갈릴리 바닷가에 나부끼는
무화과나무 잎새 같은
신선한 삶을
누리게 하옵시고
갓 피어오르는 불길 같은
믿음으로
당신을
찬양하게 하옵소서
주여
열이 오른 이마를
짚어 주시는 당신의 손길,
앓아누운 자리에서도
함께 하시는 당신의 은총
눈을 감고도
뜬 것보다 더욱 선명하게
당신을 뵈올 수 있는
믿음의 자리가
되게 하옵소서

주여
뜨겁게 믿는
믿음을 주옵소서
활활 타오르는
믿음을 주옵소서
믿음의 불길로써
전날의 모든 것을 태우고
새로운 생명의 피가 돌게 하고
거듭나게 하소서
「이스라엘 중에서도
이만한 믿음을 만나보지 못하였노라」 하신
당신의 말씀이
제게도
임하는
뜨겁게 믿는 자가 되게 하소서.

평온한 날의 기도

아무런 근심도 걱정도 없이
평온한 날은
평온한 마음으로
주님을 생각하게 하십시오.
양지 바른 창가에 앉아
인간도 한 포기의
화초로 화하는
이 구김살 없이 행복한 시간
주여
이런 시간 속에서도
당신은 함께 계시고
그 자애로우심과 미소지으심으로
우리를 충만하게 해 주시는
그
은총을 깨닫게 하여 주십시오.
그리하여
평온한 날은 평온한 마음으로
당신의 이름을 부르게 하시고
강물 같이 충만한 마음으로
주님을 생각하게 하십시오.

순탄하게 시간을 노젓는
오늘의 평온 속에서
주여
고르게 흐르는 물길을 따라
당신의 나라로 향하게 하십시오.
三月의 그 화창한 날씨 같은 마음 속에도
맑고 푸른 신앙의 수심(水深)이 내리게 하시고,
온 천지의 가지란 가지마다
온 들의 푸성귀마다
움이 트고 싹이 돋아나듯
믿음의 새 움이 돋아나게 하여 주십시오.

어머니의 성경

지금 내가 읽고 있는
이 책은
어머니께서 유물로 남겨주신
성경이다.
이 두툼한 성경을
성경주머니에 넣어 드시고
사경회로 부흥회로 다니시며
돋보기 너머로 읽으시던
그 책이다.
기쁘고 외로우실 때마다
혼자 읽으시던
그 책이다.
이 두툼한 성경을
두 손으로 모아잡고
아들을 위하여
축복해 주시고
하나님께 간구하시던
그 책이다.
붉은 연필로
언더라인을 그으시며

八十평생을
의지해 사시던
그 책이다.
지금 내가 읽는
성구(聖句)마다
어머니의 눈길이 스쳐가시고
어머니의 신앙(信仰)이
증명해 주시고
어머니의 축복이 깃들어 있는
어머니의 성경.
어머니의 기도로써
내가 받은 축복.
어머니의 기도로써
내게 내리신 하나님의 은총
지금 나도
돋보기 너머로 어머니의 성경을
읽으면서
자식들을 위하여
주님께 축복을 간구한다.
만일 내가 이 성경을

자식들을 위하여
유물로 남기면
우리 집안의 기도는
3대(三代)로 이어질 것이다.
주여
긍휼히 여기소서
주여
구원하여 주옵소서.
주여
축복하여 주옵소서.

부활절 아침의 기도

주여
저에게
이름을 주옵소서.
당신의
부르심을 입어
저도 무엇이 되고 싶습니다.
주여
주여
주여
태어나기 전의
이 혼돈과 어둠의 세계에서
새로운 탄생의
빛을 보게 하시고
진실로 혼매한 심령에
눈동자를 베풀어 주십시오.
「나」라는
이 완고한 돌문을
열리게 하옵시고
당신의 음성이
불길이 되어

저를 태워 주십시오.
그리하여
바람과 동굴의
저의 입에
신앙의 신선한
열매를 물리게 하옵시고
당신의
부르심을 입어
저도
무엇이 되고 싶습니다.
주여
간절한
새벽의 기도를 들으시고
저에게
이름을 주옵소서.

노래

나의
머리 위에 얹혀지는
손이
나를 태운다
나사렛 예수여
나사렛 예수여
못박힌 자국이
모든 것을 증거해 주는
불의 손이
나를 태운다
나의
머리 위에 얹혀지는
손이
나를 충만하게 한다
나사렛 예수여
나사렛 예수여
못박힌 자국이
모든 것을 증거해 주는
바다의 손이
나를 깨끗하게 한다

못박힌 자국으로 말미암아
이제 나는
당신을 벗어날 수 없다
나는 당신의 사람
못박힌 자국이
나를 구속한다

오늘은 자갈돌이 되려고 합니다

주여
오늘은 작은 자갈돌이
되려고 합니다.
유월의 잎새 그늘에
촉촉하게 젖어 있는
자갈돌의
호젓한 안식을 제게도
베푸소서.
주여
진실로
오늘은 작은 자갈돌이
되려고 합니다.
안에서 속삭이는
모든 말이 잦아진
공간의 중심에
하나의 자갈돌로
있게 되는
그 까닭 없는 충만을 제게도
베푸소서
주여

제가
무엇이옵니까.
이 물음에 대한 대답을
주께서 일깨워 주시고
주의 이름을 통하여
제게로
명명(命名)을 베푸소서.
오늘은
자갈돌이라 부름을 입게 하시고
내일에는 내일의 이름을
제게도 베푸소서.

문

눈이 뜨자
당신의 문이 열리고
빛과 밝음의
오늘을
베풀어 주옵소서.
진리와
진리 아닌 것 사이에
빛과
어둠 사이에
가로놓여 있는
문을 깨닫게 하시고
열고 들어가게 하여
주옵소서.
열리기 위하여
닫혀 있는 문의 그
축복을 깨닫게 하옵시고
우리를 위하여
항상 빗장이 뽑혀 있는
문의 그
위대한 은총을

깨닫게 하여 주옵소서
자는 동안
꿈에서라도
양편으로 환하게 열려 있는
당신의 문을
보게 하시고
당신의 테두리 안으로
들어선 자의
가족적인 축복을
제게도 베푸소서.
들어서지 못한 자는
영원히 문 밖에
서성거리게 됩니다.
주여
문을 들어선 자만이
못자국이 증거해 주는
손의 축복을 입어
보혈로써
거듭날 수 있읍니다.
문을 열고

들어가게 하여
주옵소서.
베풀어 주심으로
가질 수 있는 믿음으로
문 안에
들어가게 하여
주옵소서.

처음부터

우리는 주님을
우리가 뵙는 것이 아니다.
처음부터 우리는
주님 안에서
주님과 함께 있었다.
그러므로
주님을 뵈옵기 위하여
주위를 두리번 거리는 것은
어리석은 일이다.
진리의 성령은
이미 우리에게 와 있으며
우리는
주님과 함께 있었다.
빛을 빛으로 보게 되는 것은
나의 눈이 아니다.
주님과 함께
보는 것이다.
우리가
먹고 마시고 행하는 것은
내가 아니다.

주님과 함께
먹고 마시고 행하는 것이다.
실로 우리가
은밀한 곳에서 행하는 일이나
밝은 곳에서 행하는 것이나
늘 주님은
우리와 함께 있으며
나는 주님과 더불어
오늘을 살고 있다.
내 안에 있는
주님의 눈동자
내 안에 있는
주님의 음성
주여
우리가 숨쉬는
숨결 속에 함께 계시는
당신을 느끼게 하시고
우리가 행하는
적고 큰 일 하나하나가
함께 있는 당신을

증거하는 일이 되게 하시고,
진실로 주여.
처음부터 우리는
주님 안에서
주님과 함께 있음을
순간마다 깨닫게 하시며
우리들의 생활이
가난하든 넉넉하든
당신과 함께 있음을
믿게 하시고
우리가 펴는 삶의 구석구석마다
당신의 영광을 찬양하고 증거하는
금빛과 은빛의 색실로
수놓는 생활이 되게 하시며
마지막 날,
그 찬란한 빛과 구원 속에서
당신 안에 있는
저가 되게 하소서.

바위 안에서

나의 뜰에는
늦가을의 그늘이 내리고
가랑잎이 지고 있다.
이제
모든 겉치레를 벗고
저 안으로
뿌리를 내릴 때다.
참음으로
고독을
별나라까지 이르게 하여
고독 안에서
맑고 투명한 영혼의
눈동자를 얻어야 할 때다.
참음으로
고독을
무한으로 넓혀
고독 안에서 마련되는
새로운 질서의
밤과
별자리와

한 밤중에서도 환하게 빛나는
빛을 얻어야 할 때다.
세속적인 그것을 위하여
열려 있는 귀를 막고
입을 봉하고
눈을 감고
인내와 고독의
바위 안에서
절대로 그분을 위하여
그분의 말씀에 따라
나의 거처가
마련되어야 할 때다.
지금
나의 뜰에는
가랑잎이 지고 있다.
잎이 지는 그 방향에서
내게로 다가오는
발자국 소리가 들려온다.

일어나라

일어나라 하심으로
잠자리에서 눈을 뜨고
우리는 일어나
오늘의
찬란한 새벽을 맞이한다.
일어나라 하심으로
간밤의
그 깊은
잠에서 깨어나
우리는 새로 마련된 빛과 그늘을
보게 된다.
오늘 나는 새는
어제의 새가 아니다.
일어나라 하심을 입어
오늘 눈을 뜬
새가
지금 숲에 지저귄다.
지금 우리 주변에는
일어나라 하심을 입어
눈을 뜨게 된 것들의

그 신선한 축복으로 충만하다.
진실로 우리는
일어나라 하심으로
눈을 뜨고,
날마다 새로 마련된
첫날의 광명 속에서
오늘을 맞는
그 신선한 흥분으로
하늘을 보게 된다.

돌아보지 말자
―― 창세기 一九장 六절

하루에도 나는
몇 번이나 소금 기둥이 된다.
롯의 아내여
뒤를 돌아보지 않으려고
다짐하면서
믿음이 약한 자여
세상의 유혹에 이끌려서
나는
뒤를 돌아본다.
뒤를 돌아보았자
유황(硫黃)과 불의 비가 퍼붓는
타오르는 소돔과 고모라
나의 어리석은 미련이여.
나는 하루에도
하루에도 몇 차례나
뒤를 돌아보고 소금기둥이 된다.
신문지로 만든 관(冠)에
마음이 유혹되고
잿더미로 화하는
재물에 미련을 가지게 되고

오늘의 불 앞에
마음이 흔들리고
뱀의 혀의
꾀임에 빠져
뒤를 돌아본다.
거듭
믿음이 약한 자여
오로지 주를 향한 생명의 길을
앞만 보고 걸어가자.
걸어갈 수 있는
믿음을 가지자.

성탄절을 앞두고

이른 새벽에 일어나
내외가
돋보기를 서로 빌려가며
성경을 읽었다.
눈이 오고 있었다.
「예수 그리스도의 나심은
이러하니라」
마태복음 1장 2장
읽을수록
그 신비
그 은총
너무나 감사해요.
아멘.
그리스도의 탄생 안에서
우리는 거듭나고
차분한 마음으로
성경을 읽었다.
이 연령에
범죄할 리 없을 것 같다.
그럴수록 남은 여생을

얼룩없이 살기를 다짐하며
우리들의 앞길에도
순결한 축복의 눈이 쌓이고
깨끗하기를 간구한다.
벌써 크리스마스가 가까왔군요.
그렇군.
올해 성탄절에는 성가대에 끼어
우리도 큰 소리로
구주 예수 오셨네를 부르며
골목을 누벼볼까요.
함박눈이 오고 있었다.
그리고 벌써부터
성탄절 새벽의
경건한 아침 공기가
방안에 서려왔다.

네 믿음이
—— 마태복음 九장 二三절

앓는다는 것은
하나의 축복이다.
앓음으로 비로소
한밤에 일어나
자기의 믿음을 가늠해 보고
애절하게 주의 이름을 불러보고
간구한다.
병이 낫는다는 것은
당신의 사람이 된다는 것
요는
당신의 사람이 된다는 것
주여
당신의 보혈이
핏줄마다 서리게 된다는 것
할렐루야
당신
옷깃에 스치는 것만으로
우리는 새 사람이 되어
저희 믿음으로
저를 구원하게 한

이
영원한 원리 속에서
더욱 상쾌한 새 날을 맞게 된다.

희고 눈부신 천 한 자락이
―― 사도행전 十장 十절

희고도 눈부신
천 한 자락을 하늘나라에서
내게로 드리워주셨다.
물론 비몽사몽 간에
그것이
무엇을 뜻하는 것일까
그것을 통하여
무엇을 보여주시는 것일까
물론 미련한 우리들이
어찌 다 헤아릴 수 있으랴?
희고도 눈부시는 천 자락이
눈 앞에 펄럭일 뿐
그러한
희고 눈부시는
천자락이
북소리처럼
가슴에 울리는 음성으로
변했다.
꽹과리처럼
자즈러지게 울리는

음성으로 변했다.
하늘이 내게 베푸시는 은총
주의 사람임을 증거하는
표적을 보자.
나는 그 자리에서 타올라
재가 되었다.
할렐루야
주의 사람임을 증거하는
그 숨막히는 눈부심
천 한 자락을 하늘에서
내게로 내려 보내주셨다.
잠을 깨자
나는 주의 사람
새로 빚은
포도주 같은 피가 돌고 있었다.
할렐루야
나는 꿈 속에서 새 사람이 되었다.

평신도의 장미

흰 장미와
붉은 장미가
지하(地下)에서
나의 시에 맺히는
아침의 이슬
주여
주여
주여.
어리석은 것으로
충족한 오늘 속에서
밤의 명상과
아침의 찬송가
환한 긍정의 눈을 뜨고
마음 가난하게 살기를 다짐하는
평신도(平信徒)의
짧고도 힘찬 기도
진실로
당신이 누구이심을
짐작하는 것으로만
빛나는 풀잎새
흰 감자와

자주빛 감자가 알을 배는
땅밑으로 스미는
사랑의 입김.
주여
주여
주여.
하루에 세 번
당신의 이름을 부르는
그것으로
지팡이를 삼고
오늘을 사는
어리석고 충만한 자의
이마에
저녁햇살.
붉은 장미와
흰 장미가 되는
풍요 속에서
순간 마다 피어나는
생기찬
당신의 모습.

신춘음 新春吟

오냐, 오냐, 오냐.
어머니의 목소리로
얼음 밑에서도 살아나는
미나리.
오냐, 오냐, 오냐.
어머니의 목소리로
환하게 동이 트는
새날의 새벽.
믿음과 긍정의
누리 안에서
훈훈하게 열리는
남쪽의 꽃봉오리.
오냐, 오냐, 오냐.
어머니의 목소리로
사방에서 들리는 사랑의 응답
오냐, 오냐, 오냐.
어머니의 목소리로
우리는 흐뭇하게
멱을 감으며
오냐, 오냐, 오냐.

어머니의 목소리로
東에서 西까지
먼 길을 가며…….

신춘음 新春吟

하루종일
열리우고 닫히는 문옆에
말이 없는
卓子의 水仙같은 것
그것을 생각하다.
或은 텅 빈 뜰을
거리에 내리는 눈을
치렁치렁한 星座를.
그리고
눈위로 부는 바람과
朝夕으로 달라지는 바람의 향기를.
들뜨지 말자.
떠들지 말자.
덤비지 말자.
조용히 풀 한 포기.
말 한마디를 所重히 하는 것
그것을 생각하다.
우리 生活이 아무리 분주하더라도
또한 이마에 땀방울이 맺혀야
비로소 衣食에 窮하지 않는 것이

人間에게 주어진 刑罰일지라도
躁急히 굴지 말자.
설레지 말자.
항상 마음을 비어두고
가난 속에 스민 은혜와
苦惱 안에 싹트는 구원과
절망 속에 넘실대는 희망을
한 팔로 싸안고
소란한 時代일수록
聰明한 눈을 뜨고
조용하자.
진실로
人間이 빵으로만 사는 것이 아닐진대
무엇에 우리의 生活이
拘束되랴.
문득 검은 머리털에
한 오리 白髮을 發見하듯
그런 마음으로
卓子의 水仙같은 것을
코에 어려오는 눈 바람 내음새 같은 것을

有心히 생각하자.
自然스러운 삶은
無心히 퉁겨진 珠版알이
一定한 數値를 지니듯 한 것.
生의 보람을
計算하지 말자.

아침마다 눈을

아침마다 눈을 뜨면
환한 얼굴로
착한 일을 해야지
마음 속으로 다짐하는
나는 그런 사람이 되고 싶다.

하나님은 날마다
금빛 수실로
찬란한 새벽을 수 놓으시고
어둠에서 밝아오는
빛의 대문을 열어젖혀
우리의 하루를 마련해 주시는데

불쌍한 사람이 있으면
불쌍한 사람을 돕고
괴로운 이가 있으면
괴로움을 함께 나누고
앓는 이가 있으면
찾아가 간호해 주는,

아침마다 눈을 뜨면
밝은 하루를
제게 베푸신
하나님께 감사하고
착한 일을
마음 속으로 다짐하는,

나는
그런 사람이 되고 싶다.
빛같이 신선하고
빛과 같이 밝은 마음으로
누구에게나 다정한,
누구에게나
따뜻한 마음으로 대하고
내가 있음으로
주위가 좀 더 환해지는,
살며시 친구 손을
꼭 쥐어주는,

세상에 어려움이

한 두 가지랴.
사는 것이 온통 어려움인데.
세상에 괴로움이
좀 많으랴.
사는 것이 온통 괴로움인데.
그럴수록 아침마다 눈을 뜨면
착한 일을 해야지,
마음 속으로 다짐하는
나는 그런 사람이 되고 싶다.

서로서로가
돕고 산다면
보살피고 위로하고
의지하고 산다면

오늘 하루가
왜 괴로우랴.
웃는 얼굴이 웃는 얼굴과
정다운 눈이 정다운 눈과
건너보고 마주보고

바라보고 산다면,
아침마다 동트는 새벽은
또 얼마나 아름다우랴

아침마다 눈을 뜨면
환한 얼굴로
어려운 일 돕고 살자,
마음으로 다짐하는
나는
그런 사람이 되고 싶다.

빛을 노래함

사람은
빛으로 산다.
눈을 밝게하는 햇빛이나
마음의 눈을 뜨게하는
내면의 빛으로 산다.
장님에게는
장님의 빛이 있다.
안으로 불밝힌 황홀한 빛.
손가락에는 손가락의 빛이 있다.
사물을 더듬는 觸覺의 빛
코에는 코의 빛이 있다.
냄새를 맡을 수 있는
嗅覺의 빛
참으로 인간은
빛 그것이다
말이 밝혀주는
예지의 빛.
너와 나를 맺어주는
사랑의 빛.
물론 우리에게는

더 큰 빛이 베풀어진다.
긍휼하신 神의 눈동자와
말씀의 빛.
다만
빛의 빛임을 모르는
미련한 자가
꺼진 등불을 들고
짐승의 무리 속에서 방황한다.
그 어두운 內面
굳은 말씨.
그들은 먹고 마시는 것만으로.
만족한다.
그리하여
차디찬 여명과 밝은 아침이
어디서 비롯됨을 모르고
날이 어떻게 저무는지 모른다.
어리석은 자여.
그들은 어둠에서 태어나서
어둠으로 돌아가지만
슬기로운 자는

빛에서 태어나서
빛으로 돌아간다.

월요일月曜日 아침에도

I

우리의 信仰을
손이 증명하자.
信仰을
발이 증명하자.
참 信仰을
코가 증명하자.
주의 뜻에서 사는 자의
그 정결한 손.
그 조심스러운 발.
그 향기로운 심령의 향기.

II

오늘은
어중간하게 살 때가 아니다.
삭막한 年代의 不毛地에
로키트가 날으는 높이만큼

깊이 내리는 心靈의 뿌리.
누구를 위해서가 아니다.
간절한 기도와
神의 拘束 속의 解放.

III

참으로
神이 계시느냐.
이 질문에 대한
확고한 대답을 준비하자.
그
신앙과 신념을
손이 증명하자.
발이 증명하자.
코가 증명하자.
그리고 主日이 아닌 月曜日 아침에도*
金曜日 밤에도 증명하자.

* 이 시의 제목은 시집 목차에는 〈月曜日 아침에도〉로 되어 있지만 본문에는 제목이 〈日曜日 아침에도〉로 되어 있다. 그러나 시 본문 내용 중에 〈月曜日 아침에도〉라는 구절이 있는 것으로 보아, 제목이 〈月曜日 아침에도〉가 맞는 것으로 여겨진다. 본문 제목이 〈日曜日 아침에도〉로 되어 있는 것은 인쇄상의 실수라고 판단된다.

수요일水曜日의 사과

강의는 午前뿐
用務가 없는 水曜日
갤슴하게 웃는 午後를
東大門 밖으로 나가
혼자 茶나 마실가.
누구나 살며는
이런 날도 갖나부다.
조용히 돛을 펴고 기우는 하루를
밤이면 불이켜질 敎會
언덕 아래로
비둘기 붉은 발이
다리께로 걸어가는……

접시에 한 쪼각 軟한 果肉
水曜日의 사과를
씹으며
訪問한 친구도 없이
茶房에서
神을 생각해 보는
果汁으로 앉아서 沐浴하고

그늘아래 椅子
五月의 情緒를…….

밭머리에 서서

저 빛나는
저 充滿한 生命의 주인은
따로 계신다.

저 充滿한 生命의 주인은
따로 계신다.
우리 이마 위에 해를 뜨게 하고
후끈한 사랑으로 가슴을 덥게 하고
촉촉히 비를 뿌리시는
아아 그분의 어지신 經營
너그러운 베푸심.

너무나 벅찬 生命의 光輝에
나는 다만 넋을 잃을 뿐,
저 황홀한 푸름
저 넘치는 자라남.
나는 밭머리에 서서
밭 임자가 누굴까 생각한다.
名目上 밭 임자야
내가 틀림 없지만.

저 줄기찬 成長
저 황홀한 生命의 光輝
싱싱하게 빛나는
밭머리에 서서
나는 밭 임자가 누굴까
名目上 밭 임자야
내가 틀림없지만

名目上 밭 임자야
내가 틀림없지만
무슨 힘으로 내가
生命을 눈 뜨게 하고,
땅 속에 뿌리를 펴게 하고,
저 잎사귀 하나마다
황홀한 光彩를 베풀 것인가

나는 다만 어리석고 誠實한
일꾼에 지나지 않다.
때가 되면 씨앗을 뿌리고
때가 되면 호미로 김을 맬 뿐.

신神이 거니는 잔디

푸른 잔디든 금잔디든
잔디에는 꿈이 서려 있다.
사람이 비롯된 그날부터
사람의 마음을 꾀는
하늘이 펼쳐놓은
생명의 樂譜. (멜로디의 풀밭)
푸른 잔디든 금잔디든
잔디에는
누구도 거역할 수 없는
안식이 서려 있다.
생명을 지닌 자는
모두 草原을 동경하고
(멜로디의 풀밭)
푸른 잔디든 금잔디든
잔디에는
목숨의 평화가 깃들어 있다.
神과 더불어 살 수 있는
유일한 地域.
멜로디의 풀밭에서
누구나 구원을 받는다.

푸른 잔디든 금잔디든
잔디가 펼쳐진 곳에서는.
구름도 잔디밭에서는
한가롭게 머문다.

모란牧丹 앞에서

——금년(一九六九년)의 모란꽃 첫 송이가 오늘(五月十二日) 피었다.

I

緊張하라.
緊張하라.
時間의 처진 시울을 조아매고,
彈力있는
오늘의 모란꽃
잎새 뒤에는 내일의 봉오리.

II

먹고 마심을 근심말자.
물만 마시고도 환한 모란꽃.
꽃이야
하나님의 뜻으로.
피지만
구질구질한 用務로 분주한
午後의 오늘의 約束

III

내일은
江陵으로 떠난다.
예약된 座席에
이미 내가 타고 있다.
내일을 날으는 飛行機의
흰 그림자.
내가 없는
뜰에
모란꽃.
純金의 花心에 빛날 햇빛을 생각하며
오늘
午後를 긴장하라.

양羊을 몰고

羊을 몰고
개울을 건널 일을 생각한다.

그 順하고 어질고
어린것을 몰고
맑은 냇물을 건너는
그것이 나의 生涯가 될 순 없지만

평화로운 풍경이여.
악착같은
삶에의 執着과 誠意.
손마디마다 구둣살이 박히고
발바닥에는 티눈
짓이겨가며 사는 생활의 길에서

나는 羊을 몰고
개울을 건널 일을 생각한다.

풀빛이 싱싱한 草原으로
나의 기도는 나부끼고

자줏빛 산줄기에
잔잔한 소망이 타오르는
그
어느 호젓한 오솔길로

羊을 몰고
개울을 건너는 꿈을 꾼다.

설사 그것이
나의 마지막 念願일지라도
누가 탓하랴
人生은 괴로운 것
아름다운 꿈으로만 그것을 짜안고

順하고 어질고
어린것을 몰고
나는 맑게 흐르는 것을 건널 일이
마음에 흐뭇하다.
그것이 나의 生涯가 될순 없지만,

삼월三月로 건너가는 길목에서

二月에서
三月로 건너가는 바람결에는
싱그러운 미나리 냄새가 풍긴다.
海外로 나간 친구의
體溫이 느껴진다.
참으로
二月에서 三月로 건너가는
골목길에는
손만 대면 모든 사업이
다 이루어질 것만 같다.
東·西·南·北으로
틔어 있는 골목마다
水菊色 공기가 술렁거리고
뜻하지 않게 반가운 친구를
다음 골목에서
만날 것만 같다.

나도 모르게 약간
걸음걸이가 빨라지는 어제 오늘.
어디서나

분홍빛 발을 아장거리며
내 앞을 걸어가는
비둘기를 만나게 된다.
──무슨 일을 하고 싶다.
──엄청나고도 착한 일을 하고 싶다.
──나만이 할 수 있는
일을 하고 싶다.
二月에서
三月로 건너가는 바람 속에는
끊임없이 종소리가 울려오고
나의 겨드랑이에 날개가 돋아난다.
희고도 큼직한 날개가
양 겨드랑이에 한 개씩 돋아난다.

가을의 기도

주여
오늘은
거두어 들이기에 바쁜
가을입니다.
우리들에게 베풀어주심이
이처럼
엄청납니다.
이제 온
세상은 추위와 얼음과 눈으로
덮이고
눈보라가 길을 가다 막아도
우리들에게는
따뜻한 거처와
솜옷과 더운 물이
주어지고
불의 요정들이
훈훈한 공기도 감싸주고 있읍니다.
우리들에게 베풀어주심이
이처럼
엄청납니다.

주여
이 크신 은총과
자비로움을
깨닫게 하여 주옵소서
그리하여
아침의 기도와
한밤의 묵상으로
사랑의 물길을 자아올리게 하시고
위으로 주신 것을
위으로 돌리며
이웃을 위하여 나눠가짐으로
베풀어 주신 분에게
영광 돌리게 하옵소서.
또한
주여
얼음과 눈보라 속에도
꺼질 줄 모르는
믿음의 불길을 활활 피워 올려
생명의 촛대마다
불을 밝히고

심령의 종소리가
크리스마스 새벽을 알리게 하시고
하늘나라의
말씀을 전할 수 있는 혀와
당신을 숨쉴 수 있는 코와
슬기로운 눈을 베풀어 주시고
드디어
주께서 거두어 들이시는
광우리에
알찬 열매로 담기게 하옵소서
할렐루야.

내리막길의 기도

오르막길이 숨 차듯
내리막길도
힘에 겹다.
오르막길의
기도를 들어주시 듯
내리막길의 기도도
들어 주옵소서.

열매를 따낸
비탈진 사과밭을
내려오며
되돌아 보는
하늘의 푸르름을
뉘우치지 말게 하옵소서.

마음의 심지에
물린 불빛이
아무리 침침하여
그것으로
초밤길을 밝히게 하옵시고

오늘은
오늘로써
충만한 하루가
되게 하옵소서
어질게 하옵소서.
사람으로 충만하게 하옵소서.
육신의 눈이 어두워질수록
안으로 환하게
눈 뜨게 하옵소서.

성신이
제 마음 속에
역사하게 하옵소서
하순(下旬)의
겨울도 기우는 날씨가
아무리 설레이어도
항상 평온하게 하옵소서
내리막길이
힘에 겨울수록
한 자욱마다

전력(全力)을 다하는 그것이
되게 하옵소서.
빌수록
차게 하옵소서.

얼룩진 보자기의 네 귀를 접는

얼룩진 보자기의
네 귀를 접듯
눈물과 뉘우침의 한 해를 챙긴다.
과오는 사람이므로
누구나 범할 수 있지만
새벽의
쓰디쓴 참회의 눈물은
누구나 맛볼 수 없다.
순결이여,
얼룩진 자리마다
깨끗하게 씻어내는
새로운 정신의 희열이여,
참으로 뉘우침으로
인간은 인간으로
새롭게 거듭하고
그 정신의 안쪽에 열리는
생기찬 과일로써
오늘의 신성한
여명을 맞이한다.
저무는 것은 저물고
마무리해야 할 것은

마무리하게 되는
마지막 여울목에서
우리들의 소망은
오로지 새로운 내일의
무구한 새벽을 맞이하는 일.
그리하여
순결한 인간으로서
거듭 태어나서
저 황홀한 광명과
신선한 정결함 속에서
핏줄 가닥가닥마다
팽창한
삶의 기쁨을 누리고
걸어가는 우리들의 발자국마다
사람된 길에
꽃을 피우게 하는 것
그 꿈과
의지와 뉘우침으로 오늘은 얼룩진 보자기의
네 귀를 다정하게
접는다.

밤에 쓴 시詩

어느 어둑한 文房具가게에 들려,
두툼한 노오트와
香내가 도는 鉛筆을
사들고 왔다.
電車가 끊어진 電車길 위에
함박눈이 내렸다.

집에 돌아가,
그 쓸쓸한 二層, 람프 앞에서
나는 몇 줄의 詩를 쓸 것이다.
함박눈처럼
憂愁가 쌓이는 세상에서
겨우 두어間 제 자리를 밝히는
長明燈을 켜듯한 몇 줄의 祈禱.

詩를 쓰는 밤은
서러우리라.
싸락눈같은 내 祈禱에
스스로 내가 눈물겨워
람프와 단 둘이
밤을 새우네.

겨울의 일상日常

가는 눈발이 무시로 내리는 地方.
사람들은 가난했다.
빈 주머니를 덜렁거리며
生活周邊을 맴도는 그들의
허전한 발자국.
마른 풀 한줌의 日常.
밤이면
얼음조각에 부셔지는 별빛을 밟고
삐걱거리는 겨울의 물지게.
다만
마을於口에
古木 한 그루
언 땅에 뿌리를 펴고
그 참음의 象徵
그 意志의 化身.
사람들은 가난했다.
모가 날카롭게 빛나는 눈발이 무시로 내리는
땅위에
가난한 탓으로 처절하게 아름다운

그들의 겨울.
그들의 信仰.

포인세티어

세상은 춥다.
얼어붙은 돌멩이의
차가운 遊星 위에서
우리들의 사랑으로
데우는 심장
촛불을 켜고
오늘 밤의
베들레헴의 별과
기도소리와
참으로 구원이
어디서 오랴.

얼어붙은 돌멩이의
차가운 遊星 위에서
우리들의 사랑으로
불을 밝히고
寶血로 물들인
포인세티어의
붉은 잎새
오늘 밤의

베들레헴의 별과
山上福童과.

거룩한 밤에

마음에 平和를 주십시오.
눈이 쌓이는
들판과 같이 숲속과 같이
人類의 마음 속에 오늘밤
끝없이 풍성한 平和를 누리게 하여 주십시오.
산다는 것이
아무리 어려운 試鍊과
고된 苦役과
拘束과 義務에 짓눌리는
가파른 고빗길이라 하더라도
종내
당신에게 영광을 돌리려는
사랑의 길임을
깨닫게 하여 주십시오.
실로
지난 발자취는 눈으로 덮이고
풀은 마르고 꽃은 떨어지되,
오직
진리의 말씀만은 세세토록 있게 됨을
믿게 하여 주십시오.

마음 속에 소망이 싹트게 하여 주십시오.
지금
서서 있는 자에게나
누워있는 자에게나
당신을 향하여 무릎을 꿇고 있는 자에게나
갇혀있는 자에게나
풀려있는 자에게나
心靈에 환한 소망의 불이 밝혀지고
풍성한 평화를 누리게 하여 주십시오.
우리 겨레를 축복하여 주십시오.
가난과 後進性을 탈피하고
70년대의 꿈과 결의로 부푼
우리들
내일에의 전진을 위하여 발돋움하는
오늘밤의 안식과 평화 속에
새로운 샘물이 고이게 하여 주십시요.
지금
찬란하게 별자리가 널려있는
무궁한 조국의 山河
골짜기마다

단란과 평화가 깃들게 하여 주십시오.
國土의 기슭을 찰랑거리는 파도소리도
당신의 영광을 노래하게 하여 주십시오.
은총을 베풀어 주십시오.
통일과 번영을 다짐하는
약동하는 조국
三千만의 겨레
한 사람 한 사람에게
작은 꿈은 작은 꿈대로 이루어지고
큰 꿈은 큰 꿈대로 成就되고
불이 밝혀진 창에도
꺼진 창에도
오늘 밤의 거룩한
당신의 빛이 서려
하늘의 영광을 찬송하게 하여 주십시오.
참으로
믿음으로써
우리 영혼을 깨끗하게 하고
거짓없이 형제를 사랑하고
이웃과 화목하고

거듭난 것이 썩지 않는 씨앗이 되어
地上에 平和
하늘에 영광을 돌리는
이 거룩한 밤을
사랑과 평화와 소망으로
경건하게 맞이하게 하여 주십시오.
정숙하게 맞이하게 하여 주십시오.

무제無題

장지문을 닫았다.
純紙로 밝힌 內面
기도를 하자.
어머니의 音聲으로
기도를 하자.

크리스마스의 밤을
降雪이 溶解하는 바다.
人類의 평화를 위한
오늘 밤의 축복을
기도를 하자.

마디가 굵은 손을
성경책 위에 얹음은
人間의 가장 崇高한 자세
기도를 하자.
시련은 神의 긍휼하신 선물.

우리의 생활이
어려울수록

장지문에 어려 올
밝음을 생각하자
기도를 하자.

오늘, 크리스마스의 밤을
물같은 마음으로
불같은 마음으로
단정하게
무릎을 꿇자.

작은 베들레헴에 불이 켜진다

높은 곳에서
눈은 내리고 있다.
가늘고 순결한 것으로
세상은 충만하다.

이
은혜로운
눈발 속에서
촛불이 켜진다.

地球의 구석 구석마다
전나무가지에
人類의 心靈 속에
불빛은
할렐루야를 외친다.

참으로 오늘 밤
가난한 자는 가난한대로
작은 촛불을 밝히고
족한 자는 족한대로

굵은 촛대에 불을 물리고
할렐루야를 부른다.

당신이 대속해 주심으로
하늘나라의 문은 열리고
우리들은
마지막 부를 수 있는
이름을 가졌다.
주여
주여
주여
눈발 속에서
천사의 合唱이 울리고
따끝까지
평화가 깃든다.

누구나
가난한 마음으로
누구나
조용한 마음으로

누구나
평화로운 마음으로
저마다의 心靈에
불을 밝힌다.

높은 곳에서
눈은 내리고
가늘고 순결한 것으로
세상은 충만하다.

地球의 구석구석마다
촛불이 켜지고
따끝까지
평화가 깃드는
天上의 영광, 지상의 평화
구름 위에서는
별이 빛나고
작은 베들레헴에
불이 켜진다.

오늘 밤 지구를 에워 싸고

촛불이 켜진다.
오늘 밤 둥근
지구를 에워싸고
켜지는
촛불의 숲.
당신을
만난다. 만나려는
인류의 염원이
촛불로 밝혀진다.
십자가에 못 박힌
그 손의 증거.
주의 부활로
죄 사함을 받은,
속죄의 길이 열린
하늘의 은총.
어느 곳에는
눈이 온다.
어느 곳에서는
바람이 분다.
눈이 오건 바람이 불건

한 덩이의
지구를 에워싸고
촛불이 켜진다.
경건한
손으로 밝히는
불꽃에
당신의 사랑이
당신의 눈동자가
당신의 구원의 손이
흰 이마가
지금
우리를 지켜본다.
아멘.
하늘의 영광, 지상의 평화.

성탄절聖誕節의 촛불

촛불을 켠다.
눈을 실어나르는 구름
위에서는 별자리가
서서히 옮아가는
오늘 밤
크리스마스 이브에
눈이 내리는 地上에서는
구석마다 촛불이 켜진다.
믿음으로써만
화목할 수 있는 地上에서
오늘 밤 켜지는 촛불
어느 곳에서 켜들
모든 불빛은
그곳으로 향하는
오늘 밤
작은 베들레헴에서
地球 반바퀴의 이편 距離
한국에는 한국의
눈이 내리는 오늘 밤
촛불로 밝혀지는

환한 장지문
촛불을 켠다.

개안 開眼

나이 60에 겨우
꽃을 꽃으로 볼 수 있는
눈이 열렸다.
神이 지으신 오묘한
그것을 그것으로
볼 수 있는
흐리지 않는 눈
어설픈 나의 주관적인 감정으로
彩色하지 않고
있는 그대로의 꽃
불꽃을 불꽃으로 볼 수 있는
눈이 열렸다.

세상은
너무나 아름답고
충만하고 풍부하다.
神이 지으신
있는 그것을 그대로 볼 수 있는
至福한 눈
이제 내가

무엇을 노래하랴.
神의 옆자리로 살며시
다가가
아름답습니다.
감탄할 뿐
神이 빚은 술잔에
축배의 술을 따를 뿐

이 후끈한 세상에

참으로 남을 돕는 일이
저를 위하는
그 너르고도 후끈한
「우리」들의 생활 속에
찬란하게 빛나는 태양
사람과 사람 사이에서
「人間」이 빚어지고
남과 더불어 짜는
그 오묘한 생활의
그물코에
오늘의 보람찬 삶
세상에는
完全他人이란 있을 수 없다.
눈에 보이는, 혹은
눈에 보이지 않는
든든한 밧줄로 서로 맺어져
우리는 서로 돕게 된다.
다만 에고의 色盲者만이
나와 남 사이에 얽혀진
그 든든하고 따뜻하고

신비스러운 밧줄을
깨닫지 못한다.
참으로 남을 돕는 일이
저를 위하는
이 후끈한 세상에
오늘의 찬란한 아침이 열린다.

무제 無題

오늘은
乙支路를 걸어가면서
水平線에 잠긴
눈동자를 생각했다.
刻薄한 생활의 틈바구니에서
소금끼 저린
신선한 바닷바람을 생각하는 것만으로
마음이 후련했다.
未來를
눈 앞에 바라보며
누구나 제나름의 보람으로
살기는 하지만
오늘의 고된 생활 속에서
水平線이 잠긴 눈동자를
생각하는 것만으로 위로가 되었다.
誠意껏 살자.
생활이 고될수록
사는 보람은 그만큼 알차 오는 것
水平線을 바라보듯
찬란한 내일을

念願하며
누구나 참되게 사는 者는
다 마음 속에 바다를 모시고
산다.
그 짙푸른 永遠感.
그 길고 질긴 호흡과
生命의 律感.
오늘은
乙支路 로오타리를 건너가며
水平線이 잠긴
눈동자를
생각했다.

사람에의 기원祈願

아스팔트 길이 길이 아니듯
人間이라 불리우는 것에
사람이 없었다.
적당하게 길들인
人間의 수풀 속에서
사람이 아쉬울 때,
도로포장 공사장 구석에서
한 여인은
그 든든한 젖무덤을 내놓고
아기에게 젖을 물리고 있었다.
일그러진 얼굴에
미소를 머금은 그녀의 눈매.
그녀의 포옹
어머니로서의 자애.
환하게 불을 밝히고 있었다.

기상음機上吟

구두는
길다랗고 검으티티한 얼굴
無表情의
깊은 表情을 하고,
C·46輸送機에 앉아
구두는
무슨 念想에 잠겼을까.
실은 밑창이 두 군데
빵그가 난 구두,
그 구두를 신고
나는 地上을 굽어본다.
上空 3,000 피이트의
너무나
황홀한 位置.
江은 한 자락 허리띠,
尊敬과 憧憬의 눈을 들어
朝夕으로 우러러 본
峻嶺은 또한 다소곳이 엎드린 侍從
高度를 下降하면,
마을은 이미 잘 整頓한

하나의 모쟈이크.
日常의 젖은 꿈을 가셔버린
淸潔한 彩色무늬.
이만한 位置에서
地上을 굽어보신 분들을 생각한다.
이웃을 사랑하라.
하신 그분을……
이미 愛憐의 雲層을
벗어나와, 機首는 여전한 上昇姿勢.
그 안에 앉아
구두는 孤獨했다.
무뚝뚝한 얼굴에
눈물을 머금고,
江陵九百里를
四十五分에 천천히 왔다.

모성母性

그것을 무엇이라
命名할 것인가.
다만
어린 것의 손을 잡고,
앞으로, 보다 높은 세계로.
盲目的으로 달리는,
안으로.
타오르는
이 꺼질 날 없는 불덩이를……
그것은
달리는 것에 熱中하고
달리는 것으로 熱中하여,
앞으로, 보다 높은 세계로 달리는.
나이 든 줄도 모르는,
다만 그의 손을 잡고,
달리는 달리는

그 인생의 보람.
그 빛나는 모성의 하늘.
이마에 얹은 것은

사과가 아니다.
하늘이 베푸는 스스로의 총명.
그것은
다만 어린 것의 손을 잡고.
보다 높은 삶의 세계로 줄달음질 치는.
그것은 회의하지 않는다.
그것은 망설이지 않는다.
다만 줄달음질치는
이 백열적인 질주……
이 아름답고 눈물겨운 본능

불이 켜진 창마다

밤늦도록
불이 켜져있는
窓을 생각한다.
불빛 앞에서
수학을 풀고 외국어를 익히고 위대한 人類의 흥망과 업적을 공부하는
젊은 날의
흰 이마와
검은 눈동자를 생각한다.
인생이 무엇인지도 모르면서
내일에의 확신과 신뢰로
오늘을 가꾸는
진리의 꽃나무.
비약에의 푸른 날개.
밤 깊도록 짜고 있는
꿈의 자리.
참으로 인생이 무엇인지도 모르면서
내일을 위하여
오늘의 성의를 다하는
심야의 집중

씨앗의 의지.
물론 내일은 오게 된다.
신뢰와 확신과 인내의
가지마다
만발하게 꽃 피는
꽃나무의 축복.
더욱 참되게 아름답게 살려는
의욕의 지평선 위로
찬란하게 동트는
장미와 순금의 새벽.
미래의
신비스러운 베일을 벗고
면사포로 앞을 가린
소망의 신부.
正午의 하늘을 나는
희고 든든한 이상의 날개.
진실로
인생이 무엇인지도 모르면서
밤 깊도록
불을 켜놓고

수학을 풀고 외국어를 익히고 역사를 공부한
그
넉넉한 文脈 속에서
우리의 인생은
눈물어린 눈동자에
미소를 머금고 다가온다.
그날을 위한
오늘의 발돋움
오늘의 熱中.
밤늦도록 불이 켜져 있는 창마다
神의 축복이
서려 있다.

핏줄

핏줄을 생각한다.
선한 핏줄은
핏줄로 이어져서
슬기로운
열매를 맺게 하고
어린 눈매는
눈매로 빚어져서
환한 빛을 보게 하고,
검은 머리카락은
오늘의
찬란한 햇빛 속에서
삶의 보람을 구가한다.
실로
오늘의
삶이 조심스러움은
내일로 이어지는 핏줄의
숭고한 흐름 때문이다.
그
신비스러운
강물에서

눈을 뜨는
헤아릴 길 없는
우리들의 분신과
소생과
부활들.
핏줄의 신비여,
진실로
오늘의 광명 속에서
착실하게
성실하게
바르게 살기를 다짐함은
내일의 어둠 속에서
태어날
무수한 빛과
태양과
생명이 두렵기 때문이다.
핏줄이어.
불과 물로써 빚어지는
생명의 근원이어
핏줄을 생각한다.

착한 핏줄은
핏줄로 이어져서
찬란한
내일의 태양이
떠오르게 된다.

8부 미수록작

기차汽車속

털거등
털거등
밤特急列車는 다람질침니다
피곤한乘客이
노래부르며 장단을맛추어 춤을춤니다
우슴을웃슴니다
그래도
까—스냄새가 머리를앞으게하고
도적마진사람이 야단을침니다
한나그네가
잠을이르기위하야누엇건만
천장에불이너무도밝슴니다
한나그네가
책을읽어라 도라앉엇건만
울렁거리는소리가 너무도큼니다
한詩人의乘客이
붓을잡고 窓밖을 보오니
달밤에잠긴詩가 너무도큼니다
스르릉
털걱

다라나든車가 머무럿슴니다
이재끝노래하든 乘客하나가 나리엿슴니다
뒤를도라보며 나리엿슴니다
또다른사람이탓슴니다
어린아해를업고 드러옴니다
털거등
털거등
車는다시길을떠낫슴니다
노래와우슴이 터저나옴니다
그리고뉘가 통수를붐니다
한老人이 수염을고요히스다듬음니다
────扶餘旅行가는길京釜線을타고────

《신생(新生)》 1932. 11

* 발표 당시 이 시의 작자는 〈朴泳鐘〉(박목월의 본명)으로 되어 있었다.

숲

透明한 그 푸른 宮殿에
낮잠에서 깨어난 새들의 꿈이야기 ──
그리워하는 맘은 아득한 숲처럼
적은 空想에 열매 맺은숲

薰氣로운 바람에 흩어지는
적은 歌手── 새들의 노래여!
그 그림자를 품은 이맘에 추겨진 내 呼吸은 香氣로울겨나.
山꽃이 핀 그윽한 숲.

《학등(學燈)》 1934. 6

---

* 발표 당시 이 시의 작자는 〈朴泳鐘〉(박목월의 본명)으로 되어 있었다.

소宵의 호수湖水바람

실바람이 湖水의 머리카락을 스담구,
실바람에 湖水는 버들가지에 감아 돕니다.

봄바람의 엷은 꿈결이 湖水우에 스치고
버들속에 잠든 새도 노래하라구 湖水가 버들가지를 흔들어봅니다.

실바람이 내 머리털을 휘날리고
靑春의 무르녹은 내 살과 靈의 香氣를
湖水우로 휘날려봅니다.

실바람이 湖水의 머리카락을 스담구
실바람에 湖水는 버들가지에 감아돕니다.

(九月)

《학등》 1934. 11

---

* 발표 당시 이 시의 작자는 〈朴永鐘〉(박목월의 본명)으로 되어 있었다.

구월풍경 九月風景

九月은 붉은 카운을 쓰고 가는(微)바람 금줄을 고루는 안타까운 눈물의 湖水가의 歌姬——

달——戀愛病患者.
——그달의 차디찬 입술이 서리 맺힌 風景우에 自殺하겠다구 脅迫을 고치지 않나이다.

사박
사박——잔디우에 그리구 나무잎 우에두
九月이 지나가는 삽분거리는 발자욱.

……이 하루를 胡桃나무 그늘에 꾀꼬리가 울고 가더이다.
가을의 午後 시드른 빛아래 힘없는 꾀꼬리의 나래짓이여!

감나무 꼭대기의 마른 잎몇개
빨간 귀여운 열매를 갖구 어머니의 애처로운 愛撫여!

九月은 내맘에두 눈물의 塔을 쌓구
九月의 안개의 한숨은 곬에 가득합니다.   《학등》 1934. 11

---

* 발표 당시 이 시의 작자는 〈朴泳鐘〉(박목월의 본명)으로 되어 있었다.

달은 마술사魔術師

히멀건 어두움우에 달은 影像의 塔을 사구
女人의 남실거리는 별(星)의 눈이 가느다란 태―프로
追憶을 塔가에 구슬처럼 디룸이여――

가느다란 바람줄기가 실실이 이마의 머리카락을 여리며 追憶을 낚시질 하려 하나이다
(달은魔術師. 뜻하지 않든 그女人의 이름이 그리워 지나이다)

《학등》 1935. 1

* 발표 당시 이 시의 작자는 〈朴泳鐘〉(박목월의 본명)으로 되어 있었다.

송년송 送年頌

펄펄치는 눈보라속에
「시베리아」로 떠나갈 말은 발버둥치고
향기로운 봄(青春)의 꽃다발을 戀人이여!
우리는 그설매우에 던져버리지않으려나.

펄펄치는 눈보라속에
「시베리아」로 떠나갈말은 발버둥치고
젊은 編者가 「만도링」을 고르는고나
戀人이여 그리운꿈이 서러운노래와함께
떠나려 함을 전송하지 않으려나.

바람결에 채죽소래들리드니
떠나갈 말은 우렁차게 울음을뽑는고나
이 그믐의밤에 鍾소래는 고히 挽詞를열고
戀人이여 우리는 情誠스러히 祈禱를올리는고나——.

(十一月)

《학등》 1935. 3

---

* 발표 당시 이 시의 작자는 〈朴泳鍾〉(박목월의 본명)으로 되어 있었다.

그것은 연륜年輪이다

어릴적 하찮한 사랑이나
가슴에 백여서 자랐다.

질곱은 나무에는 紫朱빛年輪이
몇차례나 몇차례나 감기었다.

새벽꿈이나 달그림자처럼
젊음과 보람이 멀리간뒤,

……나는 자라서 늙었다,

마치 歲月도 사랑도
그것은 애달픈 年輪이다.

《문장(文章)》1939. 9

보리누름때

보리 누름때
黃土진흙 말으는 내음새
함뿍 핀 牡丹꽃에
꽃가루 꽃가루……숨이매켜……
목안에 감기는 엷은渴症

　아아 목말러라 목말러라

보리누름 한철은
누나 내음새 어매젖 내 음새
잊었든 어매젖 내음새ㅅ사
큰아기 살결 내음새
목안에 감기는 엷은渴症

　아아 외롭어라 외롭어라

《문장》1940. 2

꽃밭에깨어있었다

李朝 五百年
흐린 終日

大韓 잠시
해빛 쬐일듯
三十六年의
슬픈 江을

건너니 밝은아침
해맞이 이슬

홀로 꽃밭에
깨어 있었다

이마에 맑은 구름
떠가는 구름

《죽순(竹筍)》 1946. 8

송뢰 松籟

골 마다
松籟 울다

松籟 속에
山을 가며는

松籟 속에
길이 티이어

冬至 섯달
짧은 한나절

이내 오는 해거름
山이 저물고

松籟 속에
추운 사슴이

松籟 속에
골이 울다

《죽순》 1946. 12

산山을 바라보며

어느 아름다운 山을 맘속에 조용히
　　감추어 사모하였다.
혹은 사랑을, 그의 웃는 모습을, 떠나간
　　순간을 기억하였다가는
사람의 기억이란 肉身과 함께
肉身의 마즈막 날에는 고스란히 모조리
　　새오져 버리는것.
　진실로 지금 내 말못할 어느이의 불타는 정도
　한번 내눈 감은 뒤에야 어느九天에 자춰나 있을것이냐

아름다운 山을 고장을 못잊힐 사람을
　홀로 곱게 사모 하였다가는
고스란히 고스란히 모조리 잊어버릴거

아아 山이야 悠久히 제모양 몇世代를
　　흐를것이로되

나의 아름답고 애달픈이야
내 肉身의 마즈막날에 너의 모든것이
　　사라저 버리면 어쩔것이냐

누가 내맘속 이처럼 연연한 애달픔을
　　이어 나갈것이냐

누가 너를 두고 대대로 대대로 이처럼
　　눈물 겨웁게 사모하여 나갈것이냐

　　　　　　　　　　　　《백민(白民)》 1947. 3

귀 기우리고

먼 山마루 잔잔히
이는 강물에
조용히 눈을 뜨고
귀 기우리고

나는 가난한
詩人이기에
서런 꿈자락 마다
촛불을 밝혀

홀로 우러러
모시는 하늘은
절로 디어
잔잔한 강물……

《문화(文化)》 1947. 4

바위의 노래

내 맘은
텅 부인 골작
내는 해 지는 靑山 가
꿈 꾸는 바위

슬픔이어 보람이어
잠시 머문 구름 그림자
내는 해 지는 靑山 가
입 다붙은 바위

강물은 처렁처렁
사못치는 꿈이사 동아서
훤한 이마
밤 새도록 젖는
달빛과 이슬……

우르러 하늘을
찰란한 별을
시악씨아 나 홀로
눈물 겨운 기두림

내 노래는
한 마리 샐러라
어느 靑山 꺼칠한 바위에
하룻밤 쫑긋이 드새우는
아아 내 노래는
한마리 샐러라

이제사 홀로 살아도
서러울리 없어라
불꽃슬픔 사윈 자리
열린 하늘을
되 살아 온 不死鳥…
蓮꽃하눌 釋迦如來

너랑 나랑
단 둘이 살자
너랑 나랑
단 둘이 살자
해빛 날에도
바람 날에도

내 맘 하나 가득
서름 찰랑 고였다
靑山에는
산새랑 바람소리랑
靑山에는
바위랑 물소리랑
오라 너랑 나랑
단 둘이 살자

《건국공론(建國公論)》 1947. 10

풀밭에서

풀밭에 누우면
할말이 다 풀어진다

이마 위에서
구름이 슬어지는대로
풀열매 토실한 대궁이
초록 하늘이 들어난다.

무었을 또 구지 바라리요
저 아득한 것……
그 아래

구름은 여위고
唐詩 한마리

《건국공론》 1948. 10

산山
──祝靈山 아래서

I

누구를 사모하느뇨
아뇨
스스로 목이 타오르는
작은 짐승

山으로 가자
저 山으로 가자
눈 덮인 뫼뿌리
松籟 속에
산새처럼 하룻밤
울어보아 자보아 새우고 오자.

II

서울은 멀고
      멀고
山은 높은데

달은 휘영청
    밝기도 하고
눈은 희기도
    하고

누루 한 마리
    이런 밤에
불빛이 그리워
    마을로 온다.

III

호젓한 淸平驛
三等待合室

설핏한 눈발에
해 다 지는데

車票를 안 파오.

票가 없대요.

서울은 百餘里
길 끊어지고

앞 뒷山 눈보래
해 다 지는데

《새한민보》 1949. 1

석산石山

해 잘 저므는 山아래
그늘이 흐르듯이
허연 石山아래
그늘이 흐르듯이

해 종일 어슬어슬
가는 맘이 떨려서
내 마음 오늘 하로
까닭없이 설레네

《백민》 1949. 1

옥피리

물살 흐르는
졸음결에

하얀히 삭은 자위*
스며 오른 목숨발*

내 색시는 하얀 넋
천만년 달밤

이슬 하늘 찬빛에*
높이 운다

《학풍(學風)》 1949. 1

(원주) 옥피리(玉笛): 끓는 한바다라도 잠 재우던 옥피리는 이제는 그냥 사늘한 옥피리인채 아직도 慶州博物館에 앉아 있다.
* 이 작품은 《중성》(1946년 9월)에 발표되었던 「玉笛」을 개작한 것이다. 《중성》에 처음 발표되었을 당시에는 〈하얀히 식은 자위〉가 〈하얀히 삭아서〉로, 〈스며 오른 목숨발〉이 〈스며 오른 목숨밭〉으로, 〈이슬 하늘 찬빛에〉가 〈이슬 하늘 찬 달빛에〉로 되어 있었다.

희고 긴 목에

희고 긴 목에
푸른 수건은
아련 어렸는
대낮 은하수……

누구를 탓하랴
저 靑山아
내 목에 어렸는
　대낮 은하수

　　　*

높은 가지로
눈물이 흐른다
한 없는 달밤에
하얀 달밤에

검은 강 물줄기사
텅 풀려 멀리 기우네
가슴은 스스로

서느러운 모랫벌……

*

댓마디는 가늘어
강은 길어서
하얀 달밤에
대밭은 자고

누구를 사모하는
까닭도 없이
이슬 짙은 풀 하늘에
달은 둥둥둥 가고

《민성(民聲)》 1949. 5

벗이어. 난 요지음 무엇을 깨닫는것같소

1

사람을 사랑하기란
얼마나 두려운 것이냐.
다시 그 사람을
잊어야 하기에는
또 얼마나 무서운 것이냐.

그리고 마지막에는
천연스럽게
쓸쓸히 웃고 살아야
하기란
너무 지나친
刑罰이구나.

2

서울도 외롭기사
산골짜길래

봄은 제대로
익어
스르르 멎는
물레바퀴

이제 나직히
노래를 불러보아
적막하고

참 아쉽은 것은
사람일래

> 한 사람의 여자를 믿어 보아라 그대는 뉘우치리라.
> 믿지 아니하여 보아라 그대는 또한 뉘우치리라.
> ——케르케고오르

옥피리

옥피리는 하얀 손짓을 한다. 사늘
하니 죽어서 파름한 玉가락피리가
鍾이 울적마다 除夜가 울적마다
그리고 산수유꽃이 피어 홍근히
강물이 흐를적마다 가늘픈 손짓을
한다.

—나는
홀연히 눈을 뜨고 玉피리를 뵈오
러 간다. 허나 그와 나는 이미
千年의 세월이 가로 노였다. 바로
咫尺에서 어쩔것이냐.
그의 손목을 잡을 수가 없다. 千
年이란 세월의 兩端에서 우리는
서로 뜨겁게 부를 따름이다.

여보오
불러본다. 산울림처럼 떨며가는 아
득한 목소리 물살같은 목소리……
당신

하고 다시 돌아오는 목소리 별빛
같은 목소리
별빛목에서 목을 노아 운다.

나는 千年을 치오를수가 없다.
서라벌 색시들의
가늘고 하얀 목을 사랑할 따름이
다.
가늘고 하얀 손짓을 바랄따름이다.
가늘고 하얀 목소리를 사모할 따
름이다.

《한국공론(韓國公論)》 1949. 12

이슬

운다는 것은
차라리 맘이 넉넉하다.
그냥
풀잎에 맺히는 이슬과 이슬의
그 가벼움,

내가 나를
부른다.
가벼운 朴木月
나는
벗어날 수 없다
이미 이슬 안에
저절로 스몃는 나……

바람이 온다
흔들린다.
구름이 간다.
흔들린다.
안으로 티어오는
玲瓏한 외로움,

아아 나는 손을 든다
두 손을 든채……
온 몸이 풀려서
가없이 푸른 것으로 피어 오른다.

(四二·十一·五)

《신천지(新天地)》1950. 3

산비

山을 바라보고
三十里 하룻길을 간다

참 오랫만에
고향으로 가듯이

간혹 山길에
철 아닌 비가 친다

산비는 구수한
누에 치는 방 냄새가 난다.

아아 진정 나는
山을 잊었었구나

눈이 훤한 저 사슴은
낯익었다

《문예》 1950. 6

저음低吟

저 마다 한이없는
地平線이 잠긴 눈을,
감으면 깨지못할
잠이 온다.

날김생은
날김생의 그 푸른 지평선을
나와같은 詩人은
가랑비 반은 석긴 안개어린 지평선을
사느라니 瞳子속에
갈앉힌다.

그런 地平線에
눈이 온다
함박으로 쏘다지는
눈이 머즈면

아아 그 가볍고 사락사락하고
그지없이 부드러운
싸락눈이 屢億萬年

와서 싸인다.

　　　＊

〈祝福하라. 마음 가난한 詩人은 스스로 祖國의 나직한 뜻을 바 뜨러, 그의 품으로 돌아가노라. 편히 쉬리라.〉

一九五〇年 七月 於 大邱名舍堂

《문예》1950. 12

석상石上*

어룽 한정 남김없이
깨끗이
살아버리기란
어렵다.

풀위에 옮아가는
해빛같이

나무결을 스쳐가는
구름같이

《문예》1953. 2

---

* 이 작품은 「低吟詩抄」 연작 세 편의 시 가운데 하나로 발표되었다. 다른 두 편은 개작되어 시집에 수록되었기에, 이 한 편만 따로 싣는다.

환도시초還都詩抄

古本

마루밑에서
책을 끄낸다
땅에 묻어 둔
全集따위를 파낸다.
옛날의 내가
濕氣에 저리고 슬픈 얼굴로
눈물같은 微笑를 먹음고 나온다
옛날의 내가
서울거리를 거니른다
市廳앞에서
元曉路行 電車를 기다린다
그것은
곰팡이가 써서 버리게된 책들
그들의 行間과 餘白에서
모조리 조용히 沈默하고 먼 종소리같이
울고 있다

실은 옛날의 내가

돌아온것이아니다
廢墟된 南大門五街를 光化門通을 乙支路를 忠武路를
거닐고있는것은
國立劇場빈스테지에 어리는
가을해빛이다.
쇠리쇠리한 겨울로 옮아가는 그 서러운 보라빛 그림자다.
그리고
불탄기둥아래 새로 이룩한 판자古本室에서
다음主人을 기다리는 한참의 瞑想
그 古本들이다….
아아 靜肅한 老人들.
그들은 조심스러히 파이프를 물고
설핏한運命의 行列을 다소곳이 기다리는 것이다.

電車

電車안에는
모조리 老人같은 얼굴이다.
若干 서글프고 노여운 表情들.

그것은 마음에 불이 쇠진한 것이다.
그것은 生活에 不安한 것이다.
그것은 설핏한 가을그림자.
그들의 潤氣없는 會話가 흙가루처럼
포실포실하다.
또한 그들의 서러운 별하늘과같은 沈默.
電車는
그들을 거득히 싣고간다.
葬送曲같이 느릿하고 서럽고 조용한
옛날의 가락이 흐르는 듯이….

(一〇, 一五, 서울에 돌아와서)

《신천지》 1953. 11

사월四月에

어울려
鐘이 우는데
어느 한개는
沈默하는데

이렇게 안타까운 心情
人生은
스스로 無色하고
바람은 매마르고 渴症같은
먼 城壁은 하염 없이 乾燥한다.

———晋州에서

《영문(嶺文)》 1953. 11

보수동 寶水洞

아, 二月
바람자락 풀리는대로
미나리 냄새가 난다.
허전하게 짭조롬한
미역 냄새가 난다.
한 겨우내
스스로 굳어 버린 表情의
얼굴 한가운데
스물스물
起動하는 것.
兩鼻腔은
벌름벌름
옛날의 샛파란 것이
어려온다.
寶水洞 네거리의
아침 내음새

《신천지》 1954. 2

월야저음 月夜低吟

　여기 앉으렴
이슬 젖은 돌다리
하얀 달빛에
……달빛처럼
앉으렴

　바람처럼 가벼히
가벼히 가버리는 것
그 쓸쓸한
하늘에
보랏빛 은은한 것이
제대로 뿌연히 어려서

　星座는
뜨는 것이다.
달은 흐르는 것이다.
우리는
가는 것이다.
달빛에 지줄대며
물은 돌다리 아래

울며 쫓며 또한
흐르는 것이다.

    *

  서러운 사연으로
아로색인 하늘에
달빛은
풀밭으로 흐른다.

  여기 앉으렴
木琴이 울 듯
半音을 죽여서
祈禱를 드리렴.

  가는 자는
스스로 뉘우침 없이
보내게 하시고
슬픈 者는 슬픔으로
充滿하게 하옵소서.

오늘은 그를 위하여
희생하옵는 저에게
다만 來日의
기약을 주옵소서.

《신천지》 1954. 10

난로 煖爐

生活이 과히 單調한 것은
不幸한 일이다.
때로는 꿈이 부어주는 잔을
藥이 된다.
가벼운 月給봉투…… 그만큼의 꿈을 갖자면 지나친 負擔일 것이냐.

눈 오는 밤의
煖爐 가에서
가만한 旅程의 프랜을 짜면
등이 따뜻하다.
五台山 雪景은
過分한 虛欲
江華島 一泡길이 알맞는대로
배싻을. 宿泊費를. 간결한 旅裝을
九九는 九九대로
밖은 여전한 심한 눈……

오늘밤은 푸욱 자고……
요만한 꿈이 부픈 生活의 희미한 빛에

慰勞를 安睹를
마음이 快해서
어린애처럼 잔다.
자는 얼굴에 微笑가 깃드리라
아아
싸락눈소리

《예술원보(藝術院報)》 1955. 6

세종로世宗路에서

해가 지기에는 한참의 餘裕가 있는 時刻에 電車는 벌써 電燈을 켜고 온다. 겨우 두어사람 乘客의 어깨언저리를 비치는 그 쓸쓸한 해질 무렵 불빛! 눈물어린 눈으로 바라보지 말자, 아아 저렇게 가 버리는 것.

서늘한 놀이 서는 石造建物거리로 電車는 멀어졌다. 그리고 世宗路 停留所에는 이미 다음 車가 와서 乘客을 싣는다. 그 車에도 저 쓸쓸한 불빛이 손님의 어깨언저리, 모자언저리, 或은 蓬髮위에 싸락눈처럼 하얗게 쌓인다.

《새벽》 1955. 11

도원동 桃園洞

電車가 끊어질 무렵이 되면
아스팔드 길 위에
달빛은 軟한 나무가지
繡를 놓는다.

그런 時刻에
나는 집으로 돌아간다.
어깨를 축 늘어뜨리고
늘 내가 돌아가는 길에
아른거리는 비단그믈이
꿈을 뜨고 있다.

終日 내가 허다닌
온갖 코오스……
그것은 모조리 하얗게 소금이 저린 渴症의 歷程
그것이 끝날무렵의 짧은 地域을
마지막 恩惠가
가난한대로 豐盛한 꿈을
부어준다.

《전망》1956. 1

탐라시초 耽羅詩抄

I

파도소리에 뜰이 흔들린다
샛하얀 달빛…… 肉果樹 肉重한 잎새가 가늘게 떤다.

    *

가지가 휘어지게
榴子는 꼭지를 하늘로 向하고 있다.
그 무르익은
금빛 열매는
내안으로 처지고…….
쓰고 단, 풍성하고 연한 果肉을
달기만했다.

    *

꽃송이 아래서 꽃송이가 이운다.
힛살지는 구름이 바람에 풀린다.
산비탈을 흐르는대로 풀려버리는 구름그림자…….

音聲을 잃고,
音聲을 읽는다
그의 눈瞳子안에
漢拏山의 은은한 모습이
꼭지가 빠진채
오물어 떨어진다.

    *

濟州邑은 水平線을 기대고 앉았다.
도둠히 푸른 그 가슴에 외로 고개를 돌리고 平安한 아기.
밤에는 밤뱃고둥이 운다.
그리고 출렁이는 물나볼에 꺼꾸로 잠긴 漢拏山이 밀린다. 아아 함께 밀리는 내 얼굴에 환한 두눈이 두눈을 지닌채 昇天한다

    *

濟州大學 앞길섶에 한개의 碑石이 서면 행결 어울릴 것이다. 碑石에 기대어 水平線을 바라볼 나그네의 눈을 그 눈에 안개를, 시시로 變色하는 물빛을, 淸明과 雲霧를

……한 萬年後에 다시 오마.

《현대문학》 1956. 8

포도葡萄·사슴·무지개

오랫만에 主人이 돌아온 집,
荒廢한 뜰에, 들창에, 그 담壁에
詩가 醱酵한다.
매마른 줄기를 따라
그 붕긋하게 터지는 새로운 發音.
소란하고 은근한 말씀에 싸여
한그루의 葡萄넌출의 분주한 經營을.
그의 눈瞳子에, 아니 그들의 눈瞳子에 아니, 두개의, 아니 네개의, 아니, 열네개의 눈瞳子에 환하게 켜지는 音樂을.

사슴이 한마리, 花冠을 기우리고
讀書를 하고 있다. 어린 사슴 옆
에 누어. 어린 사슴의 보다더
어린 동생은 그림책으로 얼굴을
덮고, 낮잠이 들었다. 葡萄넌출의
그림자가 온통 紬緞을 깐 양지바
른 房안에 이 다소곳한 時間을,
아아 그들의 꿈은, 네마리의 일곱
마리의 사슴이 나란히 줄을 지어
산골짜기 외줄기 길을 치오르고 있었다.

아아 내가 돌아온 것이다.
하얗게 타버린 종이에 毛筆자
국만이 까맣게 남은 아, 버, 지의
세 글짜를.
그것만의 義務의 所重함을.
그것만의 依支를.
그것만의 보람이 뻗쳐오른 무지개를.
겨우 고느고.
荒廢한 뜰에 主人이 돌아온 것이다.
그리고, 네마리의 다섯마리의 사슴옆에 비로소 發見한
한그루의 葡萄넌출. 한줄기의 詩. 그리고 넉넉하게 醱酵
하는 5月을. 그하늘의 무지개를.

《새벽》 1957. 5

남풍南風에 부치는 시詩

南風은
甘艸냄새

趙藥局宅
芍藥움

참댓닢에 물이오른
三月한철을

바람에
꽃이피는 後園桃李

이것은
옛날 情緖

젊음은
가고

다만 南風만
甘艸냄새

마음이 어려서
옛날로 간다.

《새벽》 1958. 4

한일 閑日

저 구름의 그윽한 崩壞.
멜로디만 꺼져가는 은은한 휘나레
앞으로 내날은 영원한 閑日
곱게 밀리는 줄음살의 조용한 하로.

  *

나의 뜰이어.
대궁이만이 받뜨는 마른 菊花줄기가 고누는 하늘.
구름이 달린다. 毛髮이 消滅하는
구름이 달린다. 돛을 말며
마흔과 쉰사이의 나의 하늘 아래
가늘게 흔들리는 뜰이어.

  *

겨우 개었나부다
訥辯의 깃자락에 소내기가 묻어오는 하늘이
그리고 오늘은 구름이 갈라진 틈서리로
아아 너무나 낭낭한 母音의 穹隆

肯定의 환한 瞳子 안에
구름이 달린다. 돛을 말며
구름이 달린다. 毛髮이 消滅하며

*

輪廓부터 풀려가는 사람들에게
나는 눈짓을 보낸다
下直의 조용한 손을 저으며
구름이 消滅한다. 이마위에서
구름이 消滅한다. 눈瞳子안에서.

《사상계》 1959. 3

처소處所

서울변두리
漢江기슭가의 新倉洞七七番地
倭놈이 버리고간
낡은 二層집은
어느 詩人의 處所.

사람이 사는 세상을……
어디나 눈이 오고
어디나 짙푸른 밤하늘
그 宇宙안에 孤獨한 길이어.
삶이라는것.

새는
나무가지에 동우리를 치고
여우는 굴속에 새끼를 기르거니,
寂寞江山을.
어디나 등을 붙이면 제體溫으로
자리가 따스해지는 그곳은 그분의 處所.

온 長安이 잠든 밤

그 二層에는 늦게까지 불이켜있다.
어느 詩人은
어린것들을 위해 筆耕을 하고
때로는 몇줄의 詩句를 빚으면
그것이 마음에 대견스럽고 후련해서
씁쓸한 微笑를 먹음고
잠자리를 편다.
아아 漢江이 흐르는 밤에
밤에 흐르는 漢江가에
詩人마저 잠이든 詩人의 處所.

설사
내일아침 그가 눈을 뜨지않기로니
뉘우칠 것 없으리라.
그 二層에서
쓸쓸한 微笑를 먹음고
느릿느릿 昇天하는 그의 영혼.

《문예》 1960. 2

야반설 夜半雪

밤중에 잠이깨이는 것은
두려운 일이다.
홀연히 눈을 뜨자.
자욱하게 수런거리며 설렁거리며
돌아가는 발자욱소리.

종이초롱을 들고
눈오는 밤을
부옇게 사라져간
할머니의 아버님의 遺言같은것.

눈오는 밤을
돌아가는 것들의
서운하고 섭섭한 옷깃소리.
또한 앞날의 내 音聲속에 영원히 접혀서 돌아오는것.

그것은 이미
내안에 스스로 일어……
한자락은
아득한 어둠속에 갈앉아가는

수런대며 서걱이며 설렁거리는 눈오는 밤하늘의 그 空間을.

《문예》 1960. 2

정초음 正初吟

열두달의 열두츰계의 구름의 宮闕
아니 열두층계의 바람의 宮闕

층층계를 오르면
아니 층층계를 내리면
열두명의 新婦여 면사포로 얼굴을 가리고 달마다 한개씩의 滿月을.
아니 구름을 바람을 무너지는것의 무릎이 팍팍 끓어지는 것을.

그렇게 층층계를 오르면 층층계가 닿은 하늘의 열두개의 스물네개의 오곳한 星座를
아니 그렇게 내려가면 열두구비의 억만구비의 땅아래 아득한 忘却의 강물을

《문예》1960. 5

다잔茶盞

나는 늘 목이 渴했다.
明洞의
서울의
大韓民國 首都 서울의
東南亞細亞의 半島 大韓民國 首都 서울의
東經百二十六度五十九分
北緯三十七度三十三分
地球上의 한 地點의
直徑一五○億키로 空間의 한 座點의
아니
地上의
어느 커피店의 卓子 위에 茶盞

　　*

地上에서
나는 늘 목이 渴했다.
코밑에 人中, 人中아래 턱
턱아래 온통 發熱地帶.
그것은

앓는 영혼의 居處.

세상은 더운 바람이 낮게 치는 洞窟.

解渴을

꿈꾸는 손이 形象을 빚는다.

上이 번 茶盞.

*

그것은 늘 가벼웠다.

손끝에 오르자, 나비로 化했다.

孤獨의 體重.

그리고

發熱하는 서느런 陶瓷器.

《현대문학》1960. 8

일용日用의 양식糧食

곰
은 제 발바닥을 핥
는 겨울은 닥치
고 굴에는 눈보라
貯蓄은 없고
밑
바닥
이 들나 보이
는 뒤주
참으면 봄이 온다지만
(되잖은 소리)
길은 눈으로 막히고
(어떻게 되겠지)
새끼
는 아우성을 치
고 눈
은 어둡
고 江
은 얼고
흐르는 것이라곤 없는

(어떻게 되겠지)

손금

은 鮮明하

고 곰

은 발바닥을 핥

는

心臟은 얼고

土皮는 굳어지고

길은 얼음으로 막히고

(되잖은 소리)

길은 처음부터 없고

참으면 봄

이 온다지

만 밤은 길고

푸성귀 하나

생생한 것이라곤 없고

체

길은 처음부터 없고

곰은 발바닥을 핥지

만

이 嚴冬雪寒
을
(어떻게 되겠지)

○

밤새
가볍게 뿌린 싸락눈
아홉 食率의
아홉 개의 食器에
밤새
가볍게 내린 食祿을
무엇을
먹을까
마실까
근심 말라.
日用할 糧食은
태어나는 그날로
이미 점지된 것.
엄지와 食指 사이의

그것은 神의 領域.
아홉 食率의
아흔의 아흔 食率의
아흔의 아흔개의 食器에
밤새
가볍게 뿌린
아아 日用의 糧食.

《예술원보》1961.

백 · 밀러

I

合乘뒷자리에 혼자 흔들린다.
終點코오스를,
그것은 十二月,
一九六一年의.
밤거리가 백 · 밀러에 흐른다.
하나의 秩序.
우리 등뒤로 언제나 흐르는
하나의 아름다운 忘却,
막 지내친 電信柱가 눈을 갈긴다.
瞬間,
백 · 밀러에
멀어져가는 하나의 悲鳴,
잔잔히 흐르는 電信柱.

II

이
收縮하는 世界에

벌겋게 上氣된 내 얼굴만 남는다.
그 背景을
革命의 호르라기.

——《사상계》지령 100호 기념 특별 증간호, 1961.

동정冬庭

왼손과 오른손과 나…….
마른 넌출 위에 짤막한 해.
양손이 겨우 담배 한가치를.
찰칵하는 라이타의 불,
瞬間의 겨울의 點火.
한 모금의 연기, 보라빛 溶解를.

    *

왼발과 오른발과 나…….
三冬을, 寂寥한 世界를.
앉아서 헐벗은 나무,
서서 沈默한 나무.
無爲의 발바닥의 두터운 부피를.
마른 넌출 위에 짤막한 해.

《문학춘추(文學春秋)》1964. 4

일기초 日記抄

I

안경을 닦았다.
안경알처럼 透明한
詩를 쓰고 싶었다.
허지만
詩를 쓰기보다는
앉아있는 것이 더 즐겁다.
端正히 앉아
밤이 깊어가는 소리에
귀를 기울이고
아득한 것을 생각함이
더욱 즐겁다.
조름이 오면
오는대로 눈을 감으면
아랫목에 앉아
새로운 분들의 作品을
읽었다.
潑剌한 그들의 감정
싱싱한 그들의 言語

零下 十八度의 하루를
훈훈하게 보냈다.
방안에 들여놓은 芭蕉는
대궁이에 말려 잎새가 벌어졌다.
그
밤 사이에 눈이 왔다.

II

終日
新春文藝審査를 위한
作品을 읽었다.
문고리도
척척 얼어붙는
零下 十八度의 하루를
엄청난 바다만한 잎새.
겨울의 잎새.

《자유공론(自由公論)》1966. 4

육편六篇의 제주시초濟州詩抄 〈미정고未定稿〉

굴거리 나무

漢拏山 기슭에는 전혀 낯 선 사투리로 나부끼는 풀빛. 빛나는 바람. 다만 굴거리 나무와 굴거리 잎새는 내가 점지되는 그날부터 나와 親熟한, 다정한 눈짓을 보내고 있었다. 그 어수룩한 정다운 나무를 知天命의 下午에 邂逅했다.

말

돌담 머리에서 무덤언저리에서 보람나무 숲길에서 西歸浦로 가는 길에 오는 길에서 어정쩡하게 서 있는 말과 마주쳤다. 허지만 그들은 약간 外面한 채 엉뚱한 方向으로 고개를 돌리고 있었다. 허망한 그들의 눈길.
漢拏山 줄기는 줄기마다 바다로 내닫고 있었다.

나무

海拔 七百미터 中腹에는 雲霧가 짙었다. 咫尺을 분별하기 어려운 안개 속에 肅然한 樹海. 생각하는 나무들의 水墨色 默念. 어슬렁. 나타나는 말의 긴 얼굴도 후출구레 젖었다. 그들은 안개 속에 溶解되었다. 어느 한 마리는 왜 안으로 걸어오고…….

溪谷

자밤나무, 노가리, 동백, 조롱, 식나무, 돈나무, 굴거리, 보람, 막삭넝쿨, 정가리, 황칠목, 팟배나무…… 얼키고 설키고 물줄기를 따라 골짜기는 바다로 이었는
중허리 하얀 돌다리에 말.
溪谷을 굽어보는 나의 分身.
비에 젖었다.

稜線

은빛 갈기를 날리며 긴 稜線을 달리는 말, 말, 빛나는 발굽. 흔들리는 꼬리위에 높은 漢拏의 보름달. 그들은 西歸浦 앞바다로 溶解되고, 한 그루 머리를 散髮한 보름나무. 울부짖는 울음 소리가 저 편 傾斜에서 나부꼈다.

호텔 에서

夫宗休(植物學者)氏도 모르는, 無名꽃나무에도 꽃이 滿發한 환한 호텔의 庭園에서 乾빵 부스러기를 십는다. 빛나는 琉璃.
가까운 放送塔안테나를 건너다보며 나는 바람 속에서 시계태엽을 감는다.

《예술원보》 1966. 10

이웃

몇 寸인지, 누가 아노.
그저 친척 앙이가.

寸數 따져 뭐할래
아저씨라 안 부르나.

어릴 때부터 익힌 길
개울 건너면 그 어른 댁.

궂은 일 있으면 오밤중이라도
건너 와 도와주고.

힘 드는 일은
건너가 도와드리고.

명절 땐
오명가명 물지게도 저 주고.

세상 살자면
이웃도 친척도 안 귀하나.

아무개야 큰 소리로 불러주는 것도
그 어른 뿐이고.

의지도 되고
안 좋나.

그저
그런거다.

《예술원보》 1967. 12

모일某日

어느 날
신발 한짝을 신고보니
한짝이 없어졌다.
無秩序한
나의 생활에
한짝은 개가 물어갔을까.
개가 물어갔을까.
한짝만 신고보니
발바닥이 不安定했다.
그럼에도 한짝 신발은
아무리 찾아도 없다.
신발을 신은 한쪽 발은
어떻게 하지.
또한 안 신은 한쪽 발은
어떻게 하지.
이 不均衡의 발로써
나는
낮이면 職場에 나가고
밤에는 詩를 썼다.
實務的인 것에도

創造的인 사업에도
옆구리가 틀리는 違和感
금이 간 발로써
나는 外出을 하고
創造的인 작업을 위하여
저녁에는 일찍 돌아온다.

《예술원보》1968. 11

용龍의 눈

그것을
웅덩이라 했다.
검은 소용돌이의 물.
나는
웅덩이보다는 깊고
두렵다고 생각했다.
가장자리가 희미한 안개로 덮힌 意識속에서도
하늘에는 별이 빛났을까.
땅에는 이슬이 덮혔을까.
그것은 모른다.
다만
길고 긴.
흐르는 것의
龍의 눈.
나는
무엇을 던져넣고 있었다.
그리고 그것은
천천히 가라앉았다.
첫딸의 죽은 얼굴.
인연의 銀반지.

詩가 적혀있는
나의 原稿紙.
끝내 나자신.
두번 다시 떠오르지 않았다.

《여류문학》 1969. 5

나의 소요逍遙 삼편三篇

無題

어제의 바람과
오늘의 돌.
간 밤 꿈에 나의 수레를 몬
구릿빛 윤나는 물과
오늘의
갈기가 바스러지는 구름의 말.
이편으로 나는 가고
東西로 하늘 끝이 아득한데
문득 그가 돌아본다.
하나의 宇宙가 反轉하고…
적요한 목덜미가 向을 바꾸며
오냐, 情이 갸륵하구나.

볼 일 없이

슬슬 거닐어 볼까하고
內外가 함께 나선 걸음이 鐘路뒤.

여긴 어딘가,
남의 문패를 기웃거리니 伏龍洞.

路上

마주 보고 인사를 한다.
路上에서 우연히 만나,
돌아서면 서로 적요한 목덜미.
宇宙의 반이 反轉하고…
길을 건너면 방향이 달라진다.
저편으로 그는 가고
걸어가도 걸어가도 긴 골목.
서울에 이런 골목도 있었구나.
아내는 사뭇 놀라지만
어쩌면 나는 꿈에서 본 듯한.
무슨 볼일이 있어서가 아닐세.
그냥 슬슬 內外가 동반하고
아무도 다니지 않는 빈 골목을
우리는 너무 오래 걸었구나.

가을 그늘에 잠긴 伏龍洞.

《월간문학》 1969. 11

식전食前길
──砂礫質·7

지난 이른 여름
나의 內面을 스치고
살픈 비늘진 구름,
順天으로 가는
새벽길, 그것은
知異山 모롱이에
떠 있는 것이 아니다.
하믈며 求禮口의 개울물에
잠겨 있는 것도 아니다,
나의 內面의 영원으로
휘어진 공간에
살픈 비늘진 구름,
그것은 그것으로 나타날 수 밖에 없는 것의
오늘의 있음,
그 現顯됨.
나는 旅行中,
식전길에 배가 고팠다.

《현대시학(現代詩學)》 1970. 11

청자青瓷
── 砂礫質·9

응접실 한 구석에
단정하게 앉아있는 그녀를
아무도 눈여겨 보지 않았다.

집안에 어려운 일이 있을때,
간혹 내가 그녀를
유심히 바라볼 뿐.

아버님이
세상을 떠나시고 한때
나는 그녀와 서로 건너다 보며
지냈을 뿐.

그녀가 누구인지 나는 모른다.
나이가 들수록 그녀는
윤기나는 살결로
내게 다가오는.

어제는
黃錦燦氏가 노래한

「고려청자기」를 읽고
그녀에게 연잎이 돋아나는 것을
나는 보았다

《현대시학》 1971. 1

빈 손바닥

寶水洞이라는 거리가 있었다.
釜山에는 寶水洞이라는
거리가 있었다. 地球의 어느 구석에
釜山이라는 도시의 어느 구석에
寶水洞이라는 거리가 있었다.

二月이면
바람 끝에 미역내가 풍겨오는
그 거리의 한구석에 床飯집
그집 아주머니는 친절했다.

이 세상에서는 누구라고 그 이름을
밝힐 수 없는 한 여인과 나는
그 거리의 床飯집에 드나들며
아주머니와 친하게 지냈다.

세상에서는 그녀가 누구라고
이름을 밝힐 수 없다.
그것은 神의 뜻임으로
그녀와 寶水洞이라는 거리를

가슴에 묻어 두었다.

실로 밑도 끝도 없는, 이것은
싱겁디 싱거운 노래이지만
한 人間의 목숨을 다한 진실이
때로는 이처럼 싱거운 것일 수 있다.

그리고 千年이나 二千年後 혹
이것을 읽는 이가 있다면
地球의 어느 한 구석에서 寶水洞이라는
거리의 한구석에서 이름조차 밝힐 수 없는
無名의 한 人間의 진실을 생각하며
그 자신의 빈 손바닥을 새삼 들여다 볼 수도
있을 것인가.

《현대시학》 1971. 5

무제 無題

가랑잎이 진다.
보이지 않는 숲에서
보이는 숲에서
葉脈 무늬의 나의 信仰.

아침에는
이부자리를 깨끗하게 챙기고
저녁에 다시 편다.
나의 침실에서
혹은 마른 숲 속에서

누구에게나
한 평생은 한 평생이다.
뒷골목에 깔리는 가을 아침의
서늘한 그늘처럼.

누구에게나
한 평생은 한 평생이다.
산 하나를 적시는
크낙한 구름 그림자처럼.

《창조(創造)》 1971. 11

죽어서 영원永遠히 사는 분들을 위하여
——學友들이 메고 가는 들것 위에서

저처럼 윤이 나고 부드러운 머리칼이
어찌 주검이 되었을까?
우람한 精神이여.
自由를 불러 올 正義의 暴風이여.
눈부신 젊은 힘의 海溢이여.
허나, 그들의 이름 하나하나가 아무리 靑史에 빛나기로니
그것으로 父母들의 슬픔을 달래지 못하듯,
내 무슨 말로써
그들을 찬양하랴.
죽음은 죽음.
瞑目하라.
진실로 의로운 혼령이여.

거리에는 5月 햇볕이 눈부시고
世宗路에서 孝子洞으로 가는 길에는
잎을 마련하는 街路樹의 꿈 많은 經營이 소란스럽다.

아무 일도 없었는 듯이.

지내간 것은 조용해지는 것

그것은 너그럽고 嚴肅한 새 歷史의 表情.
다만 참된 뜻만이
죽은 者에서 산 者로 핏줄에 스며 이어가듯이

그리고, 4·19의 그 壯嚴한 業蹟도
바람에 펄럭이는 太極旗의 빛나는 눈짓으로
우리 겨례면 누구나 숨쉴,
숨결의 자유로움으로
온 몸 구석에서 속삭이는
精神의 속삭임으로
진실로 한결 환해질
자라나는 어린것들의 눈동자의 光彩로
이어 흘러서 끊어질 날이 없으리라.

《다리》1973. 4

무위 無爲

연필을 깎는다.
꼭두새벽을 가셔주는
마른 향나무의
목마른 향내.
깎이는 것은
그것으로 足하다.
오늘의 거품 안에서
나의 盲目的인 集中.
연필을 깎는 面刀날에
어리는 星雲.

    *

연필을 깎는다.
깎이는 것은
나의 마른 지팡이.
오늘의 장님 안에서
그것은
무한으로 뻗어
銀河系를 더듬는다.

지팡이 끝에서 빚어지는
찬란한 별자리.
오늘의 스크린에서
깨끗하게 스러진다.

  *

자리를
털고 일어나면
연필 부스러기가
지저분했다.
바다 변두리로
깔려서 날카로운 겨울의 잔뼈
午前이 말리고 있었다.

         《심상(心象)》 1974. 4

자갈 I · II

I

흰 자갈이 깔린다.
四月 그믐께서
五月 上旬
자갈조차 촉촉하게 젖는
무렵이면
길에 깔리는 無償의 자갈돌.
왜, 라는 反問을
스스로 떨쳐버리고
달아오르는 해
향기로운 바람
그냥 빛나는 자갈돌
어느 한 개는 튕겨져 나가
희디흰 자갈빛의 자갈돌

II

발끝에 채인 돌은
또르르 굴러가서
宇宙의 中心에서
머문다.
그리고 太陽과 바다와 바람의
圓心에서
햐얗게 빛난다.

《한국문학》 1974. 6

발자국

컹, 컹
천식을 앓는 숨가쁜 숨결을
神이 쓰담아주셨다.
이제 헐떡거리지 않고
하늘의 층계를 오를
점 하나
石艸兄.
솔직하게 말하면
나는 아직도 저승이
잡히지 않는다.
흙의 地上에서
걸어다니는 당신의
발자국이 나지 않는 것이
서글플 뿐.
오늘도
우리와 함께
수유동 어귀를
藝術阮 옆골목을
거닐 수 있는
石艸兄.

《현대문학》 1975. 5

무제 無題

모든 나무는
正面으로 나를
향한다.
그
가슴 한복판을 향하여
나는
눈짓을 보내고
모든
냇물은
中心으로 흐른다
열두별자리의
한가운데를 적시며
나의 이마
복판으로
별떨기의 은모래가
깔리고
이
누리 안에서
나는
가는 귀가 멀어간다.　　　　　《문학사상》1975. 10

선반旋盤

저편으로
혹은 이편으로
그것은 落下한다.
어디서 어디까지라거나
무엇 때문이라거나
그런 제한과 물음을 벗어버린
그것의 無限落下.
별이여.
타오르는 돌.
그
중심에서
바람의 날카로운 휘파람의
洞穴의 중심에서
속도의 가속도의 하늘의 旋盤에
갈리며 깎이며 말려드는
螺旋狀의 合金의
듈류루민의 渴症,
왜라거나
무엇 때문이라거나
그런 물음을 벗어버린

그것의 無限落下
오늘의
스크린에서

《한국문학》 1976. 5

오늘의 햇빛*
——H교수를 추모하며

학교주변을 서성거리며
호도나 은행열매를 심고 있었다.
구름은 희고
臥牛山은 푸른
弘大에서
은빛머리칼을 바람에 날리며
호도나 은행을 심어
그 열매를 누가 딸 것인가.
그 그늘에 누가 쉴 것인가.
심는 그것으로 족한
老敎授의
은빛 머리카락에
오늘의 햇빛
오늘의 것이 오늘의
것으로 빛나는
그 一回性的인 삶 속에서
우리는
무엇을 위해 사는 것이 아니다.
누구를 위해 가르치는 것이 아니다.
오늘의 충족과

팽창감 속에서
老敎授가 심은 호도나
은행나무가지가
무성하게 자라는
오늘의
눈부신 햇빛

〈近作詩抄〉,《심상》1977. 5

* 《심상》 1977년 5월호에 〈近作詩抄〉라는 큰 제목으로 「오늘의 햇빛」과 「正面」 그리고 「目禮」 3편이 실려 있다.

정면 正面

정면을 향하여 걷는다.
동에서 서까지
아득한 길을
정면을 향하여 걷는다.
수목과 바위의
중심을 향하여
사람과 사람 사이의
중심을 향하여
직선으로 걷는다.
주저하지 않고
회의하지 않고
두리번거리지 않고.
빛으로 가득한 수목이
정면으로 내게
미소를 보낸다.
무한의 둘레가
눈짓을 보낸다.
별이 내게 지시하고
바다가 길을 열어준다.
모든 方位는

내 안에서 소멸되고
내가 걷는 그것이
정면이 된다.

〈近作詩抄〉, 《심상》 1977. 5

목례目禮

밤새 안녕하시오.
뜰에서
인사를 보내면
철죽도 목련나무도
오늘부터는
라일락도 나를 향해
目禮를 보낸다.
어제와 오늘이라지만
그것이 얼마만한 시간이냐.
밤새 감는 눈을
아침에 뜰 수 있다는 것은
또한
얼마나 놀라운 일이냐.
天地開闢의 첫아침의
장미빛 문은
날마다 새롭게 열리고
철죽도 목련나무도
오늘 아침부터는
라일락도
새아침의 目禮를

내게 보낸다.
밤새 태어난 꽃송이를
속잎을
치켜들고
사라져가는
금빛 새벽별 아래서.

〈近作詩抄〉,《심상》 1977. 5

어느 날 오전午前

어느 날 오전
나는
모래를 밟으며
海岸線을 걷는다.
쾌청한
어느 여름날 오전
홀연히
바다의 푸른 띠가
나의 허리에 감기고
맨발에 밟히는
삭막한 나의 終牛
파도가
나의 발자국을
쓰담아 지워주는
바다의 너그러운 손을 느끼며
걸어가는
나의 발에 밟히는
그것은
차라리 개운했다.
흰 이마를

바람에 씻기우며
결국 모래알로 돌아가서
맨발에 밟히는
이 느껴움
결국 발자국도 남지 않는
나의 등뒤에서
발자국 소리가 들린다.
모래를 밟는……

《한국문학》 1977. 10

뵈옵고*

발을 멈추고
성모 마리아를
쳐다보는 그것으로
나의 기도는 끝난다.
山泉洞 뒷등성이로
아침 산책길에
빈 성당에 들리어
성모 마리아를 한참
뵈옵는 그것으로
끝나는 기도.
날마다
성모 마리아의 얼굴에는
그날의 표정이 서려 있었다.
그 표정을 읽는 것으로
나는 충만했다.
눈이 오는 날에는
정결한 슬픔으로
눈길을 아래로 모우고
갠 날에는
장미빛

환한
그 얼굴은 쳐다보는 그것으로
드릴 말씀이 없는
흔들리는
나의 감정과 함께
동요하는 나의 신앙
마리아여
순간마다 변모하는 그
어지러운 동요 속에서
당신은
순간마다 새롭게 태어나
내 앞에 계셨다.
발을 멈추고
한참 뵈옵는 그것만으로
별로 드릴 말씀이 없는
간혹
허전한 날에는
돌아오는 길에
이만큼에서 고개를 돌려
거듭 뵈옵는

그것으로
충만한 나의 기도.

— 改稿

《심상》 1977. 6

---

* 「뵈옵고」부터 「舊稿에서」까지 33편의 시는 1977년 6월부터 1978년 2월까지 《심상》에 「耳順의 아침나절」 연작으로 연재 발표되었다.

안녕

안녕
이것은
맞이하는 인사일까
보내는 인사일까
추억 속에서
꽃가루가 이즈러지는 모란
밀려오고
밀려가는 것이
하나로 부글거리는
바닷가에서
흰수건과
붉은 수건을
나부끼는
그는
누구일까
水平으로
허리를 감싸고……
안녕

《심상》 1977. 6

무제無題

걸어가는 나의
뒷등에 따뜻한
햇살
살기 위하여
썩기 위하여
오늘의
있음 속에서
걸어가는 나의
등을 어루만지는 손길
빛과
물과
바람의 누리 속에서
오늘의 地熱
오늘의 청명
참으로
살기 위하여
썩기 위하여
환하게 눈을 뜨느느
오늘의
있음 속에서

걸어가는 나의
등을 어르만져 주는
당신의 자비
당신의 입김
당신의 체온

《심상》 1977. 6

그림자

흔들리는 나무가지와
가지의 그림자
왜, 랄 것도 없이
지구의 동쪽 한구석에서
구림 아래서
왜 랄 것도 없이
水菊이 봉오리지는
물빛
60代의 나의
나무가지와
가지의 그림자
그저 흔들리는.

《심상》 1977. 6

밤마다

먼 邊方에서
검은 바다를 보았다.
거득하게 밀려와서
허옇게 부셔지며
웅얼거리는 바다를
보았다.
동서남북을 분별할 수 없는
이 절대의
허무 앞에서
아내여
수척한 너의 얼굴이
떠올랐다.
어쩔것이냐
너와의 맺은 인연은
너무나 막중하고
지금 내앞에 있는 것은
거득하게 밀려오는
검은파도 뿐이다.
어디서
어디까지랄 것도 없이

검은파도는 몰려와서
中心에서
허옇게 부셔지고
되돌아간다.
바라보면
저편 끝은
막막하고
지금
웅얼거리는 바다
어쩔것이냐
아내여
이승에서
너와의 맺은 인연은
너무나 막중하고
지금 검은 파도가
나의 발목을
적신다.

《심상》 1977. 7

계곡溪谷에서

하루종일 오솔길을 따라
계곡을 내려와서
떡갈나무 밑에서
쉰다.
나는 혼자다
어디서 울려오는지도 모르는
조잘거리는 개울물소리가
변두리를 수놓는
중심에
앉아
나도 떡갈나무
잎새가 된다.
되돌아보면
내가 걸어온 길은
녹음속에 묻혀버리고
숙연한 골짜기
해가 설핏한 산마루에
구름이
삭고 있다.
아직도

바다로 나가려면
길은 멀었다.
귀가 쩡하게 울리는
자연의
중심에
앉아
나는 떡갈나무
잎새가 된다.

흔들린다.

《심상》 1977. 7

무제 無題

구름과 함께
無影塔을 본다.
우러러보는 눈에
塔身은 하늘까지 닿고
흰 층계를 오르면
도라지빛으로
아득한 하늘꼭지에
서라벌의 伽藍
구름에 따라
순간마다
모습을 달리하는 塔身
우러러보는 눈에
塔身은 하늘까지 닿고
푸른 층층계를 오르면
도라지빛
아득한
하늘 꼭지에
바람과 구름의 伽藍
무너지고 있었다.
세번 다시

구름과 함께
無影塔을 본다.
햇볕에 바랜 정결한 돌결
塔身은 하늘까지 닿고
빙빙 도는 구름
흰 층층계를 오르면
도라지빛
아득한 하늘꼭지로
날아가는
새
가물거리며.

《심상》 1977. 7

병실에서

지난 한달을,
병원에서 보냈다.
十七층 병실에서,
새벽마다 불이 꺼져가는,
丘陵의 가로등을
눈여겨 보곤했다.
병은 중했다.
밤새 작은 심장에,
조심스럽게 파닥거리는,
나비.
잠이 오지않았다.
그런날 새벽일수록.
불이 꺼져가는 건너편 가로등을
더욱 눈여겨 지켜 보곤 했다.
누가 불을 끄는 것일까.
알수없었다.
하지만 일정한 시간이 되면
불은 차례로 꺼져갔다
참으로 누가 끄는 것일까
알수없었다.

알수없지만.
불은 꺼져갔다.
불이 꺼지면.
지금까지 켜져있었다는 사실이.
거짓말 같았다.

《심상》 1977. 7

포도나무

두팔로
자기의 젖무덤을
보듬어 안고
수줍은 나무,
이 詩句를
나는 잠자리에서
얻었다.
꿈에서 생시로 돌아오는
길목에서
그녀는
탐스러운 갈색젖꼭지를
내 입에
거득하게 물려
주었다.

《심상》 1977. 7

단시초 短詩抄

목청 가다듬는
오늘 아침의 꾀꼬리
來世를 이야기하며
아내와
산책길에서 돌아온다.

  *

동해의 물빛을 생각한다.
새벽 잠자리에서
마음을 헹구고
미역내 풍기는 바다바람이
머리를 나부낀다.

  *

찬란한
星座아래서
詩를 쓴다
말끔하게 정돈된 책상 앞에서

나의 이마에
동트는 새벽의 눈동자

*

한줄기에
열두송이 꽃이 벙그는
君子蘭
그 위태로운 축복위에
달아오는 해

*

지난 겨울에
잃어버린 검은 녹피장갑과
오늘의 장미
그 틈사이에
활시울처럼 처진 나의 老年
돗수를 돋군
검은 테 안경

*

잠결에
빗소리를 듣는다
네방구석마다 沛然*하게 쏟아지는
빗소리의 중심에
반듯하게 누워서
나뭇잎 하나

　　　*

닦고 닦아도
안경알이 흐려지는
안개 같은 비가 오는
나의 視野에
젖고 있는 나무
초연하게
地上에서

《심상》 1977. 8

---

* 沛然: 비가 매우 세차게 오는 모양을 나타내는 말.『맹자』에 나옴.

대접大楪에 대하여

나의 書齋에
언제부터랄 것도 없이
대접이 놓여 있었다.
누가 사들인 것도
일부러 가져다 놓은 것도 아닌,
살다보면 어쩌다가 그렇게
마련되어 있는
푸르스름한 대접이
놓여 있었다.
왜,
놓여져 있는지도 모르게
놓여 있는 대접의
그 受容的인
안으로 수긋한
가슴의 線.
언제부터랄 것도 없이
그런 자세로
나의
생활을 받아들이고
달빛을 받아들이고

東洋의 淸明과 雲霧를
받아들이고
오늘은
밤과 열두별자리를 받아들이고
비롯되는 것과
마지막을 받아들이고
그리고
언제부터랄 것도 없이
나의 書齋에
대접이
놓여 있었다.

《심상》 1977. 9

이런 시詩

슬며시 다가와서
나의 어깨를 툭치며
아는 체 하는
그런 詩.
대수롭지 않게
스쳐가는 듯한 말씨로써
가슴을 쩡 울리게 하는
그런 詩.
읽고 나면
아, 그런가부다 하고
지내쳤다가
어느 순간에
번개처럼
번쩍 떠오르는
그런 詩.
투박하고
어수룩하고
은근하면서
슬기로운
그런 詩

슬며시
하늘 한자락이
바다에 적셔지 듯한,
푸나무와
푸나무 사이의
싱그러운
그것 같은
그런 詩.
밤 늦게 돌아오는 길에
문득 쳐다보는,
갈라진 구름 틈서리로
밤하늘의
눈동자 같은
그런 詩.

《심상》 1977. 9

복숭아와 동녀童女

복숭아를 받쳐들고
어린 손녀가
내게로 다가온다.
쟁반 위에서
복숭아는 얼굴을
살픈 붉힌채 천연스럽게
담겨 있다.
어린 그녀는
그것을
누가 주시는 것인지
모른다.
(누가 알랴마는)
다만 할머니가
할아버지께 보내주시는 것으로만
생각한다.
탐스러운
여름 한철의 과일을
쟁반에 담아들고
내게로 다가오는 그녀의
귀엽고 가는 팔……

복숭아가
주렁주렁 열린
수줍은 가지가
내게도 뻗쳐온다.
할아버지然하고
그것을 받아드는 나의
등뒤에서
껄껄웃는 웃음소리가
들린다.
만일 어린 그녀가
나의 등뒤에 있는
그 분을 보게 되었더라면
당황하여
얼굴을 붉히게 될 것이다.
또 하나의
가지에 열려있는
탐스러운 복숭아.

《심상》 1977. 9

고성固城에서

삐걱거리는
계단을 올라가
이층다방에서
차 한잔을 들고
돌아왔다.
固城은
나의 탄생지
六十여년만에 돌아와서
낯선
이층다방에서
차 한잔을 들고
돌아왔다.
바람같이 서글픈
나의 귀환
구름의 回歸
부모님도
세상을 떠나시고,
나의
생가가 어디쯤이었을까,
두리번거리는 눈길에

한 여름의 무르익은 푸른 산.
六十여년만에 돌아와서
낯선 사람들 곁에서
차 한잔을 들고
그곳을 떠났다.

《심상》 1977. 9

느낌표 하나

湖面 가득하게
우뢰가 울리고
진주알로 쏟아지는
소낙비
홀연히
떡갈나무 잎새를
흠빡 적시고
아아
晋州城에
무지개

《심상》 1977. 9

다시 가정家庭을 노래함

자리는
비고, 구석은
넓어지고
빈 공간은
날로 늘어나고
비록 사람 사이에서
태어났다지만
드디어
나는 마르
고, 가지 끝에
가랑잎
이
적막은
胎內의 그것과 다르다.
늦여름
밝음 속에
결국 집안에는
누구도 없었다.
엷은 물빛 커틴은
창마다

축 쳐지고
이
적막은
胎內의 그것과 다르다.
결국
자식도
아내도
나도 없고
드디어 집은 비고
이
적막은
胎內의 그것과 다르다.

《심상》 1977. 10

찌

움직이지 않는
찌를 발견한 것은
올여름
晋陽湖에서였다.
밝아오는 새벽의
水面에
그것은
옴찍하지 않고 있었다.
호수를 에워싼
하늘과 산이
그것을 노려보는 것이
아니라, 숨을 죽이고
찌는
처음부터
그렇게 있었던 것이다.
그렇다.
찌는
처음부터
그렇게 있었다.
왜, 태어났느냐

이 거창한 물음에도
흔들리지 않고
왜, 사느냐
이 거창한 회의 밖에서
찌는
처음부터
그렇게 있었다.
우주의 중심에 숨을 죽이고
움직이지 않는
찌를
발견한 것은
올여름
晋陽湖에서였다.
그것은
물음이나 회의 밖에서
처음부터
그렇게 있었다.

《심상》 1977. 10

무제 無題

구름이 펴놓은
가을의
이 적막
구름이 말아쥐는
가을의
서늘한 그림자
물빛은 변하고
차갑고 어두운 바다에
잠기는 하늘
구름 그림자가 적셔가는
閑麗水道
나는 태어나서
내가 끄는 신발
항상 나의 등뒤에서
따라오는 적막한
신발자국소리는 멎고
드디어
온천하에
신발 벗는 소리
구름이 펴놓은

이
적막
구름이 말아쥐는
서늘한 그늘
나의 안에서
밖에서.

《심상》 1977. 10

무제 無題

全身으로
바람에 파닥거리는
나무
나는 그런 마음으로
눈을 감을 것을
생각한다.
죽음은
어두운 것이 아니다.
온몸으로
받아들이는
神의 입맞춤
영원이 무엇임을
누가 알랴
어느날
적셔줌으로 깨닫게 되는
밤마다의
넉넉한 포옹
심오한 水平
온몸으로
바람에 파닥거리는

나무
나는 그런 마음으로
얼굴을
흙에 묻게 될 것을
생각한다.

《심상》 1977. 10

전화벨

한 밤 중에
전화벨이 울린다.
어디서 걸려오는 지도
모르는.
검은
四角의
한 귀퉁이가 전율하고
이
밤중에
무슨 용무일까
불안을
눈알을 굴리며
머리를 풀어헤치는
전화벨소리
검은
四角의
한 귀퉁이가 전율하고
얼굴이 없는
사람이
비명을 지른다

이
밤중에
어디서 걸려오는 지도 모르는
신호가 울린다
검은
四角의 한 귀퉁이가
너덜너덜 찢어지고
새파란 비명소리가
나선형으로
감긴다.

《심상》 1977. 10

탈의 脫衣

옷을 벗자
남루한 누더기를
간밤
말몰이군이 수레를 몰고간
快晴한 하늘 아래서
지금
내 입에 담고 있는
言語는
너무나 거추장스럽다.
옷을 벗자
修飾으로 겉치레한
남루한 누더기를 벗어버리고
입에 거득하게 물리는 과일
모국어여
평생 갈구해온
영혼의 어머니의 혀
익은 열매여
세번 옷을 벗자
후근후근한
땅김이 서리는

地上에서
적당하게 구울리는
혀를 거둬들이고
가랑잎 같은 연령에
입에 거득하게 물리는 과일
옷을 벗자
벗음으로 입게 되는
하늘의 羽衣
입을 다물 날이 멀지 않았다.
神 앞에서
저를 證言할
숙연한 진실
영혼의 어머니의 혀를
받아들이자.

《심상》 1977. 11

오늘의 얼굴

세수를 하고
마른 타올로
얼굴을 문지른다
오늘의 얼굴
누구에게나
오늘은 새롭다
하늘의 문이 열리고
날마다
새로 창조된
아침을 맞이한다.
세수를 하고
누구나
오늘의 얼굴과
대면한다
거울에 비치는
늙고 주름진 얼굴
그것은
오늘의 나의 얼굴
그러나 뉘우칠 것이 없다
마른 타올로 얼굴을 문지르는

신선한 시간 속에서
천하의 모든
꽃가지에는
오늘의 꽃송이가 벌어지고
오늘의 태양이 빛난다
어떻게 살아도
충만할 수 없는
이 신선한 시간 속에서
얼굴을 씻고
눈보다 흰 타올로
문지른다.

《심상》 1977. 11

탈

하오 다섯시와 여섯시 사이
退勤을 한다.
책상을 챙기고
내가 돌아간 사무실에
탈이 걸려 있다.
금빛 뿔이 돋는
검붉은 얼굴의
下廻탈바가지.
그렇다 내가 집으로 돌아간
不在의 공간에
탈이 걸렸다.
쓰디쓴 나의 생애
황당한 나의 생활
그리고 내가
집으로 돌아간 빈 공간에
화살처럼 쏟아지는 별과
어둠을 지켜보는
下廻탈바가지
내가 집으로 돌아가서
사지를 뻗고 잠든 동안에도

새로운 아침을 위하여
태양이 다른 地球를 비추는 밤
탈바가지의 금빛 뿔에
별빛이 어린다.

《심상》 1977. 11

옆자리

과히 오래
지체한 것도 아닌데
금방 옆자리가
비어버린다
사람이 자리를 떠버리면
금방 옆자리는
싸늘하게 허전하다
지금까지
열중해서 눈알을 번들거리며
商談을 늘어놓던
그들이 돌아간
저편 출입문으로
줄을 잇다시피 손님들이
들어오지만
나의 옆자리는
좀처럼 메꾸어지지 않고
빈 찻잔만
덩그렇게 놓였다
이제 내가 일어날 차례다
쉴만큼 쉬었으니

만일 내가 일어나 가버리면
빈 자리 옆에
빈자리가 생긴다
그러나 쉴만큼 쉬었으니
자리에서 일어나야 한다
밖에 나오니
어깨를 스치며
사람들이 붐비지만
가버린 자는 가버리고
그들 사이가
이상하게
허전하다

《심상》 1977. 11

무제 無題

노래를 멎은
늙은 귀뚜라미의
수염 끝에
깊은 가을
잎이 진다
나의
벼갯머리는
잠잠하고
찬옷자락을 서걱거리며
느리게 옮아가는
별자리
올가을도
이렇게 깊어가는구나
조그맣게
수축되어
떨어져 나가는
하나의 遊星위에서

《심상》1977. 11

물방울 안쪽에서

누구나
약간씩 귀울림 하고
누구나
약간씩 말을 더듬으며
짐작으로 그렇거니
이해를 하면서
반쯤은 알아듣지 못한채
물방울 안에서
가지 끝이나
지푸라기 끝에 맺혀서
누구나
약간씩 無重力狀態에서
누구나
약간씩
허공에 떠서

《심상》 1977. 12

무제無題

태어나는 그날부터
가슴 한편 구석이
조금씩 비어서
우리들 눈동자에는
저녁놀 그림자가
항상 잠겨서
태어나는 그날부터
무엇으로서도 메꿀 수 없는
가슴 한편 구석이
조금씩 비어서
밤바람은
거친 들을 달리고
파도는
하늘 끝으로 출렁거리며
무엇으로서도
메꿀 수 없는
가슴 한 편 구석이
조금씩 비어서
밤이면
星座를 우러러 보고

새벽이면
神의 이름을 부르며
누구나
조금씩 말을 더듬으며
누구나
주위를 두리번거리며

《심상》 1977. 12

계단階段

비와 바람의 길을 걸어와서
그 어디쯤에
계단을 오른다.
하늘에 닿은 샛하얀 계단……
이제
무엇을 뉘우치고
무엇을 소망하리요
오늘의 성의는
오늘로서 족한 계단을
밟아 오른다.
이미 나의 이마를
밝혀주는 것은
지상의 태양이 아니다.
나의 이마꼭지에 고여오는
그것은 물과 하늘의 푸르름
神의 자비를 바랄 뿐이다.
누구를 위해서
무엇을 위해서
사는 것이 아니다.
오늘의 성의는

오늘로서 족한
눈부시는 계단……
계단이 끝나면
어떤 세계가 열릴까,
그것은 부질없는 회의
오늘의 성의는
오늘로서 족한 저
눈부시는 순백의 계단……
그늘과 어둠의 길을 건너와서
그 어디쯤에
계단을 오른다.
오르는 나의 발에 실리는
성의만이 나의 것이다.
하늘이 닿은 계단을 오르는
흰머리카락에
새로운 광명이
나를 밝혀준다.

《심상》 1977. 12

무명無明

I

옷을 껴입어도 입어도
마음이 추운
밤
밤바람이 달리는
隆冬의
불빛 하나 없는
황량한 벌판
星座는 한편으로 기울고
반쯤 地平에 잠긴
나즉한 天體……
地上과의
그 空間의 막막함.

II

어딘지
어디쯤에

들판을 가로 세운
한 幅의 壁
반쯤 빛을 받고
반쯤 어둠에 잠긴
하늘에 닿은.
바람이 불고 있다.
마른 갈잎이 全面으로
수런거리는 밤벌판의
어딘지
어디쯤에
올연히 서 있는
한 幅의 壁
밤도 아닌
낮도 아닌
無名의 空間에
하늘에 닿은
그 盲目的인 意志
壁面의 막연함

III

무릎을 꿇고 있다.
하늘을 우르러
비는 자세로
그
오지랖의 허전함
無明의 들판에
모두
무릎을 꿇고 있다.
그
이마위에
맴도는 바람의 소용돌이의
니힐의
大旋回
그
오지랖의 허전함.

《심상》1978. 1

정맥靜脈

사운거리는 소리로 그득해지고
行間이 넓어졌다.
조금씩 精神化되어
靜脈으로 흐르는 피
알겠네 알겠네
首肯을 하면서
양탄자를 밟는 나의 발자국
무겁게 내려진 커튼은 내려지고
얼굴을 돌려
向方을 바꾼다.

《심상》 1978. 1

행간 行間

이처럼 깊이 눈이 내린다.
이런 일도 있었구나
전혀 이승의 그것 같지 않는 부드러운 것이
어깨에 쌓인다.
그렇다. 이제는 깊이 조용할 세계에 들어섰다.
모든 소리는 內面으로 울리고
가는 귀가 먹은 오늘의 눈
詩도 죽음도 눈처럼 가벼워지고
아무리 걸어도 발에 땀이 베지 않는 오늘의 눈
적막한 行間이
전혀 이승의 그것 같지 않는 부드러운 것이 온다.

《심상》 1978. 1

단시오수 短詩五首

눈발이
굵어지는 창안에
벙그는 冬栢꽃 곁에서
墨을 간다.

  *

눈이 쌓이는
雪嶽의 이마를 응시하는
昭陽江 물빛의 눈동자
오늘을
구김살없이 챙긴다.

  *

겨우 短詩에 의존한다.
가랑잎의 나의 詩心
내일은
구름으로 풀려
東洋畵의 山水에

안개로 머문다.

    *

Fead out
이것은 映畵의 專門用語
오늘 저녁에는
초저녁부터 불도 켜지 않고
熟眠했다.

    *

오늘의 부라운管에
極에서 맺힌 물방울이
풀린다.
새가 날아간
나무가지 그림자가
장지문에 흔들린다.

《심상》 1978. 2

구고舊稿에서

I

자갈돌을 닦는다.
어린 것들아
아버지를 보아라
아버지의 생애는
자갈돌을 닦는 것으로
一貫했다.
계산이나 성과는
나의 眼中에
없었다.
돌을 닦는 그것으로
나는 충만했고
나의 생애는
보람찬 것이었다.
그것을 누가 보석이라든
쓸모없는 자갈돌이라든
그것은 그들의 評價
다만 나는
자갈돌을 닦는

맹목적인 성의만이
소중했다.
그리하여
반들반들 닦겨진
자갈돌로 나의 길을
정결케 하고 내일은
영원으로 이어진 길에
그것을 깔게 될 것이다.

II

오늘은
온양에서 쉰다.
김이 서리는 탕에서
몸을 풀고
눈이 내리는
정결한 눈을 바라본다.
물론 너그러운 마음으로
흰 길을 바라볼 수 있음은

지금의 축복
神의 은총
어제는
서울에서 보냈다.
零下 10도를 오르내리는
추운 거리에서
밑둥이 어는 무의 하루
하지만 어제의 시련은
어제의 시련
지금은 개운한 마음으로
눈이 내리는
정결한 길을 바라본다.
내일은
서울로 돌아갈 것이다.
것이다의 예정은
나의 것이 아니다.
온양의 불빛 아래서
詩를 쓰는 지금만이
나의 것이다.
내일 서울의 불빛은

내일의 불빛
神의 허락하심을 입어
제三 한강교의
불빛을 보게 될 것이다.

III

기분에 따라
커피를 열잔쯤 드는
날이 허다했다.
그러나 그것은 어제의 일
지금은 한잔의 커피도
허락되지 않는 나의 건강
언제나 내 안에서 뻗은
우아한 손이 커피잔을
받쳐 주었다.
커피숍의 구석진 자리에
낮에도 켜지는 照明燈
그러나 그것은 어제의 일

지금은 한잔의 커피도
허락되지 않는다.
나는 누구에게도
나의 비밀을 누설하지 않았다.
그만큼 나의 지난 날은
충만했다.
그러나 그것은 어제의 일
지금은 한잔의 커피도
허락되지 않는다.
커피를 마신다는 것이
이처럼 충만한 일임을
진작 나는 깨닫지 못했다.
시간의 낭비와 분주한 약속의
흥겨운 소용돌이 속에서
바람과 더불어 마시는 커피
그러나 그것은 어제의 일
지금은 무료한 탕약의
쓰디쓴 약사발을
들게된다.

《심상》 1978. 2

심추음 深秋吟*

象牙구슬이 울리는 소리에
가을이 깊었다.

無爲한 하루.
的球는 빗맞고,
나는 人生의 끝수를
늘 놓친다.

내 구슬은
아득한 草原 위로
無意味한 카아브를 틀며 彷徨했다.
그 구슬에
어리는
長安의 설핏한 해빛

참되게 살자.
接點에 영혼을 集中하고

참되게 살자.
〈큐〉에 잡히는 하느님의 뜻.

그리고
가볍게 禮節 바르게
年四十의 내 하루를 모아서 치자.

──이제
窓마다 짙은 커텐을 내리고
겨울은 이미
이마팍에 왔는데.

다만
나의 體溫에
내 꿈을 피우며
조용히 조용히 呼吸을 가다듬어
허나 가벼히 구슬을 치자.

象牙구슬이 울리는 소리에
年四十의
가을이 깊었다.　　　　　　　　《문학사상》 1987. 6

---

* 「深秋吟」부터 「無題」까지 7편의 시는 유작시로서, 《문학사상》(1987년 6월)에 발굴·발표되었다.

부드러운 잠의 노래

잘 자렴 우리아가씨
잘 자렴 우리아가씨
그대가 잠들 창가에 켜진
胡桃빛 램프가에
무엇이 깃들어 있다.(세상은 사락 사락눈)

그대가 잠자는 창밖에 또한
꿈 속에서
나는 노래를 불러주랴.
이리저리 헤매는 노래 한 가락처럼,
그대는 한포기 사과나무가
자라는 것을 보게 되리라.
그것은 급속도로 자라나 하얀 꽃이
피고, 붉은 열매가 맺게 되는 것을
그대도 자면서 보게 되리라.

《문학사상》 1987. 6

아내에게

사람이
億萬年 산다면 또 몰라.
그래도
사람의 가슴이 환하게
보일 것 같지 않음을.
겨우 二·三十年
길어서
四·五十年.
그것을 가지고
우리 서로 안다할 것인가.
그래도 壯하지.
서로 등을 기대고,
궂은 일, 기쁜 일
의지하며 사는 것.
겨우 二·三十年
길어서 四·五十年.
그렇지, 그만 것 가지고
당신이나 나나 무척도
괴로워했구먼.
생각하니

함께 걸어온 어제같은 千萬里.
가엾서라.
꽃같은 얼굴이
저처럼 시들고,
눈 가으로 잔주름도 잡혔구먼.
여기가 어디라고,
살벌한 이승地域.
어쩌다 맺힌 인연을
사람을 믿고,
우리 서로 한 평생
함께 가는구려.
來世가 어떨지,
두고 봐야지만,
이미 당신이나 나나
멀잖은 길을,
나의 同伴者여.
구버구버 살피며
성의껏 살자.

《문학사상》 1987. 6

또 다시 가정家庭

의자는
비어있고 구석은
넓어지고
빈 공간은
날로 늘어나고
비록 사람 사이에서
태어났지만
드디어
나는 마르
고, 가지 끝에
가랑잎
이
적막은
胎內의 그것과는 다르다.
늦여름
밝음 속에
결국
집안에는
누구도 없었다.
엷은 물빛 커튼은

창마다 드리워지고
이
적막은
胎內의 그것과는 다르다.
결국
자식도
아내도
나도 없었다.
드디어 집은 비고
이
적막은
胎內의 그것과는 다르다.

《문학사상》 1987. 6

기복 祝福

女子가 아기를 낳는 것은 아름다운 일이다.
분만의 괴로움을 거쳐
비로소 당신은 淨潔해진다.
당신 안에 生命을 孕胎하고
育成하고 분만하면
아아
어머니다.
女子의 탓을 벗고
生命을 기루는 그 큰
自然의 아름다운 秩序를,
그 音樂을.
──벌써 당신은 나의 戀人이
아니다. 孕胎의 世界를 體驗한
마리아. 그리고 나의 戀慕는 變質한다.
새로운 꽃밭 위에
조용한 마리아를
우르러 본다.
그 感動.

《문학사상》 1987. 6

귀로歸路

빗발 속에 저므는 廣場
비들기 눈동자 속에
뻐스가 닿는다.
빗발 속에 잠기는 大漢門.
비들기 눈동자 속에
가로등 불이 켜진다.
빗발 속에 저므는 廣場
비들기 눈동자 속에
나는 뻐스를 탄다.
葡萄빛 저므는
비오는 日暮의
잠기는 大漢門
비들기 눈동자 속에
빗발 속에 밤이 오고
비들기 눈동자 속에
작은 存在.
빗발 속에 뻐스는 떠나고
비들기 눈동자 속에
뻐스는 떠나고,
비에 젖은 廣場.

빗줄기에 먼 불빛이 어린다.

《문학사상》 1987. 6

무제 無題

오늘
사람을 만나다.
누구의 이야기든
귀담아 들어주며
말보다는
微笑가 앞서는
그를
만나다.
모임에서는
한 자리 내려앉고,
事物은
환한 눈으로 보는
어리숙하고 어수룩하고
웃을 때
환해지는 그.
이상하게
남의 마음에
더운 샘물이 솟게 하고,
茶가 생각날 때마다
거리에서

우연하게 꼭 만나게 되는 그.
私立大學의 末席敎授로서
겨울에도 오바 한 벌
갖추어 못 입는,
헤어지면 세 자국도 떼놓기 전에
이미 存在조차
희미해지는
그.
도대체
그분은 무엇일까.
석달만에 만나도 어제 헤진 듯
푸군하고,
만나기만 하면 차를 나누고,
나혼자서 長廣舌을
늘어놓게 하는 그.
나 오늘
사람을 만나다.
옆자리를 적당히 데워놓고
사람의 마음을
물어놓고,

자기의 인상조차
남기지 않는,
우연히
거리에 나타났다가
흔적없이 사라지는
나
오늘
그분을 만나다.

《문학사상》 1987. 6

작품 해설과 작가 연보

작품 해설
한 서정적 인간의 일상과 내면

　목월은 젊은 시절부터 높은 평가를 받은 시인이었다. 등단 무렵 이미 소월에 비견될 만큼 각광받는 서정시인이었다. 1939년에 등단해서 1946년에 『청록집』을 낸 후 1978년 타계할 때까지 그는 독자들의 사랑을 가장 많이 받는 한국 시단의 대표 시인이었다. 40년 동안 그는 쉼 없이 시를 썼고, 늘 깨어 있는 시 정신으로 자신의 시 세계를 갱신시켰다. 그의 시 세계는 한국 현대 시사에서 좀처럼 만나기 어려운 깊이와 풍요를 보여준다. 그러나 목월은 1980년대 이후 갑작스럽게 독자들이나 평자들의 관심에서 멀어져 갔다. 한국 현대 시단에서 목월처럼 생전에 큰 영예를 누리다가 사후에 갑자기 잊혀진 시인은 찾아보기 힘들 것이다.
　목월이 거의 잊혀진 시인이 되어버린 이유는 시대적 분위기의 탓이 가장 크다. 1980년대에 들어서면서 한국 사회의 정치 사회적 분위기는 크게 바뀐다. 민주화 운동의 물결 속에서 기존의 권위와 질서가 급격하게 해체되었고, 거칠고 단순한 정치 이념의 논리가 지적 예술적 사유를 억압했다. 이런 분위기 속에서 목월이 지녔던 기존의 문학적 권위는 해체의 대상이었으며, 목월의 시가 지녔던 여린 서정성과 내면성은 사람들의 관심을 끌 수 없었던 것으로 보인다. 목월은 문학 교실 안에서 「나그네」의 시인, 〈청록파〉의 시인으로 겨우 언급될 정도가 되고 말았지만, 그나마도 민족이 도탄에 빠져 있던 식민지 현실 속에서 술 익는 마을을 노래한 현실 도피적 시인 또는 반민중적 〈음풍농월(吟風弄月)〉의 대표적 시인이라는 비난까지 받기에 이르렀다.

그러나 박목월이 없는 한국 현대시는 생각할 수 없다. 그는 올곧은 시 정신과 남다른 언어 감각 그리고 예민한 서정성으로 독보적인 시 세계를 확립한 시인이며, 40년 동안 쉼 없이 새로운 시 세계를 개척했던 보기 드문 시인이다. 그럼에도 불구하고 박목월의 시는 오늘날 그에 합당한 주목을 받지 못하고 있는 것처럼 보인다. 뿐만 아니라 그의 시에 대한 기존의 평가와 이해는 초기작을 중심으로 한 몇몇 특정 작품에 지나치게 의존하여, 그 외의 많은 수작(秀作)들을 간과하고 있는 것 같다. 특히 내면성이 풍부한 중기 이후의 시들 가운데에는 새롭게 주목해야 할 좋은 작품들이 많아 보인다. 비록 좁고 여린 개인적 세계에서 크게 벗어나진 못했지만, 박목월만큼 순교자적 태도로 시에 헌신하고, 자기 시 세계의 발전에 매진한 시인은 찾아보기 힘들다. 이런저런 이유로, 현재 한국 현대 시사에서 제자리를 새로 찾아주어야 할 시인이 있다면 그 첫째가 박목월이 아닌가 한다.

잘 알려진 바대로, 박목월의 초기 시는 『청록집』의 세계이다. 매우 절제된 언어로 자연을 노래하였으며, 짙은 서정성을 보여주었다. 「나그네」, 「윤사월」, 「청노루」, 「산도화」 같은 작품이 이러한 초기의 대표작들이며, 박목월에 대한 대중적 인식은 아직도 이러한 작품들에 의존하고 있다고 할 수 있다. 사실 이러한 초기 시들이 성취한 미학은 매우 인상적이며 독특한 것이 아닐 수 없다. 한국문학사에서 자연을 즐겨 노래한 시인들이 허다하지만, 박목월이 노래한 자연은 어느 누구와도 변별되는 특이한 것이었다. 박목월의 초기 시가 자연을 노래했다고 하지만, 그 자연은 실제 존재하는 자연이 아니라 박목월이 상상 속에서 만들어낸 자연이었다. 이에 대해서 〈자연과 인간의 진정한 혼융의 소산이 아니라, 주관적인 욕구에 의하여 꾸며낸 자기 만족의 풍경〉이라는 지적도 있고, 〈그것이 아무리 아름다운 것이라 하더라도 나의 서정적인 정서 위에 떠오르는 것에 불과한 것으로 인생에 대한 깊이를 간직한 것은 아닙니다〉라는 목월 자신의 고백도 있다. 박목월 초기 시의 자연이 인간이나 현실과는 상관이 없는 미학적 공간이라는 것이다.

그러나 인간이나 현실과 직접적인 상관이 없다고 해서 그 자연의 가치가 부정되는 것은 아니다. 맑고 순수한 아름다움이라면, 인간의 삶과 직접적인 관련이 없이 생성되었을지라도 인간의 삶에서 소중한 가치를 지닌다. 그리고 그러한 아름다움의 공간을 창조하는 것이 예술 본연의 역할이기도 하다. 박목월의 초기 시의 자연은 이전의 우리 문학적 상상력 속에서는 존재하지 않았던 새로운 아름다움의 공간을 열어주었다.

머언 산 靑雲寺
　　낡은 기와집

　　山은 紫霞山
　　봄눈 녹으면

　　느름나무
　　속잎 피어나는 열두굽이를

　　청노루
　　맑은 눈에

　　도는
　　구름
　　　　　　　　　　——「靑노루」

　이런 유형의 박목월 시에서 으레 그러하듯이, 이 시의 계절도 이른 봄이다. 만물의 생명이 깨어나기 직전의 긴장된 적요감이 느껴진다. 움직이지 않음과 움직임 사이의 팽팽한 긴장이 있다. 그리고 청운사, 자하산, 청노루 등에서 드러나듯이, 색조는 보라색 혹은 보랏빛이 도는 푸른색이다. 이런 색조는 비현실적이고 신비로운 느낌을 준다. 박목월은 겨울과 봄 사이의 그 미묘한 공간의 적요감과 비현실적인 보라색을 잘 혼합해서 독특한 풍경을 만들어낸다. 그 풍경은 신선 세계의 이미지와 통하면서도 그와는 또 다르다. 신비스러운 느낌이 있으면서도 인간적인 그리움과 슬픔의 정조가 짙게 깔려 있다는 점에서 그렇다. 시인은 이 고요한 풍경 속에 그리움과 슬픔의 정조를 은밀하게 풀어 넣는다. 이 시에서는 〈청노루/ 맑은 눈에// 도는/ 구름〉에서 애조 띤 그리움을 느낄 수 있고, 「윤사월」에서는 〈눈 먼 처녀〉와 〈엿듣고 있다〉에서 그리움과 슬픔을 느낄 수 있다. 대강 이러한 것이 박목월 초기 시의 자연의 모습이며, 미학적 공간이다.

이 미학적 공간의 순도는 높다. 그것은 우리가 아주 오래전에 잃어버린 고향처럼 향수에 젖게 하고, 또 마음속에 아득한 그리움과 슬픔 또는 영원의 한 자락을 느끼게 해준다. 겨레의 말을 조합하여 이처럼 순도 높은 아름다움의 공간을 창조해 내었다면, 그것은 겨레의 문학으로서 큰 자랑거리가 아닐까? 그리고 시인의 상상력이 소중하다면, 그 중요한 이유의 하나는 바로 이러한 인상적이고 독특한 미학의 공간을 창조할 수 있기 때문이 아닐까? 이 독특한 미학의 공간이 우리의 영혼과 심성에 어떤 영향을 끼치고, 작용을 하는지는 잘 알 수 없으되, 소중한 것임에는 틀림이 없을 것이다. 또한 이러한 미학의 공간이 종종 또 다른 영감의 원천이 되기도 함을 우리는 예술사와 지성사를 통해서 알고 있다. 그러므로 박목월 초기 시의 미학적 공간이 인간적 삶을 외면한 것이라는 이유로 쉽게 폄하되는 것은 바람직하지 않다. 『청록집』과 『산도화』 속의 그 순도 높은 미학적 공간이 없었다면, 현대 한국 시 문학사는 크게 허전했을 것이다.

박목월은 이러한 초기 시의 미학적 공간만으로도 우리 현대문학사에서 기억되어야 할 시인임에 틀림이 없다. 그러나 그것은 박목월의 40년 시력(詩歷)이 이룩한 시적 성취의 일부에 불과하다. 박목월은 두 번째 개인 시집인 『난・기타』에서부터 자기 자신과 자신의 삶을 응시하면서 새로운 시 세계를 열어간다. 인간 세계로부터 멀리 떨어진 신비한 미학의 세계로부터 자신의 일상적인 세계로의 이행을 보여준다. 극도의 압축과 생략을 구사하던 언어 사용 방식도 어느 정도 평이하게 풀어졌다. 사실 『난・기타』 이전에도 박목월은 일상적 서정이나 자신을 응시하는 시들을 가끔 발표하였다. 가령 1950년에 발표된 「이슬」 같은 작품은 투명한 자기 인식을 보여준다.

운다는 것은
차라리 맘이 넉넉하다
그냥
풀잎에 맺히는 이슬과 이슬의
그 가벼움,

내가 나를 부른다.
가벼운 朴木月
나는 벗어날 수 없다
이미 이슬 안에
저절로 스몃는 나──
바람이 온다
흔들린다

안으로 티어오는
玲瓏한 외로움,
아아 나는 손을 든다
두 손을 든채——
온 몸이 풀려서
가엾이 푸른 것으로 피어 오른다.

——「이슬」

 이 작품의 제목은 「이슬」이지만, 그 내용으로 보면 〈자화상〉이라고 해도 될 듯하다. 초기 시이면서도 목월의 자기 인식이 선명하게 드러난다는 점에서 흥미롭다. 목월은 나무와 달이라는 그 이름처럼 식물적이고 정적이고 애잔한 서정의 시인이다. 목월의 너무나도 섬세하고 예민한 감성은, 그의 오랜 시력과 시적 변화에도 불구하고 목월 시의 원천이었던 것 같다.
 이 시에서 목월은 자신이 이슬처럼 가볍다고 느낀다. 너무나도 여린 감성의 소유자로서 자주 눈물을 흘리기 때문이다. 시인은 쉽게 애상적 정조에 함몰되고 마는 자신의 성격을, 나무와 달이라는 자신의 이름처럼 운명적으로 받아들인다. 이름까지도 목월이니 이슬처럼 가벼울 수밖에 없다는 것이다. 그러나 시인이 이슬처럼 가벼운 자기 존재에 대해서 부정적으로만 생각하는 것은 아니다. 시인은 이슬처럼 가벼운 박목월 안에 영롱한 외로움이 있다고 말한다. 다시 말해 가벼움과 눈물이 한편으로는 영롱하고 순수한 아름다움일 수 있다는 것이다. 그는 자신의 가볍고 애상적인 성격을 솔직히 인정한다. 또한 그러한 성격이 지닌 장점에 대해서도 겸손한 태도로 긍정한다. 이처럼 「이슬」이란 작품은 목월의 투명한 자기 인식을 보여주는 작품이다. 이 시에서 엿보이는 목월의 여리고 섬세한 감성, 자신에 대한 투명한 정직성, 자신의 부족함과 불만스러움에 대한 겸손한 긍정과 그로부터 얻게 되는 넉넉한 여유 등등은 이후 박목월의 시에서 계속적으로 관찰되는 요소들이다.

자신을 조용히 응시하는 목월의 내면적 성향은 『난·기타』에서 본격적으로 목월의 시 세계를 주도한다. 목월에게 중요한 것은 언제나 내면이었고, 세상의 이런저런 일들은 항상 내면에서 변명과 이해와 해결과 만족을 구했으며, 그 과정이 곧 시 쓰기의 과정인 경우가 많았다. 목월의 내면적 눈길이 머문 곳은 우선 가난한 시인이요 무능한 가장으로서의 자기 자신이다. 「당인리 근처」나 「生日吟」 같은 작품은 가난한 가장의 서글픈 심정을 솔직하게 보여준다. 특히 시인으로서의 삶과 가정을 보살펴야 하는 가장 혹은 생활인으로서의 삶 사이의 간격에 대해서 진솔하게 고뇌하는 시편들을 많이 보여준다. 이런 시편들에는 시인이라는 직업 또는 박목월이라는 자신의 이름에 대한 강한 자의식을 만날 수 있다. 자기 자신에게 시인이란 무엇인가, 시란 무엇인가에 대해서 목월만큼 많이 생각한 시인도 별로 없을 것이다.

가령 「某日」이란 시에서는 〈시인〉이라는 관사가 자신의 모자라고 말한다. 그리고 시인이라는 직업이 생활의 어려움을 해결해 주지는 못하지만 그래도 적어도 맑은 정신으로 살 수 있다는 위안을 말한다. 또 「春宵」에서는 생활인으로서의 낮의 박목월과 시인으로

서의 밤의 박목월의 차이에 대해서 말한다. 시를 쓰는 박목월은 〈꿈의 통감증에 인쇄된 이름〉이며, 〈박목월 안의 박목월〉이며, 〈밤에 자라는 이름〉이며, 〈고독이 기르는 수목의 이름〉이다. 즉 밤에 고독 속에서 나무처럼 자라나는 이름이 바로 시인의 이름이라는 것이다. 그런가 하면 「詩」에서는 생활 쪽으로 기울어진 삶의 천칭에 균형을 잡아주는 것이 시라고 말한다. 「층층계」라는 작품도 거의 비슷한 주제의 변주이다.

敵産家屋 구석에 짤막한 층층계……
그 二層에서
나는 밤이 깊도록 글을 쓴다.
써도써도 가랑잎처럼 쌓이는
空虛感.
이것은 來日이면
紙幣가 된다.
어느것은 어린것의 公納金.
어느것은 가난한 柴糧代.
어느것은 늘 가벼운 나의 用錢.
밤 한시, 혹은
두시. 用便을 하려고.
아랫층으로 내려가면
아랫층은 單間房.
온家族은 잠이 깊다.
서글픈 것의

저 無心한 平安함.
아아 나는 다시
층층계를 밟고
二層으로 올라간다.
　　(사닥다리를 밟고 原稿紙위에서
　　曲藝師들은 지쳐 내려오는데……)

나는 날마다
生活의 막다른 골목끝에 놓인
이 짤막한 층층계를 올라와서
샛까만 유리창에
수척한 얼굴을 만난다.
그것은 너무나 어처구니 없는
〈아버지〉라는 것이다.

　　　　*

나의 어린것들은
倭놈들이 남기고간 다다미 방에서
날무처럼 포름쪽쪽 얼어있구나.
　　　　　　　　　　──「층층계」

이 작품은 「청노루」, 「윤사월」 등의 작품과는 많이 다른 모습을 보여준다. 극도로 압축된 언어 대신 평이하게 풀어진 일상적 언어를 보여주며, 내용도 일상의 체험에 근거한 일상적 상념이다. 즉 가난한 가장의 고달픈 심사를 평이한 언어로 진술하고 있는 작품이다.

늦은 밤까지 시인은 글을 쓴다. 가족을 위한 생활비를 벌어야 하기 때문이다. 단칸방에서 평안하게 잠든 가족들의 모습을 보고 서글픔과 함께 가장의 책임감을 느낀다. 수척한 얼굴로 밤늦게 가랑잎처럼 공허한 원고를 써야 하는 자신의 삶이 서글프기도 하고, 그런 서글픈 가장을 믿고 가난하게 살아가는 가족들의 모습이 애처롭기도 하다. 이러한 평범하고 진솔한 진술이 시적 긴장을 얻게 되는 것은 일차적으로 시인의 내면적 진실성 때문이겠지만, 동시에 그 평범함 속에 섬세한 시적 기교가 숨어 있기 때문일 것이다. 이층이 딸린 단칸방 적산가옥이 우선 시인의 상황을 간명하게 제시한다. 그리고 거의 꾸밈이 없는 담담한 어조의 진술 속에서 시인의 공허함과 서글픔은 점점 커지다가, 마지막 행 〈날무처럼 포름쪽쪽 얼어있구나〉에 이르면 마침내 가슴을 저리게 만드는 감정적 고비가 된다. 그러나 「층층계」에서 가장 중요한 시적 사유는 〈층층계〉의 비유이다. 〈사닥다리를 밟고 原稿紙 위에서 곡예사들은 지쳐 내려오는데……〉라는 괄호 안의 구절은 이 작품의 대들보와 같다. 사닥다리를 밟고 내려오는 곡예사들이란 시인이 쓰고 있는 원고의 내용이다. 원고지는 그 모양이 사닥다리 또는 층층계처럼 생겼다.(그 당시 문인들은 대개 원고지에 세로쓰기로 글을 썼다.) 시인은 생활의 막다른 골목에서 글을 쓰러 층층계를 올라가야 하고, 글은 원고지 칸을 메우며 아래로 내려오지만, 그 글의 내용은 생활비를 위한 것이므로 마치 곡예사처럼 위태롭다.

즉 시인이 생활을 위해 층층계를 오르면 시인의 문학이 위태로워지고 시인이 층층계를 내려오면 그 대신 시인의 생활이 위태로워진다. 층층계의 상상력은 시와 생활의 긴장 관계를 선명한 비유로 보여준다. 이 때문에 목월의 일상적인 시들은 진부한 일상성을 벗어난 시적 긴장을 얻는다.

『난·기타』에서뿐만 아니라 『청담』에서도 생활의 고달픔과 시인의 길 사이에서 고뇌하는 시인의 모습을 자주 만날 수 있다. 그러나 한 가지 주제를 변주함에 있어서도 목월은 항상 새로운 형식을 추구한다. 목월은 평생을 두고 자신의 시 형식을 새롭게 변화시키려고 노력했다. 그의 실험은 파격적이지 않아서 새로운 형식들도 늘 익숙한 것처럼 보이지만, 자세히 살펴보면 새로운 시 형식과 언어를 위한 목월의 노력이 매우 치밀했음을 알 수 있다. 「對岸」이란 작품도 주제는 「층층계」와 유사하지만, 형식과 상상력은 전혀 새롭다.

가을빗줄기에 비쳐오는 江 건너 불빛.

──이 蕭瑟한 境地의 對句를 마련하지 못한 채, 年五十. 半白의 年齒에 市井을 徘徊하며 衣食에 급급하다. 다만 江건너에서 멀리 어려오는 불빛을 對岸에서 흘러오는 한오리 應答이냥.

어둠 속에서 이마를 적시는 가을 나무.

──「對岸」

이 작품은 한시의 발상법에 기대고 있다. 그러나 그냥 빌려오는 것이 아니라 창조적으로 재활용한다. 〈가을빗줄기에 비쳐오는 江 건너 불빛〉이란 첫 행은 풍경의 제시이다. 이 풍경은 어떤 정서나 분위기의 압축인 동시에 시인 자신의 마음이 투사된 것이기도 하다. 시인은 스스로 이 풍경을 〈소슬한 경지〉라고 말한다. 시인은 그 소슬한 경지에 매료되어, 그에 대응되는 대구를 얻고 싶다. 그러나 대구를 얻지 못한 채, 어느덧 오십의 나이가 되었다. 대구를 얻고자 하는 마음은 간절했으나, 의식주에 급급하여 시정을 배회하느라 세월을 다 보낸 것이다.

시인의 이런 진술 속에는, 소슬한 경지의 삶, 즉 시인으로서의 삶을 제대로 살지 못한 자신에 대한 회한이 깃들어 있다. 시인은 다시 강 건너 불빛을 바라보고 또 자신의 현재 처지를 생각한다. 그것은 〈江건너에서 멀리 어려오는 불빛을 對岸에서 흘러오는 한 오리 應答이냥〉 여기는 〈어둠 속에서 이마를 적시는 가을 나무〉로 표현된다. 시인은 강 건너 불빛의 경지에 닿지 못한다. 그것은 시인의 삶에 있어서 건너편 언덕 즉, 대안에 있다. 현실적으로 시인의 존재는 그 경지의 이쪽 편 대안에 있는 나무와 같다. 그 나무는 어둠 속에서 이마를 적시고 있을 뿐이다. 그러니까 이 작품은, 시인이 바라는 소슬한 경지의 삶을 얻지 못하고 의식주에 급급한 삶을 살아온 것에 대한 쓸쓸한 자기 인식을 보여준다.

시의 형식은 이러한 시의 의미와 섬세하게 대응한다. 우선 첫 행과 마지막 행은 강의 양쪽이다. 저쪽 대안에는 소슬한 경지가 있고, 이쪽 대안에는 이마를 적시는 가을 나무 즉 시인이 있다. 그리고 의식주 때문에 소슬한 경지를 제대로 추구하지 못하고 살았다는 내용의 가운데 부분은 대안 사이를 흐르는 강물과 같다. 즉 시인의 삶은 의식주를 해결해야 하는 생활의 문제 때문에 강 건너편 대안의 소슬한 경지에 다다르지 못하고 강 이편에서 쓸쓸하게 동경만 하고 있는 것이다.

　이처럼 「對岸」은 주제와 형식이 상응하도록 정치하게 고안된 작품이다. 한시의 발상법을 차용하고 있으며, 시의 형태를 강의 모습처럼 꾸몄으며, 또 그 형태와 의미를 절묘하게 대응시키고 있다. 단순하고 적은 언어로 풍성한 상황을 만들어내고 있으며, 또한 시인으로서의 온전한 삶 또는 경지에 대한 동경과 그에 도달하지 못하는 자신에 대한 쓸쓸한 인식을 섬세하게 드러내고 있다.

　목월은 시인으로서의 삶에 대해서도 늘 성찰을 게을리 하지 않았지만, 평범한 생활인으로서 또 한 인간으로서 자신의 삶에 대해서도 늘 명료한 자기 인식을 갖고자 했다. 『난·기타』와 『청담』의 여러 시편들은, 고단한 일상생활 속에서도 삶의 품위를 지키려는 시인의 고결한 마음씨를 보여준다. 우선 「蘭」 같은 작품이 그러하다.

　　이쯤에서 그만 下直하고 싶다.
　　좀 餘裕가 있는 지금, 양손을 들고
　　나머지 許諾 받은 것을 돌려 보냈으면.
　　餘裕 있는 下直은
　　얼마나 아름다우랴.

　　　　　　　　　　　　　　——「蘭」 부분

목월은 시집 『蘭·기타』의 서문에서, 〈밤이 길어지고 머리에 서리가 치기 시작했다. 인생도 有感할 무렵으로 접어든 셈이다〉라고 말한다. 이 시는 유감할 무렵의 시인이 자신을 조용히 응시하며 앞으로의 삶의 자세에 대해서 생각해 본 것이다. 시인은 첫 행에서 〈이쯤에서 그만 下直하고 싶다〉고 말한다. 〈하직〉의 사전적 뜻은 〈먼길을 떠날 때 웃어른에게 작별을 고함〉이란 뜻이다. 시인이 무엇으로부터 하직하고 싶은가에 대해서는 말하는 바가 없다. 다만 아직 하직할 때가 되지 않았는데, 또는 아직 하직하지 않아도 되는데 시인은 여유를 두고 하직하려 한다. 그 하직은 시인에게도 애석한 것이지만, 시인은 오히려 그 섭섭한 뜻이 인생의 꽃망울이 되고 향기가 되는 삶을 살고자 한다. 여기서 우리는 시인이 하직하고자 하는 대상을 여러 가지로 생각해 볼 수 있다. 가장 손쉽게는 인생의 세속적 성취라고 짐작할 수 있다. 아직 시인에게는 세속적 성취를 더 탐내고 추구할 만한 삶이 남아 있다. 그러나 시인은 여유가 있을 때, 그 세속적 성취 욕구로부터 하직하고자 한다. 허락받은 것조차 다 소모하지 않고 그만두는 삶의 태도는 탈속의 경지라 할 만하지만, 시인의 태도는 내내 겸손하고 조용하다. 욕심을 일찍 버린 만큼 마음의 여유를 갖고 아름다운 삶을 만들어가고자 하는 것이다.

세속적 성취를 위한 바둥거림으로부터 한 걸음 뒤로 물러나 삶을 관조하는 태도는 「遠景」 같은 시에서도 잘 나타난다. 시인은 〈안타까운 길을 얼마나 이처럼/ 멀리 와서 겨우/ 마음은 갈앉고, 밤은 길고/ 그리고 물러서서/ 바라보는 버릇을 배운 것일까〉라고 세상을 멀리 두고 보는 태도를 말한다. 즉 세상을 원경으로 바라보는 것이다. 그 태도는 〈한가락 미소를 머금고〉 세상의 속삭임과 하소연과 흥겨운 노래들을 〈다만 다소곳이 들어만 주는〉 것이다. 이러한 태도로 세상을 살고자 하기 때문에, 시인은,

　　산은 아름답다
　　강은 너그럽고
　　그리고 나도 遠景 속의 한그루 가죽나무
　　찬놀하늘에 높이 솟았다

라고 말할 수 있었을 것이다. 즉 세상은 아름답고 너그럽게 보이며 자신의 삶도 가죽나무처럼 하늘 높이 의젓할 수 있는 것이다.

그러나 이러한 여유와 관조의 태도가 일상의 고단함을 다 해결해 주는 것은 아니다. 어떻게 보면 그러한 태도는 목월이 항상 지닐 수 있었던 삶의 태도라기보다는 그가 지향했던 삶의 태도라고 할 수 있다. 이 시기, 목월은 일상의 고단함과 상실감을 쓸쓸하게 드러내는 시편들도 많이 남기고 있다. 어떤 경우는 생활의 곤궁함에 대해서, 또 어떤 경우는 세월의 무상함에 대해서, 또 어떤 경우는 이루지 못하고 얻지 못한 것에 대해서 쓸쓸하게 노래한다. 목월은 항상 생활의 곤핍을 정신의 여유로 극복하고, 내면의 충족에서 위안을 얻고자 했다. 위안이 많이 필요했다면 그만큼 결핍과 아쉬움이 컸다는 의미도 된다.

　　理髮을 했다.

가위도 가을을 말한다.
귓가로 둘러 가며
차가운 金屬性
여름의 가지를 정리한다.
지난 여름은 위대하였습니다.
이것은 위대한 시인의 詩句.
사람마다 여름이
풍성할 수 없다.
결실이 가난한 果樹일수록
일찍 정리한다.
果樹園에는
사닥다리를 타고
쓸모없는 가지를 剪枝하는
가위도 가을을 말한다.
귓가로 둘러가며
차가운 金屬性.
거울에도 가을이 우울하다.
果樹 가지 사이로
걸레 조각 같은 하늘,
나는 목덜미가 서늘했다.

——「시월 상순」

   1960년대에 씌어진 목월 시의 면모를 두루 잘 보여주는 또 한 편의 명편이다. 시월 상순의 어느 날, 시인은 이발소에서 머리를 자르고 있다. 이 평범한 일상의 한 순간에서도 목월의 시적 상상력은 조용히 나래를 편다. 예민한 시인은 가위의 차가운 촉감에서 가을을 느끼고, 거울 속의 자기 모습에서 인생의 가을을 느낀다. 그래서 시인의 상상력 속에서 머리 깎기는 가을날의 전지(剪枝)가 된다. 즉 시인은 여름날의 가지를 정리당하고 있는 가을 나무에 자신을 비유하는 것이다. 시인은 〈지난 여름은 위대했습니다〉라는 릴케의 시구를 떠올리고, 이어서 자기 인생의 여름에 대해서 생각해 본다. 지금껏 이룬 바가 얼마 없지만, 〈사람마다 여름이 풍성할 수 없다〉고 자위한다. 그러나 결실이 가난한 과수처럼 살아온 자신의 삶과 그렇게 맞이한 인생의 가을에 대해서 우울한 심정을 숨기지 못하고, 〈거울에도 가을이 우울하다〉고 말하고 또 〈목덜미가 서늘했다〉고 말한다. 거울 속에서 덧없이 늙어가고 있는 자신의 모습을 바라보는 시인의 처연한 심정이 잘 느껴지는 구절이다.

「시월 상순」은 제대로 성취한 것도 없이 어느덧 인생의 가을을 맞이한 자의 서글픈 심정이 잘 표현된 작품이다. 이발이라는 일상적 체험으로부터 인생의 의미를 이끌어내는 상상력도 돋보이지만, 특히 인생의 가을임을 깨닫는 심정을 가위의 차가운 금속성이라는 촉감으로 살려내는 시적 감각은 매우 인상적이다. 목월은 인생의 어떤 순간적 기미나 정황을 포착하는 데도 남달리 예민한 촉수를 가졌지만, 그것의 감각을 선명하게 재현하는 데도 남다른 재능을 지녔다.

감각을 예민하게 포착하고 그것을 선명하게 재현하는 목월의 재능은 「夏蟬」 같은 작품에서도 확인할 수 있다. 목월의 작품 가운데서는 드물게 삶의 고단함이나 쓸쓸함으로부터 완전히 벗어난 순간을 노래한 이 작품은 지천명(知天命)의 목월이 체험한 여름날 아침의 상쾌한 느낌을 선명한 감각으로 되살리고 있다.

올 여름에는 매미 소리만 들었다.
한 편의 詩도 안 쓰고
종일 매미 소리만 듣는 것으로
마음이 흡족했다.
知天命의
아침나절을
발을 씻고 大廳에 오르면
찬 물을 자아 올리는
매미 소리.
마음이 가난하면
詩는
세상에 넘치고
어느것 하나 허술한 것이 없는
저 빛나는 잎새
빛나는 돌덩이.
누워서 편안한 大廳에서
씻은 발에
흐르는 구름.
잠이나 자야지.

낮에도
반 쯤 밤으로
귀를 잠그고.
이 무료한 安定은
너무나 충만하다.
나무는 굵어질수록 愚鈍한 것을
잠이나 자자.
地心에 깊이 뿌리를 묻고
종일
烏金의 날개를 부벼대는
매미 소리를 듣는 것으로
마음이 흡족하다.

——「夏蟬」

  이 시에서 목월은 삶의 고단함과 안타까움을 일순에 넘어서 버린 자의 느긋하고 행복한 모습을 보여준다. 시인은 더 이상 삶에 대해 안달하지 않는다. 아무것도 원하지 않으니, 세상은 저절로 충만하다. 세상에 시가 넘치고, 허술한 것이 없고, 잎새와 돌덩이까지 빛난다. 시인이 하는 일은 귀를 닫고 대청에 누워 잠이나 자는 것이다. 또는 매미 소리만 듣는 것이다. 그러면 그의 씻은 발에 구름까지 흘러간다. 발을 씻고 대청에 오르면 매미 소리가 가득하고, 발아래 구름이 흘러가는 이러한 경지, 낮에도 잠이나 자면 되는 무위(無爲)의 경지는, 거의 신선 혹은 도인의 경지인 듯 과장된 느낌을 주기도 한다. 그러나 이 시는 삶의 번뇌로부터

해탈한 경지를 노래했다기보다는, 여름날의 어떤 순간에 체험한 삶의 충만감을 표현한 것으로 이해해야 한다. 시 속으로 들어가 보자. 여름날 아침, 매미 소리가 요란하다. 시인은 발을 씻고 대청에 오른다. 기분 좋은 아침이다. 매미 소리가 쏴아 하고 찬물을 자아올리는 듯 시원하다. 근래에 시를 못 써서 마음이 불편했지만, 기분이 좋으니 세상의 모든 것이 다 시인 듯 넘치고 빛난다. 편안하게 대청마루에 누우니 마치 하늘을 나는 듯이 몸과 마음이 가볍다. 이런 기분 좋은 여름날 아침에는 세상일을 모두 잊어버리고 낮잠이나 한숨 자는 것도 좋겠다. 세상을 가득 채워서 세상일을 잊게 만드는 매미 소리가 마음을 흡족하게 한다. 일상에서 이러한 충만의 순간은 흔하지 않지만, 꼭 지천명(知天命)이 아니더라도 가끔 체험할 수 있다. 마음이 가난해져서 이런 충만의 순간을 체험했다는 사실 자체가 중요한 것은 아니다. 이 시에서 보다 중요한 것은 그 충만의 순간을 감각적으로 재현하는 데 성공했다는 점이다. 쏟아지는 매미 소리, 발을 씻고 대청에 오르는 행위, 그 발에 흐르는 구름, 잠, 굵고 우둔한 나무, 오금빛의 매미 등의 이미지가 빚어내는 감각적 공간은 풍성하다. 특히 씻은 발과 대청의 시원한 이미지는 목월의 탁월한 시적 감각을 증명하는 것으로, 찬물을 자아올리는 매미 소리와 함께 이 작품의 중심이 된다.

  이처럼 목월의 시는 어떤 순간이나 공간을 그 미세한 느낌이나 정서까지 포착하여 그대로 언어로 되살릴 수 있는 뛰어난 솜씨를 보여준다. 이 솜씨는 좀더 강조되어도 좋을 만한 시인 박목월의 장점 가운데 하나이다. 「夏蟬」이 흡족하고 충만한 공간을 상쾌하게 재현했다면, 「殘雪」이나 「나무」는 어둡고 우울한 삶의 풍경을 짙은 정서로 재현하는 솜씨를 보여준다. 「隕石」, 「落書」, 「敗着」 같은 작품들도 적절한 시적 장치와 이미지들로 시인의 내면을 선명하게 전달하고 있다.

한편 목월의 시가 추구한 또 하나의 세계는 질박한 향토성의 미학이다. 일상과 내면을 정직하고 투명하게 그리고 있는 시편들에서 보듯이, 목월은 가난한 시인의 삶에 만족하고자 했으며, 자신에게 허락된 것조차 다 누리지 않고자 했다. 또한 이룬 것 없이 늙어가는 삶의 쓸쓸함에 대해서도, 가질 수 없었던 삶의 기쁨에 대해서도 안타까움을 절제했다. 목월이 지향했던 삶의 태도는 자신의 욕망을 절제하고 모자란 것과 서운한 것과 힘든 것을 그냥 그대로 받아들이는 것이었다. 목월의 이러한 태도는 자연스럽게 질박한 향토성의 미학에 대한 탐구로 이어진다. 삶은 어쩔 수 없이 모자라고 서운한 것이라는 생각, 여유 있을 때 하직하고 한 걸음 물러서서 관조하고자 하는 삶의 태도는 시골 또는 고향의 소박한 삶이 지닌 가치를 재발견하게 한다. 목월은 고향의 소박한 삶 속에 숨어 있는 가치를 발견하여 시의 그릇에 담아내는 작업을 통하여 상당한 시적 성과를 얻는다. 「적막한 食慾」에서는 〈싱겁고 구수하고/ 못나고도 소박하게 점잖은〉 메밀묵을 예찬하고, 「素饌」에서는 〈오늘 나의 밥상에는/ 냉이국 한그릇./ 풋나물 무침에/ 新苔./ 미나리김치/ 투박한 보시기에 끓는 장찌개〉라고 향토적인 미각을 예찬한다. 「사투리」에서는 〈무뚝뚝하고 왁살스런 악센트〉의 고향 사투리를 예찬하고, 「치모」, 「만술아비의 축문」, 「무내마을

과수댁」, 「한탄조」, 「대좌상면오백생」 같은 작품에서는 시골 사람들의 투박한 인정과 인생관을 예찬하고 있다. 그리고 이러한 작품 속에서 목월은 실제 고향 사투리를 사용함으로써 질박한 향토성의 미학을 구현한다. 뿐만 아니라「天水畓」, 「이별가」, 「杞溪 장날」, 「귓밥」 등의 작품에서는 경상도 사투리 자체를 시적 의미로 활용하여 그 속에 스며 있는 삶의 태도와 미학을 되살려낸다. 1968년에 발간한 시집『경상도 가랑잎』은 보다 적극적으로 이러한 미학을 추구한 시집이다.

> 누구는 재미가 나서 사는 건가
> 누구는 樂을 바라고 사는 건가
> 살다 보니 사는 거지
> 그렁저렁 사는 거지.
> 그런 대로 해마다 장맛은
> 꿀보다 달다.
> 누가 알 건데,
> 그렁저렁 사는 대로 살맛도 씀씀하고
> 그렁저렁 사는 대로 아이들도 쓸모 있고
> 종일 햇볕 바른 장독대에
> 장맛은 꿀보다 달다.
>
> ——「醬 맛」 부분

우리 옛말에 〈뚝배기보다는 장 맛〉이라는 말이 있다. 형식이나 겉보기보다는 실속이 있다는 뜻이지만, 이 말에는 그런 뜻과 아울러 〈투박한 뚝배기에 담긴 깊은 장 맛〉이라는 토속적 가치에 대한 예찬이 들어 있다. 이 시의 내용도 그 예찬과 거의 흡사하다. 시인은 평범한 시골 사람들의 삶에 주목한다. 그들의 삶은 대단한 재미나 특별한 의미를 추구하지 않는다. 그냥 별다른 욕심 부리지 않고 주어진 삶에 순응하며 산다. 시인은 그렁저렁 사는 이들의 삶을 장 맛에 비유하고 그 맛이 꿀보다 달다고 찬양한다. 목월이 추구하는 질박한 향토성의 미학은 욕심 부리지 않고 순박하게 살아가는 시골 사람들의 삶에 근거를 둔다. 그렇기 때문에 그 미학은 우리에게 익숙한 것이다. 그것은 우리가 〈순박한 시골 사람들의 삶 또는 시골의 맛〉이라고 할 때 쉽게 짐작할 수 있는 것이며, 생각하기에 따라서는 편안한 순응주의나 착한 몽매주의라는 비판을 받을 수도 있다. 사실 향토성의 미학을 보여주는 시편뿐만 아니라 목월의 거의 모든 시에서 고단한 삶, 실망스러운 삶에 겸허하게 복종하는 태도를 발견할 수 있다. 이 태도는 앞서 언급한 절제의 태도와 별로 다르지 않은 것으로, 결코 소중한 가치를 쉽게 포기하는 삶의 자세가 아니라 오히려 어렵게 절제하며 소중한 가치를 추구하는 삶의 자세라고 해야 할 것이다.

어쨌든 목월이 추구한 질박한 향토성의 미학은 〈순박한 시골 사람들의 삶 또는 시골의 맛〉 속에 담긴 가치와 아름다움에 적절한 언어적 형식을 부여했다는 의의를 갖는다. 목월은 오랜 세월 동안 한국인이, 특히 경상도에 살았던 시골 사람들이 형성해 온 삶의 방식과 그 삶의 아름다움을 시라는 형식 속에서 성공적으로 형상화했다고 할 수 있다. 이런 점에서 그의 시집 『경상도의 가랑잎』은 미당의 시집 『질마재 신화』와 함께, 한국인의 전통적 삶이

지닌 가치와 아름다움과 정서를 언어로 형상화하는 데 성공한 사례라고 하겠다.

『경상도의 가랑잎』 이후에도 목월의 시는 주로 자신의 삶과 내면에 대해서 노래한다. 다만 노년에 접어든 목월은 죽음에 대해서 보다 빈번하게 생각하고 신에게 더 많이 의지하는 모습을 보여준다. 더불어 사변적이고 철학적인 경향이 나타나기도 한다. 가령 「砂礫質」 연작시는 주로 죽음과 사라짐과 덧없음에 대한 명상을 보여준다.

> 競走에는
> 발이 가벼워야 한다.
> 골짜기로 달리는 물의 맨발.
> 어디서 어디로 달릴까.
> 그것은 나도 모른다.
> 그 盲目的 競走에서
> 환하게 눈을 뜨고
> 콸콸콸 가슴을 울리는
> 돌개울의 물소리.
> 무엇 때문에 달릴까.
>
> ——「맨발」 부분

「砂礫質」 연작의 한 편인 이 시는 어디론가 끊임없이 흘러가는 개울물에 대한 명상이다. 목월은 「比喩의 물」이란 작품에서, 쉰살이 넘은 자신의 삶을 낮게 흘러가는 물에 비유한 적이 있다. 삶의 무게로 무거워져 낮게 흘러 땅속으로 스며들지만, 그 물은 다시 이슬이 되고 구름이 되어 하늘로 피어오른다고 했다. 즉 삶의 무게가 시의 이슬방울로 바뀜을 노래했다. 그러나 이 작품에서 시인은 물을 보고 다른 생각을 한다. 여기서 물은 시인의 삶에 대한 비유가 아니라 삶 일반에 대한 비유가 된다. 삶이란 어디서 어디로 달리는 줄도 모르고 맹목적으로 경주하는 물의 맨발과 같다. 삶이란 죽음을 향하여(죽음이 무엇인지도 모르는 채) 맨발로 무작정 달리는 것이라고 생각하는 것이다. 이러한 생각의 바탕에는 죽음이 깔려 있다. 「맨발」은 삶에 대한 시라기보다는 죽음에 대한 시로 이해된다.

감각의 공간이 약해지고, 관념의 공간이 넓어지면서 목월의 후기 시들은 약간 긴장이 떨어진 모습을 보여줄 때가 종종 있다. 그러나 관념의 힘만으로도 팽팽한 긴장을 보여주는 좋은 작품들도 적지 않다. 관념적 사유로 쓰인 「왼손」과 같은 작품은 시인 박목월이 도달한 시적 사유의 깊이 또는 세상을 읽는 안목의 성숙함을 확인시켜 주는 하나의 예가 되며, 목월 후기 시를 대표하는 명편이다. 「왼손」에서 시인은 연필을 쥐고 시를 창조하는 오른손과 달리 늘 없는 듯이 가만히 있는 왼손의 존재를 주시한다. 시를 쓰면서 아무것도 하지 않는 왼손에 주목했다는 사실 자체가 예사롭지 않다. 왼손은 언어를 사용하지 않는다. 그 대신 입술을 다물고 〈존재의 숙연한 진실을 증명한다〉.

시를 빚는, 새로운 질서와

창조의 세계 옆에
숙연한 나의 왼손.
그것은
결코 연필을 잡는 일이 없다.
연필의 연한 감촉과
마찰에서 빚어지는 言語의
그물코를 뜨지 않는다.
하물며 상상의 그물에 걸려든
황금의 고기를 잡지 않는다.
그것과는 對照的 極에서
나의 왼손은
存在의 숙연한 진실을 증명한다.
다섯 손가락은
하나하나 엄연한 사실의
진실을 웅변하는
입술을 다물고,
상상의 그물 사이로 열리는
새로운 여명을 응시한다.
다만 그것은
현실의 바다에서 낚아 올리는
피둥피둥 살아 있는 고기를
황급하게 잡을 뿐이다.
그리고 지금
詩를 빚는 창조의 세계 옆에서

현실의 준엄성과
存在의 확실성을 증명한다.
그 왼손에 서렸는
거창한 침묵과 정적.
사람들은 누구나
오른손을 내밀고 악수를 청하는
그 왼편에 있는
숙연한 존재를 깨닫지 못한다.

——「왼손」

    시를 쓰는, 즉 창조하는 것은 오른손이다. 오른손은 연필을 잡고 언어의 그물코를 뜨며, 상상의 그물에 걸려든 황금의 고기를 잡는다. 그러나 왼손은 아무것도 창조하지 않고 아무것도 잡지 않는다. 침묵 속에서 창조의 세계에 대해 현실의 준엄성과 존재의 확실성을 증명한다. 단순하게 말해 버린다면, 오른손이 제대로 일을 하고 있는지를 묵묵히 지켜보고 있는 존재가 왼손이다. 시인은 사람들이 잘 의식하지 않는 왼손의 숙연한 존재와 그 왼손에 서려 있는 거창한 침묵과 정적에 주목한다. 아무것도 안 하는 듯한 왼손이 실제로는 더 중요한 존재라고 인식하는 듯하다.

    시인은 이러한 오른손과 왼손의 관계를 통하여 자신의 시 쓰기에 대해서 성찰하고 있다. 시를 쓴다는 것은 언어를 이용하여 제2의 현실 또는 모조 현실을 만드는 것이라고 할 수 있다. 시 속의 현실이 진실된 것인가 아닌가는 실제 현실이 증명해 주어야 한다. 언어 이전의 현실과 존재는 시의 진실에 대한 조건이 되는 것이다. 예를 들어 시인이 사랑의 슬픔을 노래할 때, 우선 시인이 지닌 슬픈 감정이 절실해야만 한다. 시 그 자체가 중요한 것이 아니라, 시의 근원이 되는 실제 현실과 존재가 진짜 중요한 것이다. 「왼손」이란 시를 통하여 목월이 강조하고자 한 바도 바로 이 점일 것이다. 오른손은 시를 창작하지만, 왼손은 현실과 존재를 장악한다. 실제 왼손이 그렇다는 것이 아니라, 그런 왼손의 존재가 있어야 오른손이 쓴 시가 진실한 것일 수 있다는 것이다. 달리 말하면 시를 잘 쓰는 것도 중요하지만 그보다 더 중요한 것은 시를 쓰는 생활과 마음이라는 것이다.

「왼손」이라는 시가 시와 현실의 상관성에 대해서 말하고 있는 것은 거의 확실하지만, 시 창작론의 테두리를 벗어나 보다 일반적인 관점에서도 이해될 수 있다. 겉보기에 아무 필요도 없고 하는 일도 없어 보이는 것이 실제로는 아주 중요한 기능을 하고 있는 경우가 많다. 세상의 많은 일들은 숨어 있고 침묵하고 있는 나머지 절반에 의해 결정되기도 한다. 또는 아무 작용을 하지 않는다고 하더라도 반대편에서 지켜보고 있는 존재를 의식하고, 그를 위해 늘 자리를 마련해 두는 것이 좋다. 사랑의 편지를 쓰는 것은 오른손이지만, 그런 편지를 쓰게 하는 사랑의 진실은 왼손의 몫이라고 생각해 볼 수 있다. 〈오른손이 한 일을 왼손이 모르게 하라〉는 말이 있지만, 오른손이 한 일을 왼손이 모를 수는 없다. 언제나 오른손과 왼손은 함께 있다. 오른손이 어떤 일을 할 때, 왼손은 침묵 속에서 오른손의 진실성을 지켜본다. 또는 오른손의 움직임을 숨어서 통제한다. 운동선수가 오른손으로 공을 던지거나 라켓을 휘두를 때, 왼손의 동작도 중요한 기능을 한다. 삶의 어떤 국면에서도 이 시에서 말하는 왼손과 같은 존재는 매우 중요한 역할과 기능을 한다.

「왼손」이라는 작품을 염두에 두고 목월의 시와 삶을 다시 돌아보면, 그는 왼손이 무척 튼튼했던 시인이었던 것 같다. 물론 시적 기교가 뛰어나고 항상 새로운 형식과 언어를 추구했던 목월이기에 연필을 들고 시를 쓰는 오른손도 당연히 튼튼했다. 그러나 늘 시 속에서 생활하고 생활 속에서 시를 썼으며, 내면의 아름다움과 진실을 중요시했기에, 목월의 일상과 내면은 그 자체로 순도 높은 시의 광맥이었다고 할 수 있다. 시인의 일상과 내면이 그의 시보다 더 시적이었고 또 진실하다는 점에서 목월은 왼손이 무척 튼튼했던 시인이라고 할 수 있다.

말년의 목월 시는 감각이 약화되고 관념적이 되면서 오른손이 약해진 모습을 보여준다. 그러나 말년이 되어서도 목월의 왼손은 약해지지 않는다. 그는 죽음에 가까워지면서, 삶과 죽음의 깊은 의미를 탐구하고, 신과 종교에 더 많이 의지하는 모습을 보여준다. 「신앙의 겨자씨」 연작시뿐만 아니라 그의 마지막 시집인 『크고 부드러운 손』에 실린 거의 모든 시는 절대자에 의존하고 귀의하는 자세를 보여준다.

초년의 목월이 박영종이란 본명으로 훌륭한 동시의 세계를 펼쳤다면, 말년의 목월은 훌륭한 종교시의 세계를 펼쳤다. 동시와 종교시는 목월의 시 세계에서 당당한 서론과 결론이 되며, 또한 의미심장한 수미상관이 된다. 그리고 한 서정적 인간의 일상과 내면의 진실 그리고 독창적인 언어 미학으로 구축된 풍요로운 시적 공간은 목월 시의 본론이 된다고 할 수 있겠다. 목월이 성취한 시 세계는 섬세하면서도 넓고 다양하다. 많은 사랑과 존경의 대상이 되기에 충분하다. 한국 현대시사에서 목월만큼 깊고 넓은 성취를 보여준 시인도 흔치 않을 것이다.

이남호(고려대 교수·문학평론가)

작가 연보

1916(1세)

1월 6일, 경북 경주 서면 모량리 571에서 아버지 박준필(朴準弼), 어머니 박인재 사이에서 장남으로 태어났다. 아버지는 대구농업고등학교를 졸업, 당시 경주수리조합 이사로 재직하였고 한시에 능하였다. 아호는 소원(素園, 金凡父가 지어줌), 이름은 영종(泳鍾). 목월(木月)은 시를 쓸 무렵 본인이 지었는데 엄친이 목월(木月)이라 지은 것을 보고 아주 언짢은 빛을 띠었다고 한다.

1923(8세)

4월, 건천보통학교 입학.

1930(15세)

4월, 대구 계성중학교 입학.

1933(18세)

대구 계성중학교 3학년 때 개벽사에서 발행하는 잡지 《어린이》에 동시 「통딱딱 통딱딱」이 윤석중에 의해 뽑혔고, 「제비맞이」가 《신가정》지 6월호에 당선되었다.

1935(20세)

3월 5일, 대구 계성중학교 졸업. 5월, 동부금융조합에 입사. 김동리, 이기향(李起鄕, 1936년 《중앙일보》 신춘문예에 콩트 「도토리」 당선), 김석주(金石鉄, 1937년 《조광》에 소설 「태(苔)」 당선) 등과 교유하였다.

1938(23세)

5월 20일, 유익순 여사와 결혼하여 신접살림을 모량리에 차렸다.

1939(24세)

장남 동규(東奎) 태어났다. 경주 동부금융조합에 재직 중, 정지용에 의해 《문장》 9월호에 「길처럼」, 「그것은 年輪이다」가 1회 추천, 12월호에 「산그늘」이 2회 추천받았다.

1940(25세)

《문장》 9월호에 「가을 어스름」, 「연륜」으로 추천 완료하여 문단에 데뷔하였다.

1945. 10. 1~1948. 8

대구 계성고등학교 교사 취임. 8·15 해방 후 대구로 이사하였다. 장녀 동명(東明) 태어났다.

1946(31세)

4월, 김동리, 서정주 등과 함께 조선청년문학가협회를 결성하였고, 조선문필가협회 상임위원직을 역임하였다. 6월, 박목월·조지훈·박두진 3인의 합동 시집 『청록집』을 발간하였다. 동시집 『박영종동시집』을 발간하였다.

1947(32세)

차남 남규(南奎) 태어났다.

1948. 4~1958. 10

한국문학가협회 중앙위원 및 사무국장에 취임하였다. 8월, 서울로 이사하였다.

1949. 9~1952. 9

서울대학교 음악대학에서 강의하였다.

1950(35세)

이화여자고등학교 교사 취임. 유아방(由雅房)이라는 출판사를 운영하면서 《여학생》, 《중학생》, 《시문학》을 간행하였으나 한국전쟁으로 모두 종간하였다. 6월, 한국전쟁이 일어나자 한국문학가협회 별동대를 조직하였고, 1953년 환도 때까지 공군종군문인단의 일원으로 복무하였다.

1951. 3~1954. 3
공군종군문인단 편수관을 지냈다. 삼남 문규(文奎) 태어났다. 대구에서 출판사 창조사를 운영하였다.

1953(38세)
사남 신규(信奎) 태어났다.

1954. 5~1956. 8
홍익대학교에서 강의하였다.

1954~1970. 3
서라벌예술대학에서 강의하였다.

1955(40세)
제3회 아시아 자유문학상을 수상하였다. 첫 개인 시집 『산도화』를 펴냈다.

1956. 9~1959. 3
홍익대학교 전임강사, 조교수. 아버지 별세. 30대 초반의 아우 영호(泳鎬) 사망.

1958. 9(43세)

자작시 해설서인 『보랏빛 소묘』를 발간하였다.

1959. 4~1978. 3. 24

한양대학교 조교수, 부교수, 교수, 문리과대학 학장서리, 학장.

1959. 9~1964

한국문인협회 시분과 회장.

1959. 12(44세)

시집 『난·기타』를 발간하였다.

1962(47세)

동시집 『산새알 물새알』을 발간하였다.

1964(49세)

시집 『청담』을 발간하였다.

1968(53세)

국정교과서 심의회 심의위원. 한국시인협회 회장(사망시까지 맡아 보았다). 시집 『경상도의 가랑잎』, 연작시집 『어머니』, 『청록집·기타』 등을 발간하였다. 『청담』으로 대한민국 문학상 본상을 수상하였다.

1969(54세)

서울시 문화상을 수상하였다.

1970(55세)

한국기독교문인협회 회장에 선임되었다.

1970. 4~1976. 4

중앙대학교 예술대학에서 강의하였다.

1972(57세)

국민훈장 모란장을 받았다.

1973(58세)

대한민국 예술진흥위원(4년제)을 역임하였다. 시 잡지 《심상(心象)》을 창간하였다. 10월, 『박목월자선집』(삼중당, 전10권)을 간행하였다.

1975(60세)

한국문화예술진흥원 이사를 역임하였다.

1976(61세)

시집 『무순』을 발간하였다. 한양대학교 문리과대학 학장에 취임하였다.

1977. 2. 26 (62세)

한양대학교에서 명예 문학박사 학위를 받았다.

1978 (63세)

원효로 효동교회에서 장로 안수를 받았다. 3월 24일, 새벽에 산책하고 돌아와 지병인 고혈압으로 영면(永眠), 용인 모란 공원에 안장되었다.

1979. 1.

미망인 유익순 여사에 의해 신앙시 모음집 『크고 부드러운 손』을 간행하였다.

1984. 2.

『박목월 시전집』(서문당)을 간행하였다.

엮은이 · 이남호

1956년 부산에서 태어났다. 고려대학교 국문과와 같은 대학 대학원을 졸업했다.
1980년 평론으로 등단하여, 평론집으로 『한심한 영혼이』, 『문학의 위족』, 『녹색을 위한 문학』을 냈고,
지은 책으로 『보르헤스 만나러 가는 길』, 『느림보다 더 느린 빠름』 등이 있다.
현대문학상, 소천비평문학상 등을 수상하였으며, 현재 고려대학교 교수로 재직 중이다.

박목월 시전집

1판 1쇄 펴냄 2003년 2월 25일
1판 6쇄 펴냄 2022년 7월 28일

지은이 박목월
엮은이 이남호
발행인 박근섭, 박상준
펴낸곳 (주) 민음사

출판등록 1966. 5. 19. 제 16-490호
서울특별시 강남구 도산대로1길 62(신사동)
강남출판문화센터 5층(우편번호 06027)
대표전화 02-515-2000 / 팩시밀리 02-515-2007

www.minumsa.com

한국어 판 ⓒ 박동규 2003. Printed in Seoul, Korea.

ISBN 978-89-374-0672-0 03810

* 잘못 만들어진 책은 구입처에서 교환해 드립니다.